国家社科基金
GUOJIA SHEKE JIJIN HOUQI ZIZHU XIANGMU
后期资助项目

高技术含量中间投入品
进口依赖问题研究

A Study on the Import Dependency of
High-Tech Intermediate Inputs

陈晓华　刘　慧　黄先海　著

ZHEJIANG UNIVERSITY PRESS
浙江大学出版社
·杭州·

图书在版编目（CIP）数据

高技术含量中间投入品进口依赖问题研究／陈晓华，
刘慧，黄先海著. -- 杭州：浙江大学出版社，2024. 12.
ISBN 978-7-308-25904-0

Ⅰ. F752.67

中国国家版本馆 CIP 数据核字第 2025V4F259 号

高技术含量中间投入品进口依赖问题研究

陈晓华　刘　慧　黄先海　著

策划编辑	陈思佳(chensijia_ruc@163.com)
责任编辑	陈思佳　陈　翮
责任校对	黄梦瑶
封面设计	周　灵
出版发行	浙江大学出版社
	（杭州市天目山路 148 号　邮政编码 310007）
	（网址：http://www.zjupress.com）
排　　版	杭州晨特广告有限公司
印　　刷	杭州捷派印务有限公司
开　　本	710mm×1000mm　1/16
印　　张	18
字　　数	305 千
版 印 次	2024 年 12 月第 1 版　2024 年 12 月第 1 次印刷
书　　号	ISBN 978-7-308-25904-0
定　　价	88.00 元

国家社科基金后期资助项目
出版说明

    后期资助项目是国家社科基金设立的一类重要项目，旨在鼓励广大社科研究者潜心治学，支持基础研究多出优秀成果。它是经过严格评审，从接近完成的科研成果中遴选立项的。为扩大后期资助项目的影响，更好地推动学术发展，促进成果转化，全国哲学社会科学工作办公室按照"统一设计、统一标识、统一版式、形成系列"的总体要求，组织出版国家社科基金后期资助项目成果。

全国哲学社会科学工作办公室

前　言

全面提升经济增长质量和效益,构建自主可控、安全高效的产业链、供应链,推动产业基础高级化、产业链现代化和以国内大循环为主体、国内国际双循环相互促进的新发展格局形成是中央确立的当前中国经济发展的重大战略思路,也是中国经济在复杂多变的国际环境中继续保持较强经济增长韧性和动态增强竞争优势的必然选择(高培勇等,2024;洪银兴,2023;刘志彪和凌永辉,2020;高培勇等,2020;余淼杰和郭兰滨,2022),还是"十四五"期间中国实现增长潜力充分释放、经济结构更加优化和创新能力显著提升的必由之路(洪银兴,2024;姚洋,2020;高培勇,2021;刘志彪,2021),更是实现中国式现代化的必由之路(黄群慧和李芳芳,2024;裴长洪和倪江飞,2023;高培勇和黄群慧,2022)。经济发展经验和学界研究表明:转变制造业增长方式是实现上述战略思路的关键所在(林毅夫,2024;洪银兴和杨玉珍,2021;高培勇等,2020;郭熙保,2022)。

对于制造业体系相对完善的中国而言,提升本土高技术含量中间投入品的供给能力是制造业增长方式转变的核心内容(刘志彪等,2024;盛斌和赵文涛,2021;薛军等,2021;黄先海等,2021)。然而中国企业为了缩小最终品与先发国家的技术差距,多通过大量进口高技术核心中间投入品的形式推动最终品技术赶超(马述忠等,2017;黄阳华和吕铁,2020),进而绕过高技术含量中间投入品自我生产能力偏弱之窘境。该模式虽给中国经济注入了极大的活力,却也造就了产业链核心环节受制于人的高技术含量中间投入品进口依赖之痛,使得中国的产业链频频遭受关键核心中间投入品断供冲击,甚至有产业链被切断的风险。

这不仅给经济健康可持续发展带来了极大的不确定性,还与当前经济发展的基本思路格格不入,成为中国经济高质量发展的巨大痛点。

然而,由于技术含量领域的研究多局限于最终品领域,鲜少涉足中间投入品领域,而中间投入品进口领域的研究多局限于进口量和贸易自由化,鲜少涉足技术含量领域,使得学界对于高技术含量中间投入品进口依赖对经济变量的作用规律及其优化路径洞察甚少,导致学界在减少高技术含量中间投入品进口依赖的尝试中可参考依据较少,显得力不从心。为此,迫切需要深入分析高技术含量中间投入品进口依赖对重要经济变量的作用机制,并提炼出高技术含量中间投入品进口依赖的自立自强型优化路径,助力中国经济增长质量持续提升、经济发展方式持续优化和产业链关键环节自主可控性持续增强。

有鉴于此,首先,本书以高技术含量中间投入品进口经济效应的两国五部门模型构建为依托,借助均衡状态偏微分分析来细致刻画高技术含量中间投入品进口依赖的经济效应;其次,以中间投入品技术含量测度方法构建为依托,在细致分析中国高技术含量中间投入品进口依赖基本特征的基础上,借助多种计量方法,揭示高技术含量中间投入品进口依赖的经济效应;再次,以中间投入品进口技术含量偏离比较优势和中间投入品进口技术含量占最终品技术含量的比重为依托,衡量高技术含量中间投入品进口依赖对技术革新、增长质量和分工地位的影响;最后,在细致分析摆脱高技术含量中间投入品进口依赖的国际经验和中国案例的基础上,结合当前经济发展的主流趋势,细致检验高技术含量中间投入品进口依赖的潜在优化路径,进而勾勒出中国高技术含量中间投入品进口依赖的自立自强型优化路径。

本书得出的结论主要有以下几点:一是中国面临着较为严峻的高技术含量中间投入品进口依赖。中国对国外中间投入品的依赖不仅体现在进口量上,还体现在进口技术含量上,中国进口中间投入品的技术含量已与发达国家相似,远高于自身比较优势水平,且进口中间品技术含量占最终品出口技术含量的比重较高,上述特征很大程度上导致了高技术含量中间投入品进口依赖现象的出现。二是高技术含量中间投入品进口会加大中间投入品进口依赖,也会抑制制造业全球价值链分工地位的提升,还会抑制资本回报率的提升,而对出口品国内增加值率的作用机制呈现倒 U 形。三是逆比较优势进口高技术含量中间投入品对生产技术的作用机制呈现倒 U 形,进口过高技术含量中间投入品会不利于生产技术革新,进口 2.5 倍于自身比较优势水平的高技术含量中间投入品对生产技术革新的边际促进作用最大。四是出口技术含量

"瘸腿"型深化既会对经济增长质量产生抑制效应,也会对制造业国际分工地位攀升产生抑制效应。五是高技术含量中间投入品已经成为控制全球价值链的重要工具,摆脱高技术含量中间投入品进口依赖的关键在于提高本土核心环节和高端环节中间投入品的生产能力,而提升非核心环节和非高端环节的技术含量也有助于缓解进口依赖的负向冲击。六是重视创新、重视人才、重视前沿、重视扶持和重视需求可以成为摆脱高技术含量中间投入品进口依赖和做大做强本国高技术含量中间投入品的重要途径。七是重视产业链龙头企业的能力、重视产业链基础环节的研发能力、重视产业链的本土化建设、重视企业家敢于创新的拼搏精神、重视生产性服务业和重视政府的赋能型功能可以成为摆脱高技术含量中间投入品进口依赖和做大做强本国高技术含量中间投入品的重要途径。八是生产性服务资源嵌入制造业中游环节对中间投入品技术含量的边际提升作用最大。引导生产性服务资源流向制造业中游环节可以成为摆脱高技术含量中间投入品进口依赖的重要途径。九是制造业生产过程的智能化转型有助于提升本土中间投入品出口技术含量,进而减少中间投入品的进口依赖,而积极构建高水平国内价值链体系可以成为降低中间投入品进口依赖程度的重要抓手。

综合各章研究结论和研究过程,本书认为可从以下方面来推动高技术含量中间投入品进口依赖的自立自强型优化:一是以新型举国创新体制为依托,集中优势创新资源做大做强本土全球价值链关键节点型中间投入品,以摆脱高技术含量中间投入品进口依赖之痛,进而逐步实现高技术含量中间投入品的自立自强。二是充分发挥国内大市场和大出口国优势,鼓励本土企业和出口企业优先采购国内中间投入品,为国内高技术含量中间投入品自立自强提供源源不断的需求侧支持,推动高技术含量中间投入品自立自强型发展。三是积极推进非核心中间投入品环节技术的改造升级,进而增强本国动态比较优势,并削弱高技术含量中间投入品进口的抑制效应,并且在持续进口高技术含量中间投入品的同时,积极提高供应商和货源的自主可控性。四是优化中间投入品进口的技术含量结构,适当加大中技术含量中间投入品进口力度,以在适当减少国外高技术含量中间投入品进口负向冲击的同时,充分发挥其正向促进功能。五是引导生产性服务资源流向制造业中游生产环节,以增强生产性服务资源对高技术含量中间投入品进口依赖程度的边际降低功能。六是鼓励优势企业向产业链上下游延伸,特别是向高端环节进行突破,强化基础研究,为本土关键核心中间投入品成长提供强有力的知识与技术储备,助力高技术含量中间投入品自立自强。七是以人才强国战略为依托,加大高端人才的培养和引进力度,夯实制造业高端人才的基础,为降低高技术含量中间投入品进口依赖程度和自立自强水平攀升提供强有力的人才支持。八是以建设科技强国为依托,紧跟技术前沿,重视新兴技术和新兴产业的发展,把握好弯道超车的机遇。九是以构建新发展格局为依托,构建国内价值链体系,以国内价值链体系良性循环减少高技术含量中间投入品进口依赖。十是应积极推动中间投入品生产工艺的智能化升级,以打造产业链中间投入品龙头企业为目标,培养崇尚技术创新的企业家精神,充分发挥政府的市场信号功能,打造支撑本土高技术含量中间投入品自立自强水平快速提升的赋能型政府。

目　录

第一章 导 论

第一节 研究背景

全面提升经济增长质量和效益,构建自主可控、安全高效的产业链、供应链,推动产业基础高级化、产业链现代化和新发展格局形成是中央确立的当前中国经济发展的重大战略思路,也是中国经济在复杂多变的国际环境中继续保持较强经济增长韧性和动态增强竞争优势的必然选择(高培勇等,2024;洪银兴,2023;刘志彪和凌永辉,2020;高培勇等,2020;余淼杰和郭兰滨,2022),还是中国实现增长潜力充分释放、经济结构更加优化和创新能力显著提升的必由之路(洪银兴,2024;姚洋,2020;刘志彪,2021),更是实现中国式现代化的必由之路(黄群慧和李芳芳,2024;裴长洪和倪江飞,2023;高培勇和黄群慧,2022)。经济发展经验和学界研究表明:转变制造业增长方式是实现上述战略思路的关键所在(林毅夫,2024;洪银兴和杨玉珍,2021;高培勇等,2020;郭熙保,2022)。对于制造业体系相对完善的中国而言,提升全球价值链关键节点型高技术含量中间投入品的供给能力,实现高技术含量中间投入品的自立自强是中国制造业增长方式转变的核心内容(黄先海等,2023;余淼杰,2024;陈晓华等,2021),即持续快速突破全球价值链中关键节点型中间投入品生产瓶颈,使制造业从全球价值链关键节点型中间投入品的受制约者转变成关键节点型中间投入品的掌控者和领先者(Baqaee and Farhi,2020;刘志彪,2019)。然而令人遗憾的是:改革开放以来,虽然中国在最终品技术含量领域实现了大幅度的提升,产品技术含量已经与三倍于自身发展水平相近的发达国家(陈晓华等,2024a;陈晓华等,2023;Rodrik,2006),但中间投入品技术含量长期偏低,与美国等技术领先国家差距较大(见图1-1)。

在自身比较优势水平和高技术含量中间投入品支撑能力相对有限的情况下,中国企业多选择走技术赶超之"捷径"来赢得国际市场,即通过大量进口高技术含量核心中间投入品和设备等产业链关键环节产品的形式实现最终品技术赶超(陈晓华等,2023;马述忠等,2017;安同良等,2023),进而绕过产业链关键环节中间投入品自我生产能力偏弱之窘境。该机制使

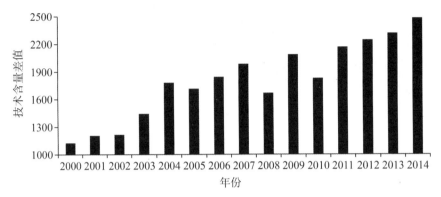

图 1-1　2000—2014 年中国和美国中间投入品出口技术含量的差距①

资料来源:基于世界投入产出数据库(WIOD)相关数据,核算出中美中间投入品出口技术含量后求差而得。

得中国长期扮演着关键节点型中间投入品的购买者和追赶者等角色。如2020 年,中国的芯片产品进口额高达 2.4 万亿元,占国内总进口额的 18%,是同年石油进口额(1.2 万亿元)的两倍。从中国整体层面中间投入品进口额来看,2000—2014 年,中国对国外中间投入品的依赖程度呈现持续提高的趋势(见图 1-2),投入产出表中的中间投入品总进口额已经从 2000 年的 1112 亿美元上升到了 2014 年的 10505 亿美元,增长了 8.45 倍。

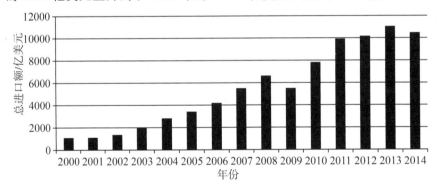

图 1-2　2000—2014 年中国投入产出表中的中间投入品总进口额

资料来源:基于 WIOD 投入产出数据核算而得。

国外高技术含量核心中间投入品进口虽对中国经济增长、出口增长和最终品技术含量提升做出了巨大的贡献,使得中国成为世界第二大经济

---

① 从图 1-1 可以看出,中国中间投入品出口技术含量不仅绝对值低于美国,而且技术含量与美国的差距还呈现出一定的加大趋势,这在一定程度上会加剧中国对美国高技术含量中间投入品的依赖。跨国层面相对完善的投入产出数据来自 WIOD,该数据库目前的最新数据为 2014年数据。为此,我们采用截至 2014 年的数据进行分析。图 1-2 同。

体、第一大出口国和大量高技术含量最终品的出口国,但却导致中国经济频频遭受国外核心中间投入品"卡脖子"威胁和冲击,给中国经济高质量增长、技术赶超和产业链关键环节自主可控等埋下巨大的隐患。据不完全统计,2018年8月以来,美国已对包括华为、中芯、科大讯飞、海康威视、大华科技等高技术企业在内的数百个中国实体发动了数十次的"实体清单"制裁(见表1-1),使大量的中国高新技术实体无法获得包含美国技术的核心中间投入品,给这些实体的正常运行带来了巨大的冲击。以华为为例,美国

表1-1 2020年以来美国对华"实体清单"制裁情况

序号	时间	实体数量	代表性实体
1	2020年5月23日	33	哈尔滨工业大学、哈尔滨工程大学
2	2020年7月20日	11	昌吉溢达纺织有限公司、合肥宝龙达信息技术有限公司
3	2020年8月17日	38	华为云海内外关联公司
4	2020年8月26日	24	中交疏浚(集团)股份有限公司、中交天津航道局有限公司
5	2020年12月18日	77	北京理工大学、北京邮电大学
6	2020年12月22日	58	中国航空发动机集团
7	2021年7月9日	23	北京东土科技股份有限公司、武汉锐科光纤激光技术股份有限公司
8	2021年11月24日	12	嘉兆科技有限公司、中科微电子有限公司
9	2022年2月8日	33	中国航发南方工业有限公司、北京世维通科技有限公司
10	2022年8月4日	7	中国航天科技集团公司第九研究院771研究所
11	2022年12月15日	36	安徽寒武纪信息科技有限公司
12	2023年3月9日	28	龙芯中科技术有限公司、第四范式智能技术有限公司
13	2023年6月12日	31	上海超算科技有限公司、北京瑞源文德科技有限公司
14	2023年10月7日	24	中交疏浚(集团)股份有限公司、中交天津航道局有限公司
15	2024年1月31日	62	知道创宇信息技术有限公司
16	2024年4月10日	6	北京安怀信科技股份有限公司、江西新拓实业有限公司
17	2024年5月9日	37	中国电子科技集团研究所、中电科芯片技术(集团)公司

资料来源:作者根据新闻报道整理而得,该表为不完全统计结果。

在核心中间投入品领域的断供行为,使得华为陷入几乎无芯片可用的被动局面,不仅使得华为被迫出售其荣耀手机业务,还使得其高端旗舰芯片(麒麟芯片)的生产难以为继。虽然华为公司于 2023 年 8 月 29 日成功推出了新旗舰手机 Mate 60,但华为手机市场份额仍未恢复到美国芯片断供前的水平。

高技术含量中间投入品的生产是一个复杂的系统过程,短期内很难实现供给能力迅速提升(陈晓华等,2022a,2024b)。此外,在经济全球化日益深入的今天,中国制造业无法与国外中间投入品完全"脱钩",国外高技术含量中间投入品仍然是支撑中国制造业发展的重要力量(黄先海等,2016;裴长洪和刘斌,2019;董楠楠和杜洁,2023),因而进口高技术含量中间投入品以支撑我国经济高速持续增长在未来很长一段时间内仍然会是常态(陈晓华等,2021),也是中国借以推动实现中国式现代化的重要力量(裴长洪和倪江飞,2023)。因此,当前中国经济发展面临着一个"明知不可为和不能为,但又不得不为之"的尴尬局面,即虽然明知国外高技术含量中间投入品进口实际上是以国外高技术含量中间投入品对本国相应产品替代为代价,其产生的侵蚀效应(挤占市场份额和成长空间)也会导致"卡脖子"等不利局面,甚至使自身陷入"低端被替代、高端被回流"的国际竞争优势真空(黄先海等,2018;刘慧等,2020;董楠楠和杜洁,2023;陈晓华等,2024c),导致中国制造企业在世界市场中无立足之地,但受自身比较优势水平和技术水平约束,高技术含量中间投入品自给能力有限使得制造业高度依赖于国外高技术含量中间投入品,不得不进口关键核心环节中间投入品。中国的这一被动乃至有点矛盾的选择给我们带来了崭新的研究命题:高技术含量中间投入品进口会给中国经济带来什么样的冲击?其是否会对中国的中间投入品进口依赖、国内增加值率、技术创新、经济增长质量和国际分工地位等带来不利冲击,进而影响中国当前经济发展战略的实施和实现?深入探索上述问题的答案,对于产业链关键环节亟待自主可控和产业基础亟待高级化的中国而言具有非常重要的现实价值。

当前中国正处于进一步激发经济增长潜力、提高经济增长质量和构建新发展格局的关键时期。高技术含量中间投入品依赖于进口,并时常遭受国外断供威胁的现实不仅与中国重大发展战略的核心理念格格不入,还不利于《中华人民共和国国民经济和社会发展第十四个五年规划和 2035 年远景目标纲要》(简称"十四五"规划)和中央经济工作会议确定的阶段性目标按期实现,甚至会成为中央经济战略有效实施的包袱和障碍。因而《中共中央国务院关于深化科技体制改革加快国家创新体系建设的意见》《国家创新驱动发展战略纲要》等和"十四五"规划等重大战略文件均明确提出了加快关键核心技术创新应用和打好关键核心技术攻坚战的战略目标。然而令人遗憾的是,虽然学界和政府均意识到提升高技术含量中间投入品生产能力的重要性,也意识到高技术含量中间投入品依赖于进口会对中国的重大战略决策产生不利影响,但学界并无高技术含量中间投入品进口依赖的系统性研究,更缺乏自立自强型应对策略的细致探讨。基于这一现实背景,本书以高技术含量中间投入品进口的经济效应为核心研究主题,运用多元计量方法细致剖析其经济效应,并在探索破解高技术含量中间投入品进口依赖之困的国际经验和中国案例的基础上,提炼出自立自强型优化路径,以在弥补上述研究缺憾的基础上,厘清高技术含量中间投入品进口的实际经济效应,并为国家重大战略决策提供更为科学可靠的依据。

第二节 高技术含量中间投入品进口依赖:特征的初步刻画

一、中国中间投入品进口规模持续扩大

在国际市场竞争日益激烈和复杂多变的今天,因受自身比较优势水平和高技术产业支撑能力的约束,中国企业多选择走技术赶超之"捷径",即以进口国外高技术含量中间投入品来弥补自身缺陷,进而推动最终品技术含量快速赶超发达国家,实现与发达国家产品同台竞争。如中国智能手机企业通过购进国外诸如 CPU、摄像头和主板等高技术含量中间投入品的方式,在国际市场上持续赢得市场份额。早期中国汽车产业通过购买国外厂商的发动机、变速箱和底盘技术等高技术含量中间投入品的方式在国内国际市场上销售汽车。

为科学判断中国制造业中间投入品进口规模,本部分基于 WIOD 投入产出表的多国投入产出数据(结构如表 1-2 所示),核算了 2000—2014年中国制造业亚产业 C5—C22[①] 的中间投入品进口总额。表 1-3 报告了中国 18 个制造业亚产业 2000—2014 年的中间投入品进口额。一方面,2000—2014 年,18 个亚产业中间投入品进口额均呈现显著的上升趋势,

---

① 根据世界输入输出数据库(WIOD)在 2016 年发布的标准,C5 为食品、饮料和烟草制品的制造;C6 为纺织品、服装和皮革制品的制造;C7 为木材以及木材和软木制品的制造业(不含家具);C8 为纸和纸制品的制造;C9 为记录媒体的打印和复制;C10 为焦炭和石油产品的制造产业;C11 为化学品和化学产品的制造;C12 为基础药品和药物制剂的制造;C13 为橡胶和塑料制品的制造;C14 为其他非金属矿产品制造;C15 为基础金属制造;C16 为金属制品的制造(机械和设备除外);C17 为计算机、电子和光学产品的制造;C18 为电气设备制造;C19 为未另列明的机械和设备的制造;C20 为机动车辆、挂车和半挂车的制造;C21 为其他运输设备的制造;C22 为家具制造和其他制造业。

表 1-2　WIOD 投入产出[①]

投入		产出										总产出
		中间投入品					最终品					
		A 国	B 国	C 国	…	N 国	A 国	B 国	C 国	…	N 国	
中间投入品	A 国	X_{ia}^A	X_{ia}^B	X_{ia}^C	…	X_{ia}^N	F_{ia}^A	F_{ia}^B	…	…	F_{ia}^N	X_{ia}
	B 国	X_{ib}^A	X_{ib}^B	X_{ib}^C	…	X_{ib}^N	F_{ib}^A	F_{ib}^B	…	…	F_{ib}^N	X_{ib}
	C 国	X_{ic}^A	X_{ic}^B	X_{ic}^C	…	X_{ic}^N	F_{ic}^A	F_{ic}^B	…	…	F_{ic}^N	X_{ic}
	…	…	…	…	…	…	…	…	…	…	…	…
	N 国	X_{in}^A	X_{in}^B	X_{in}^C	…	X_{in}^N	F_{in}^A	F_{in}^B	…	…	F_{in}^N	X_{in}
中间投入品总投入		X_{ia}^T	X_{ib}^T	X_{ic}^T	…	…						
增加值		V_{ia}	V_{ib}	V_{ic}	…	…						

2014 年相比 2000 年进口额增幅超过 1000% 的产业有焦炭和石油产品的制造产业（C10），基础金属制造（C15），机动车辆、挂车和半挂车的制造（C20），食品、饮料和烟草制品的制造（C5），其他运输设备的制造（C21）等 5个产业，增幅分别达到了 3382.06%、1574.28%、1548.72%、1313.36% 和 1114.19%。由此可见，从规模上看，中国制造业对国外制造业高端中间投入品的进口依赖呈现出逐步加剧的趋势。为此，中国面临的"卡脖子"威胁和风险有加剧的可能，因而提升我国中间投入品生产能力的迫切性依然非常强。另一方面，从产业进口额上看，C5—C9 的中间投入品进口额明显小于 C10—C22，这在一定程度上表明资本技术密集型产业对国外高技术含量中间投入品的进口依赖大于劳动密集型产业。这一现象出现的原因可能在于两个方面：一是中国资本技术密集型产业产出规模往往大于劳动密集型产业，这使得其对中间投入品的需求量大于劳动密集型产业；二是相比于资本技术密集型产业，中国在劳动密集型产业上拥有更多的比较优势，进而使得劳动密集型产业的中间投入品自给能力更强，从而使得劳动密集型产业中间投入品的进口额小于资本密集型产业。这一结论还表明：克服"卡脖子"威胁和减少中间投入品进口依赖的战略重点可以放在资本技术密集型产业上，进而更快速地提升本土高技术含量中间投入品的自给能力，从而有效摆脱外部中间投入品的多元约束。

---

① 限于表格篇幅，以表 1-2 所示简表刻画 WIOD 2016 年版投入产出表，完整表格可见于 WIOD 网站。

表 1-3　2000—2014 年中国制造业中间投入品进口额

单位：百万美元

产业	2000 年	2002 年	2004 年	2006 年	2008 年	2010 年	2012 年	2014 年	增幅①/%
C5	2936.14	3801.84	8507.85	12589.33	24313.80	28672.26	42663.23	41498.14	1313.36
C6	14019.61	15356.14	21705.64	24806.56	27492.95	28794.68	31899.33	32081.22	128.83
C7	1677.67	2223.03	3775.94	5497.62	6996.22	8880.32	11327.43	15693.45	835.43
C8	1998.24	2439.72	4317.78	5606.07	8034.43	9676.26	11574.60	13135.88	557.37
C9	1176.09	1360.41	2002.60	2228.80	2556.96	3083.84	3746.99	4149.47	252.82
C10	3597.88	6406.56	16527.94	27663.91	55604.84	90697.00	138759.30	125280.50	3382.06
C11	10968.60	12010.39	25139.90	37930.16	58711.57	61035.46	78896.99	80842.42	637.04
C12	1006.86	1110.94	1956.92	2714.81	4568.18	5065.32	7307.82	8157.54	710.19
C13	5207.61	6785.09	12276.13	16337.77	20439.23	24448.43	25772.23	27309.37	424.41
C14	4004.68	3061.02	7301.89	13368.38	23824.00	28793.57	39494.24	41993.80	948.62
C15	9236.99	10305.65	30105.11	48038.98	93304.56	100003.20	147993.50	154653.00	1574.28
C16	3833.24	3983.79	6569.04	8390.74	12701.08	16929.52	25410.95	26950.92	603.09
C17	23041.19	32551.26	73192.39	115717.20	157304.60	168736.90	198302.90	209475.80	809.14
C18	6217.45	6444.06	13875.29	20946.90	37444.41	45825.43	55622.44	57695.56	827.96

① 2014 年相对 2000 年的增幅。

续表

产业	2000 年	2002 年	2004 年	2006 年	2008 年	2010 年	2012 年	2014 年	增幅/%
C19	7118.94	9473.35	19560.54	26851.70	43826.94	51154.46	57647.11	58811.68	726.13
C20	2662.02	3821.10	9218.15	13507.50	21015.54	34234.77	40331.85	43889.30	1548.72
C21	1582.35	2389.57	4163.93	6022.99	10108.69	15846.92	18740.12	19212.74	1114.19
C22	2427.86	2290.85	1789.19	4129.79	4392.97	3673.51	4846.19	6253.70	157.58
总额	102713.4	125814.8	261986.2	392349.2	612640.9	725551.9	940337.3	967084.5	

整体而言，制造业中间投入品的国际需求呈现显著的上升趋势，而短期内由于工艺和技术水平的限制，中国难以克服高技术含量中间投入品的进口依赖，这在很大程度上表明：一旦国外产业链与中国"脱钩"或者关键核心环节企业断供，就将对中国制造业产生非常不利的冲击，为中国经济长期健康发展埋下隐患，对国外高技术含量中间投入品进口依赖成为中国制造业的长期之痛，不利于中国制造业做大做强。因此，确保中国制造业中间投入品供应链安全对中国制造业的健康发展具有现实的价值。

二、中国中间投入品进口技术含量持续提升

由于鲜有学者涉足中间投入品技术含量的研究，中间投入品进口技术含量的测度工具相对缺乏。延续 Rodrik（2006）和 Schott（2008），我们假定经济发展水平越高的经济体，其生产和出口的中间投入品技术含量越高。因而我们基于 WIOD 提供的投入产出表，采用 Rodrik（2006）的方法测度中间投入品进口技术含量。基于 WIOD 投入产出表，可以测算出各国各产业中间投入品出口总额如下：

$$
\begin{cases}
\mathrm{IEX}_{ia} = X_{ia}^B + X_{ia}^C + X_{ia}^D + \cdots + X_{ia}^N \\
\mathrm{IEX}_{ib} = X_{ib}^A + X_{ib}^C + X_{ib}^D + \cdots + X_{ib}^N \\
\mathrm{IEX}_{ic} = X_{ic}^A + X_{ic}^B + X_{ic}^D + \cdots + X_{ic}^N \\
\vdots \\
\mathrm{IEX}_{in} = X_{in}^A + X_{in}^B + X_{in}^D + \cdots + X_{in}^{N-1}
\end{cases}
\tag{1-1}
$$

其中，X_{ia}^M 为 a 国 i 产业产出中被 M 国（$A \leqslant M \leqslant N$）作为中间投入品的金额，$\mathrm{IEX}_{ia}$ 为 a 国 i 产业中间投入品出口额，结合 Rodrik（2006）的方法，我们以如下方法测度样本国各产业中间投入品出口技术含量（PRODY）。

$$
\mathrm{PRODY}_m = \sum_j \frac{\mathrm{IEX}_{mj}/\mathrm{IEX}_j}{\sum\limits_j \mathrm{IEX}_{mj}/\mathrm{IEX}_j} Y_j
\tag{1-2}
$$

其中，Y_j 为 j 国的人均 GDP。由于投入产出表中各国中间投入品进口实际上源于各国中间投入品的出口，为此，在得到各产业中间投入品出口技术含量后，我们以各国各产业中间投入品进口额对各产业出口技术含量进行加权平均来获得各国制造业和服务业中间投入品进口技术含量。各国各产业中间投入品进口总额计算公式如下：

$$
\begin{cases}
\mathrm{IMP}_{ia} = X_{ib}^A + X_{ic}^A + X_{id}^A + \cdots + X_{in}^A \\
\mathrm{IMP}_{ib} = X_{ia}^B + X_{ic}^B + X_{id}^B + \cdots + X_{in}^B \\
\mathrm{IMP}_{ic} = X_{ia}^C + X_{ib}^C + X_{id}^C + \cdots + X_{in}^C \\
\vdots \\
\mathrm{IMP}_{in} = X_{ia}^N + X_{ib}^N + X_{ic}^N + \cdots + X_{in-1}^N
\end{cases}
\tag{1-3}
$$

其中，IMP_{ia} 为 a 国 i 产业中间投入品进口额。在获得各类产品进口额后，我们运用如下方法测度各国两类产业中间投入品进口技术含量：

$$PROD_{jk} = \sum_m \frac{IMP_{mj}}{\sum_j IMP_{mj}} PRODY_m \qquad (1\text{-}4)$$

其中,$PROD_{jk}$ 为 j 国 k 类产业中间投入品进口技术含量,k 为制造业或服务业。当 k 为制造业时,m 为制造业种类数;当 k 为服务业时,m 为服务业种类数。

基于上述方法,我们测度了各国制造业和服务业中间投入品进口技术含量,表 1-4 报告了 2000—2014 年中国两类中间投入品进口技术含量均值。首先,服务业中间投入品进口技术含量历年均值小于制造业,这在一定程度上表明:中国在进口中间投入品时,对高技术含量制造业中间投入品的偏好大于高技术含量服务业中间投入品。其次,2008 年服务业和制造业中间投入品进口技术含量均呈现出陡增形凸起,这一定程度上表明,2008 年爆发的金融危机对中国低技术含量中间投入品进口产生了较大冲击,减少了低技术含量中间投入品的进口,进而提高了中间投入品的整体进口技术含量。可见,高技术含量中间投入品承受外部冲击的能力强于低技术含量中间投入品,生产高技术含量中间投入品是保持制造业持久竞争力的关键所在。最后,相比 2000 年,2014 年服务业中间投入品的进口技术含量增长了93.96%,明显低于制造业中间投入品进口技术含量同期156.38%的增幅。这表明:一方面,中国对国外高技术含量中间投入品的进口依赖呈现逐步加剧的趋势,因而与国外高技术含量中间投入品完全"脱钩"并不现实,依赖国外高技术含量中间投入品来提升中国产业技术含量和竞争力将会是一个常态;另一方面,中国制造业对中间投入品技术更新的要求大于服务业,由此可见,中国对制造业高技术含量中间投入品的进口依赖程度高于服务业,即制造业面临的高技术含量中间投入品进口依赖情况比服务业更为严峻。为此,摆脱制造业高技术含量中间投入品进口依赖窘境的压力可能大于服务业。结合前文的研究结论可知:中国对国外中间投入品的依赖不仅体现在进口量上,还体现在进口技术含量上。为此,减少高技术含量中间投入品进口依赖既需要落脚于提升本土中间投入品产能上,也需要落脚于提高本土中间投入品技术含量上,即要采取量质同抓的方式来推动中国高技术含量中间投入品的跨越式提升。

表 1-4　2000—2014 年中国两类中间投入品进口技术含量

变量	2000 年	2002 年	2004 年	2006 年	2008 年	2010 年	2012 年	2014 年	增幅[①]/%
PRODS	14566.91	15373.73	20470.27	23203.09	29053.27	26905.46	27722.40	28253.48	93.96
PRODM	13880.82	15648.33	22740.93	26560.68	33904.68	30877.24	32628.51	35587.45	156.38

注:PRODM、PRODS 分别为制造业和服务业中间投入品进口技术含量。

———————

① 2014 年相对 2000 年的增幅。

为了进一步考察中国制造业和服务业中间投入品进口技术含量的国际特征,图 1-3 和图 1-4 分别报告了 2014 年样本国制造业和服务业中间投入品的进口技术含量。从排名来看,制造业中间投入品进口技术含量排名前 20 的国家中,有 15 个属于服务业中间投入品高技术含量进口国。这一现象出现的原因可能在于:首先,高技术含量的最终品不仅需要高技术含量的制造业中间投入品,还需要高技术含量服务业中间投入品的支撑,从而使得二者呈现出一定的关联特征。其次,中国制造业中间投入品进口技术含量高于荷兰、韩国和西班牙等发达国家,而与德国接近,服务业中间投入品进口技术含量高于法国、芬兰和希腊等发达国家,也与德国接近,可见中国两类中间投入品进口技术含量均超越其自身经济发展水平,这不仅印证了中国存在通过进口高技术含量中间投入品支撑其高技术含量最终品出口的机制,还首次从中间投入品技术含量评估视角证实了 Amiti and Freund(2007)与 Assche and Gangnes(2008)观点的科学性。最后,中国制造业和服务业都存在高技术含量中间投入品进口依赖之痛,从图 1-3 和图 1-4 中与中国排名靠近的国家来看,中国制造业和服务业都存在进口技术含量高于自身经济发展水平中间投入品的特征,这在一定程度上表明中国的高技术含量中间投入品进口依赖与中国经济比较优势水平较低密切相关。为此,快速提升经济发展水平和比较优势水平具有较强的迫切性。

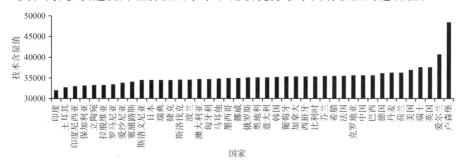

图 1-3　2014 年样本国制造业中间投入品进口技术含量

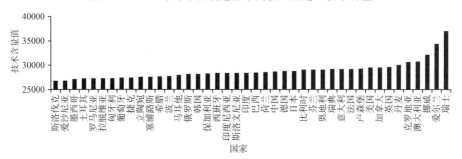

图 1-4　2014 年样本国服务业中间投入品进口技术含量

三、中间投入品进口技术含量逆比较优势程度持续较高

Acemoglu and Zilibotti（2001）指出，技术先发国所创造的技术被后发国引进和使用时，其所发挥的作用取决于后发国比较优势水平（如经济发展水平和工人的技术熟练度）与技术的匹配性。为此，(1-4)式虽能测度出各国中间投入品进口技术含量的绝对值，但无法刻画中间投入品技术含量与其自身比较优势的偏离情况，还需纳入各国的比较优势特征。Acemoglu and Zilibotti（2001）、林毅夫（2002）、Rodrik（2006）、陈晓华等（2021）以及刘慧和杨莹莹（2018）均表明：经济发展水平是刻画一国比较优势水平的关键变量。为此，基于前文测度所得各国中间投入品进口技术含量，我们借鉴刘慧和杨莹莹（2018），以如下方法刻画进口中间投入品技术含量逆比较优势程度：

$$PROI_{jk} = PROD_{jk}/PROD_{jk}^f = PROD_{jk}/(a^f + \beta^f PGDP_j) \qquad (1-5)$$

其中，PROI 为各国中间投入品进口技术含量逆比较优势指数，$PROD_{jk}^f$ 为 j 国遵循自身比较优势水平进口中间投入品时，其进口中间投入品的技术含量值，a^f 和 β^f 为相应的拟合系数，具体借鉴刘慧和杨莹莹（2018），由各国中间投入品进口技术含量与人均 GDP（PGDP）拟合而得。当 PROI 小于等于 1 时，表明该国未采用逆比较优势进口高技术含量中间投入品的策略；当 PROI 大于 1 时，则表明该国采用了逆比较优势进口高技术含量中间投入品的策略，从而使得本国进口的中间投入品技术含量高于自身比较优势水平。

根据上述方法，我们测度了 2000—2014 年样本国两类中间投入品进口的逆比较优势指数。表 1-5 报告了样本国整体、发达国家、发展中国家和中国的两类中间投入品逆比较优势指数。可得如下推论：一是发展中国家的两类中间投入品进口的逆比较优势指数明显大于发达国家，这表明发展中国家比发达国家更倾向于进口技术含量高于自身比较优势水平的中间投入品。该现象出现的原因可能在于，发展中国家的技术远离前沿技术水平，其中间投入品生产能力明显弱于发达国家，不得不从发达国家进口蕴含前沿技术的中间投入品，最终导致其逆比较优势指数明显大于发达国家。二是中国两类中间投入品进口逆比较优势指数不仅大于发达国家，还远大于发展中国家，这一定程度上表明中国比普通发展中国家更偏好进口技术含量高于自身比较优势水平的高技术含量中间投入品。这一结论不仅印证了 Amiti and Freund（2007）等推论的准确性，即进口"超高"技术含量的中间投入品是促使中国最终品出口技术含量迅速提升的关键，也从中

间投入品进口视角为 Rodrik(2006)的"中国最终品出口技术含量存在异常性"提供了科学的经验解释。

表 1-5　样本国中间投入品进口技术含量逆比较优势指数

年份	制造业中间投入品				服务业中间投入品			
	整体	发达国家	发展中国家	中国	整体	发达国家	发展中国家	中国
2000	1.4076	0.9745	1.9565	2.8439	1.4268	1.0036	1.9629	2.8052
2001	1.3979	0.9728	1.9242	2.7494	1.4252	1.0074	1.9423	2.7230
2002	1.3683	0.9708	1.8780	2.7334	1.4058	1.0104	1.9127	2.7193
2003	1.3610	0.9666	1.8637	2.7736	1.4152	1.0165	1.9233	2.8250
2004	1.3454	0.9650	1.8273	2.7452	1.4069	1.0203	1.8968	2.8388
2005	1.3191	0.9654	1.7672	2.6682	1.3820	1.0212	1.8391	2.7711
2006	1.3075	0.9679	1.7327	2.5690	1.3709	1.0234	1.8061	2.6793
2007	1.2823	0.9737	1.6756	2.4727	1.3421	1.0262	1.7447	2.5811
2008	1.2710	0.9780	1.6400	2.3395	1.3346	1.0314	1.7166	2.4632
2009	1.2686	0.9752	1.6381	2.1681	1.3377	1.0292	1.7264	2.3031
2010	1.2610	0.9790	1.6080	2.0684	1.3187	1.0300	1.6740	2.1658
2011	1.2452	0.9808	1.5802	1.9708	1.3151	1.0378	1.6663	2.1076
2012	1.2381	0.9821	1.5606	1.8545	1.3138	1.0427	1.6554	1.9960
2013	1.2285	0.9808	1.5480	1.7887	1.3188	1.0500	1.6655	1.9556
2014	1.2294	0.9821	1.5391	1.7391	1.3226	1.0525	1.6610	1.9096

四、最终品出口技术含量"瘸腿"型深化日益加剧

高技术含量中间投入品往往蕴含着复杂的前沿生产技术,是一国生产工艺、技术水平和比较优势水平的缩影(陈晓华等,2021),高技术含量中间投入品进口依赖的本质是本国技术水平与前沿存在较大的距离,因而其生产高技术含量中间投入品的能力相对有限。高技术含量中间投入品生产能力的不足不仅会导致技术后发国在关键核心领域失去国际竞争力,还容易导致后发国在下游最终品领域失去国际竞争力(刘慧等,2020)。由于掌握中间投入品的生产工艺和生产技术的难度较大,后发国多选择以构建最终品竞争优势为突破口嵌入全球价值链,以避免自身竞争优势在产业链各环节"全面失守",因而将国外高技术含量中间投入品嵌入本国的最终品,这不仅有效绕过了本国高技术含量中间投入品生产短板,还极大提升了本国最终品的竞争优势,助力最终品快速赢得国际市场订单(黄先海等,2021)。对于非前沿技术企业而言,高技术含量中间投入品进口对最终品出口技术含量提升具有立竿见影的效果。因此,依托国外高技术含量中间投入品来提升本国最终品技术含量成为多数后发国企业的选择,即以先发国高技术含量中间投入品进口来弥补自己的短板和"瘸腿"环节(陈晓华等,2022;陈晓华等,2023)。

基于上述原理,我们以制造业中间投入品进口技术含量与最终品出口技术含量之比来衡量"瘸腿"型深化程度,该比值越高表明该产业最终品出口技术含量"瘸腿"型深化程度越高,比值越低则表明使用国外高技术含量中间投入品越少,"瘸腿"型深化程度越低。为此,基于前文中间投入品技术含量的测度结果,我们进一步借助 UN Comtrade 数据库(联合国商品贸易统计数据库)和 Rodrik(2006)的方法,以如下方法测算产业层面出口品技术含量:

$$\text{FPRODY}_m = \sum_j \frac{x_{mj}/X_j}{\sum_j x_{mj}/X_j} Y_j \tag{1-6}$$

其中,FPRODY 为各国产业层面出口品技术含量,x_{mj} 为 j 国 m 产品出口额,X_j 为 j 国中间品出口额,进而以各国不同产业的出口额对产业出口品技术含量进行加权,从而获得各国整体性产品出口技术含量。具体方法如下:

$$\text{FPRODQ}_i = \sum_m \frac{x_{mi}}{X_i} \text{FPRODY}_m \tag{1-7}$$

其中,FPRODQ_i 为 i 国产品整体性出口技术含量,由此,我们以如下方法衡量一国出口技术含量"瘸腿"型深化程度(WL):

$$\text{WL}_j = \frac{\text{PROD}_j}{\text{FPRODQ}_j} \tag{1-8}$$

基于上述方法、WIOD 和 UN Comtrade 数据库,我们测度了 2000 年和 2014 年各国的出口技术含量"瘸腿"指数。表 1-6 报告了 2000 年和 2014 年各国相应的指数。首先,2014 年"瘸腿"指数排名前十的国家中有 9 个为发展中国家,而"瘸腿"指数排名后十的国家中仅有 3 个发展中国家。这在一定程度上表明:相对于发达国家而言,发展中国家制造业出口技术含量的"瘸腿"特征更明显,即发展中国家更倾向于通过进口高技术含量中间投入品来提升最终品的出口技术含量。这一现象出现的原因可能在于:发展中国家在高技术含量中间投入品领域的生产能力往往弱于发达国家,为在国际市场中赢得更多订单,不得不通过进口高技术含量中间投入品来提升最终品竞争优势,从而呈现出更为显著的"瘸腿"特征。其次,

表 1-6 2000 年和 2014 年样本国出口技术含量"瘸腿"指数①

排名	国家	2000 年	2014 年	增幅/%	排名	国家	2000 年	2014 年	增幅/%
1	拉脱维亚	0.8360	0.6846	−18.11	22	日本	0.7415	0.7941	7.09
2	保加利亚	0.8054	0.7087	−12.01	23	加拿大	0.8413	0.8023	−4.64
3	比利时	0.7811	0.7464	−4.44	24	意大利	0.8214	0.8074	−1.70
4	希腊	0.8637	0.7481	−13.38	25	瑞士	0.7766	0.8084	4.09
5	法国	0.7851	0.7528	−4.11	26	俄罗斯	0.8004	0.8094	1.12
6	荷兰	0.7645	0.7536	−1.43	27	斯洛文尼亚	0.7901	0.8155	3.22
7	卢森堡	0.7850	0.7562	−3.67	28	捷克	0.7808	0.8216	5.23
8	韩国	0.8507	0.7565	−11.07	29	挪威	0.8340	0.8327	−0.16
9	墨西哥	0.8264	0.7646	−7.48	30	土耳其	0.6966	0.8338	19.70
10	芬兰	0.8134	0.7659	−5.84	31	澳大利亚	0.8309	0.8338	0.35
11	立陶宛	0.8009	0.7662	−4.33	32	爱沙尼亚	0.7868	0.8504	8.08
12	巴西	0.8213	0.7695	−6.31	33	葡萄牙	0.7893	0.8634	9.39
13	德国	0.7862	0.7742	−1.53	34	塞浦路斯	0.8137	0.8801	8.16
14	美国	0.7706	0.7752	0.59	35	罗马尼亚	0.6921	0.8873	28.20
15	英国	0.7809	0.7774	−0.45	36	波兰	0.8007	0.8938	11.63
16	斯洛伐克	0.8189	0.7833	−4.35	37	匈牙利	0.7884	0.9178	16.41
17	瑞典	0.8033	0.7846	−2.33	38	克罗地亚	0.8068	0.9315	15.46
18	奥地利	0.8175	0.7892	−3.46	39	中国	0.8457	0.9458	11.84
19	以色列	0.8282	0.7901	−4.60	40	印度	0.8571	0.9513	10.99
20	西班牙	0.8043	0.7916	−1.58	41	印度尼西亚	0.7723	0.9521	23.28
21	丹麦	0.8096	0.7918	−2.19	—	—	—	—	—

各国 2000 年和 2014 年"瘸腿"指数的波动幅度并不大,多数国家的波动幅度在 10% 以内。这表明:出口技术含量"瘸腿"情况具有一定的前期依赖特征,一旦形成"瘸腿"特征,很难在短时间内摆脱核心中间投入品进口依赖。由此我们可以推定:对于深陷出口技术含量"瘸腿"困境的中国而言,在短时间内走出核心中间投入品进口依赖之困绝非易事。为此,中国在应对频频出现的"卡脖子"威胁的同时,应持续提升高技术含量中间投入品生产能力和分散中间投入品进口来源地,以逐步摆脱"卡脖子"之困。最后,

---

① 表中排名为 2014 年报名。

从"瘸腿"指数波动幅度的正负号来看,多数发展中国家呈现"瘸腿"情况加剧的趋势,多数发达国家呈现"瘸腿"情况减缓的趋势,这在一定程度上表明:发展中国家非核心生产环节技术含量的提升步伐慢于发达国家核心中间投入品技术含量的提升步伐,即高技术含量中间投入品进口在发展中国家制造业生产过程中扮演着更为重要的角色。值得一提的是:中国出口技术含量"瘸腿"指数在 2014 年位居样本国第三,且指数呈现出一定的增大趋势,可见中国制造业对国外高技术含量中间投入品的依赖程度是非常高的。为此,美国以高技术"脱钩"为代表的逆贸易自由化政策,可能会给中国制造业带来较大的冲击,而提升本土高技术含量中间投入品生产能力和寻找美国高技术含量中间投入品的替代品是缓解上述冲击的重要突破口。

从图 1-5 可知,最终品出口技术含量"瘸腿"指数排名前八的均为发展中国家,而最终品出口技术含量"瘸腿"指数位居后八的国家中只有两个为发展中国家。由此我们可以推定:一方面,发展中国家对国外中间投入品的依赖大于发达国家,这一现象出现的原因可能在于高技术含量中间投入品往往汇集了前沿生产技术、复杂生产工艺和高密集度创新(陈晓华等,2021;刘依凡等,2023),是一国高精尖领域国际竞争力的真实写照,而发展中国家在高精尖领域的发展水平相对较低(Rodrik,2006;黄先海和宋学印,2017),在高技术含量中间投入品领域,与发达国家抗衡的能力并不强,因而不得不通过进口的形式来弥补这一短板,从而使得其出口技术含量"瘸腿"指数远大于发达国家。另一方面,发达国家制造业技术升级模式优于发展中国家,发展中国家更容易面临外部力量的"卡脖子"威胁,也更容易遭遇外部力量的低端锁定困境。而破解上述困境的关键在于:提升本国高精尖中间投入品的生产水平,进而减小出口技术含量"瘸腿"指数。从中国的测度结果来看,中国 2014 年最终品出口技术含量"瘸腿"指数为0.9458,仅次于印度和印度尼西亚而位居样本国第三。这表明:首先,中国对国外高技术含量中间投入品的依赖性非常强,具有显著的"为出口而进口"的特征,即通过进口高技术含量中间投入品来提升最终品出口技术含量;其次,较高的出口技术含量"瘸腿"指数使得作为世界第一制造业大国的中国更容易遭受国外"卡脖子"威胁,因此,扭转中国制造业技术升级的内源动力偏弱窘境和降低对外依赖程度显得尤为迫切;最后,该结论首次从中间投入品出口技术含量视角证实了 Rodrik(2006)和 Assche and Gangnes(2008)推论的准确性,即大量高技术含量中间投入品进口是中国产品整体性出口技术含量高于其经济发展水平的本质原因。

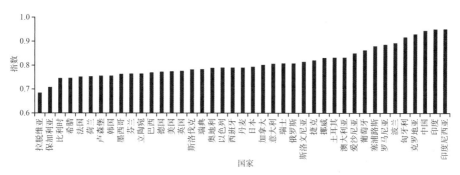

图 1-5　2014 年样本国最终品出口技术含量"瘸腿"指数

图 1-6 进一步报告了中国最终品出口技术含量"瘸腿"指数的测度结果。2000—2014 年，中国出口技术含量"瘸腿"指数呈现波动式上升趋势，已从 2000 年的 0.8457 上升到了 2014 年的 0.9458，上升了 11.84%。这表明：一方面，随着出口品技术含量的提升，中国进口了更高技术含量的中间投入品，因而对外依赖程度的提高不仅体现在"量"上（见图 1-2），还体现在"质"上（见图 1-6）。另一方面，本土高技术含量中间投入品的生产能力提升步伐滞后于出口品技术含量，这不仅使得制造业面临的"卡脖子"风险和断供风险持续存在，还使上述风险有进一步加大的倾向，因此，迫切需要提高本土高技术含量中间投入品的生产能力。

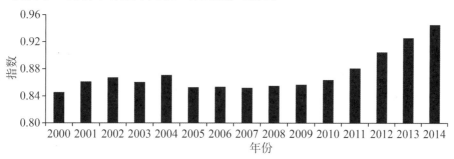

图 1-6　2000—2014 年中国最终品出口技术含量"瘸腿"指数

第三节　已有研究基础

虽然学界都意识到依赖国外中间投入品这一外力实现产品技术快速升级是中国企业普遍采用的模式，但学界多视外力为"统计假象"（黄先海和杨高举，2010；盛斌和赵文涛，2021），对中间投入品进口技术含量的研究相对较少（刘慧，2021；陈晓华等，2023），更无学者剖析以高技术含量中间投入品进口为特征的出口技术含量"瘸腿"情况的经济效应。为此，系统性研究的前期理论和经验基础相对缺乏。

一、制造业产品技术含量的研究评述

产品技术含量升级是一国科技水平从后发国（技术落后国）跃迁至准技术前沿国和技术前沿国（技术领先国）的重要手段，其本质内容可以概括为：后发国突破技术壁垒，使得自身生产技术持续快速向技术前沿靠近，进而使产品技术含量与技术前沿国的差距不断缩小，甚至超越技术前沿国（黄先海和宋学印，2017；欧阳桃花和曾德麟，2021；陈晓华等，2021；杨飞等，2018；陈晓华等，2023）。对中国制造业产品技术含量的大规模研究始于 Schott（2008）和 Rodrik（2006）。其研究发现：中国制造业最终品出口技术含量在较短的时间内实现了质的飞跃，出口品技术含量与三倍于自身发展水平的发达国家相似（陈晓华等，2011；黄先海等，2010；洪世勤和刘厚俊，2013；陈晓华等，2023）。中国出口品技术含量快速提升的事实存在两个方面的争议。一方面，根据 Krugman（1980）、Hausmann et al. (2007) 的理论研究，高技术含量产品的出口往往由发达国家完成，发展中国家多出口低技术含量的产品，进口高技术含量的产品，中国的上述特征实际上与 Krugman（1980）、Hausmann et al. (2007) 等的经典结论相左；另一方面，产品的技术含量往往与国际分工地位密切相关（黄先海等，2010；黄先海等，2018；倪红福，2017；沈国兵和黄铄珺，2019），产品较高的出口技术含量在一定程度上意味着中国制造业在全球价值链分工体系中的地位与三倍于自身发展水平的发达国家相似，然而令人遗憾的是，这一现象并未在中国制造业中普遍存在，中国多数制造企业仍处于全球价值链的低端环节。这两个方面的争议使得学界对该领域的研究产生了浓厚的兴趣。已有研究主要集聚于以下三个方面。

第一，制造业产品技术含量测度方法构建与特征研究。 Schott（2008）和 Rodrik（2006）等有异于经典理论的研究结论不仅开启了产品技术含量经验研究之门，还为产品技术含量领域的实证研究提供了基础性测度方法，其基于 RCA 加权法和相似度法分别构建了产品技术含量的测度方法，通过产品技术含量测度结果与经济体人均 GDP 的对比可以判断一国产品的技术含量情况（黄先海等，2010；杨汝岱和姚洋，2008）。也有研究（如：陈晓华和刘慧，2018；Assche and Gangnes，2008；陈晓华等，2023）认为：在测度过程中剔除由加工贸易等形式引进的中间投入品（学界常称之为"统计假象"），所得测度结果能更准确地反映最终品的技术含量。为此，陈晓华等（2011）等构建了不含加工贸易形式引进中间投入品的最终品出口技术含量的测度方法，该方法为技术赶超的对比分析和判断提供了更为准确的工具。由于上述判断多局限于描述性对比和描述性推理，构建更为科学有效的测度方法成为学界努力的方向。如：杨飞等(2018)从中美技术差距视角构建了中国制造业技术含量的测度方法。刘慧和杨莹莹(2018)与刘慧(2016)等结合 Krugman(1980)、Hausmann et al.(2007)的理论观点与Schott(2008)和 Rodrik(2006)的研究方法，以产品技术含量与比较优势零值(与人均 GDP 的拟合值)偏离程度为媒介，构建了制造业技术含量赶超的识别方法。陈晓华等(2021)和陈晓华等(2023)则从中间投入品与最终品关系视角构建了制造业产品技术含量的测度方法。张兵兵等(2023)、魏浩和周亚如(2022)与陈晓华和刘慧(2014)则分别从企业层面构建了制造业产品技术含量的测度方法。整体而言，学界发现：不仅中、印等发展中国家存在制造业技术含量赶超的行为，部分发达国家也采用了技术含量赶超策略，不仅技术水平相对较高的产业存在技术赶超行为，技术水平相对较低的产业也存在技术赶超行为。

第二，制造业产品技术含量升级的推动力量研究。科学测度工具的逐步完善为学界探究制造业提高产品技术含量的动力机制提供了良好的契机。学界对该领域进行了相对系统的研究，代表性观点有以下几类：一是认为高技术含量中间投入品进口是推动中国制造业最终品出口技术含量升级的核心力量，该观点以 Santos-Paulino(2011)、Sheridan(2014)、贺俊等(2018)为代表；二是认为高端技术设备进口助推了中国制造业最终品出口技术含量的升级，该观点以 He and Brahmasrene(2018)、洪世勤和刘厚俊(2013)和张兵兵等(2023)为代表；三是认为外商直接投资助推了中国制造业最终品出口技术含量的升级，该观点以 Fang et al.(2015)、Xu and Lu(2009)和陈晓华等(2021)等为代表；四是认为规模巨大的加工贸易助推了中国制造业最终品出口技术含量的升级，该观点以 Assche and Gangnes(2008)、陈晓华等(2023)等为代表。综合而言，制造业技术赶超属于当前研究的热点问题，学界也意识到"内源动力不够，外源动力凑"是中国制造业最终品出口技术含量快速升级的根本原因。

第三，制造业产品技术含量快速升级的经济效应研究。产品技术含量在一定程度上代表了产品的国际竞争力(刘慧等，2020)，也是一国产品生产工艺和技术水平的体现(黄先海等，2023；陈晓华等，2023)，这也使得学界对制造业产品技术含量升级的经济效应产生了浓厚的研究兴趣。如欧阳桃花和曾德麟(2021)对中国盾构机技术含量升级的艰辛与辉煌历程进行分析后，以"拨云见日"来形容盾构机技术含量升级的经济效应，其实现了从技术被"卡脖子"者向领跑者的华丽转身。原小能等(2022)、Jarreau and Poncet(2012)表明，技术含量的快速升级对经济增长的正向促进效应既体现于经济增长率(growth rate)，也体现于经济增长量。Brady et al.(2013)以爱尔兰和芬兰为研究对象进行实证分析后发现，制造业产品技术含量快速提升会使一国出口产品逐步延伸到价值更高(higher value)的环节,从而推动一国出口质量和出口规模协同升级。杨飞等(2018)表明,在存在利益集团政治游说的情况下,中美技术差距缩小和贸易逆差(或进口渗透率)使得美国对华反倾销的概率大幅提升,因而最终品出口技术含量快速升级有加剧国家间贸易摩擦的风险。陈晓华等(2023)发现,产品技术含量的快速升级不仅有助于提升产业的国际竞争力和国际分工地位,还能提高一国对制造业全球价值链的制衡能力和控制能力,使该国在全球价值链中更具话语权。杨烨和谢建国(2022)表明,出口品技术含量以适度偏离比较优势的形式提升,能有效提升制造业的资源配置效率,从而助力经济高质量增长。

整体而言,学界对制造业最终品出口技术含量进行了大量而深入的研究,也认识到中国制造业技术含量升级具有显著的"内源动力不够,外源动力凑"特征(见图1-7),即最终品以核心中间投入品严重依赖进口的方式进行技术升级(杨高举和黄先海,2013;黄先海等,2018;马述忠等,2017;陈晓华等,2023),而这一现象出现的本质原因是:中国制造业多数中间投入品技术含量存在"长期尾随型"追赶和"追而不超"特征,本土中间投入品技术含量无法满足制造业最终品出口技术含量快速提升的实际需求(陈晓华等,2021;贺俊,2022)。然而已有研究多将中间投入品视为"统计假象",鲜有学者深入分析其技术含量,更无学者深入分析制造业高技术含量中间投入品进口的经济效应。为此,制造业高技术含量中间投入品进口的实际经济效应和自立自强型优化路径成为尚未探索的"黑匣子"。这在一定程度上使得学界在摆脱高技术含量中间投入品"卡脖子"之困和实现产业链关键核心环节产品自主可控等方面显得"作为有限",由此可见,高技术含量中间投入品进口的经济效应仍属于亟待开发的沃土。

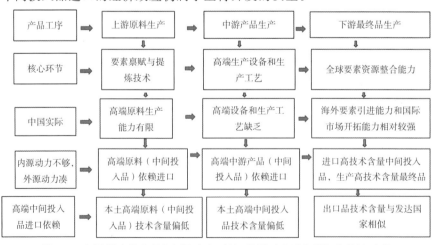

图1-7 中国制造业产品"内源动力不够,外源动力凑"型技术升级过程

二、制造业中间投入品的研究评述

改革开放以来,中国制造业迅速发展是成就经济增长奇迹的关键(林毅夫,2016),这不仅使得中国建立了门类齐全、独立完整的制造业体系,还使得中国制造业综合竞争力显著提升(刘慧等,2020),也使得中国成为世界第一制造业大国和世界第二大经济体。然而,数量奇迹的背后却隐藏着令人痛心的质量短板,中国制造业发展具有显著的外力依赖型赶超特征(陈晓华等,2019),高技术含量中间投入品生产能力偏弱,使得此类产品长期依赖于进口(马述忠等,2017;刘慧等,2020)。这不仅使得中国制造业长期被局限于低成本加成率和低技术含量环节(诸竹君等,2018),呈现产业基础较弱和产业结构欠佳的特征(刘志彪,2023;洪银兴和任保平,2024),还使得中国制造企业的正常经营活动容易被国外高技术含量中间投入品跨国公司"卡脖子",可能导致制造业企业陷入经营困境(吴晓波等,2021;牛璐等,2023)。然而随着全球价值链分工体系的发展,中间投入品在国际贸易和制造业生产过程中扮演的角色日益重要(Johnson and Noguera,2012;张翊等,2015;樊海潮和张丽娜,2018;鲁晓东等,2019;陈晓华等,2023),中国制造业无法与国外中间投入品完全"脱钩",大量引进国外高技术含量中间投入品可能会成为常态(黄先海等,2018;裴长洪和刘斌,2019)。这在一定程度上使得制造业中间投入品成为近些年学界关注的焦点。综合而言,已有研究可以归结为以下两类。

第一,制造业中间投入品进口经济效应的研究。高技术含量中间投入品不仅蕴含着前沿技术,更是一国技术水平和比较优势水平的缩影(黄先海等,2016;陈晓华等,2021;彭新敏等,2021),而进口中间投入品的技术含量往往优于本国同类产品,甚至是本国现有技术水平和比较优势难以生产的产品(Grossman and Helpman,1991;陈爱贞和刘志彪,2015;张晓莉和孙琪琪,2021)。因此,高技术含量中间投入品是一国占领全球价值链制高点和成为全球价值链链主的关键法宝[①](刘志彪,2019;李小平等,2021;陈晓华等,2021),也是后发国制造业摆脱先发国跨国公司控制,走出全球价值链低端困境的重要支撑(诸竹君等,2018;吴晓波等,2021)。为此,该领域迅速成为学界研究的热点。已有研究主要集中于四个方面:一是中间投入品进口对经济增长影响的研究。如陈勇兵等(2012)指出,中间投入品进

---

① 如美国基于其雄厚的科技实力,通过技术霸凌的方式断供中间投入品和制裁他国企业,防止他国企业在技术层面快速赶超美国企业的行为,在很大程度上属于利用高端中间投入品统治全球价值链的典型事实。

口能通过垂直效应和水平效应产生比国内中间投入品更高的经济产出。Afonso et al.（2016）、AlAbdulhadi（2017）与龙世国和湛柏明（2018）等得到了相似的观点。二是中间投入品进口对最终产品技术含量影响的研究。学界普遍认为，进口高技术含量中间投入品会对最终品质量和技术含量的提升产生促进作用（陈晓华等，2011；Zhang，2019；许家云等，2017）。三是中间投入品进口对生产率的影响研究。如 Kasahara and Lapham（2013）、Halpern et al.（2015）、钱学锋等（2011）、余淼杰和高恺琳（2021）以及谢谦等（2021）认为，中间投入品进口能有效地促进本国企业生产率提升。四是中间投入品进口对产品质量影响的研究。如王雅琦等（2018）与马述忠和吴国杰（2016）研究表明，中间投入品进口对制造业出口产品质量具有显著的提升作用。由于高技术含量中间投入品的进口实际上是本国高技术环节的缺失和被替代（马述忠等，2017；王俊，2013；陈晓华等，2022），其不仅会使本国制造业的生产环节被"锁定"于低技术、低附加值和技术革新速度较慢的生产环节（黄先海等，2018），还不利于经济增长质量提升和增长方式科学转变。这也使得部分学者尝试分析中间投入品进口的消极影响，如：黄先海等（2016）发现中间投入品进口会抑制中国企业的价格加成，而较低的全球价值链分工地位是上述抑制效应产生的主要诱因；陈晓华等（2023）表明高技术含量中间投入品进口会加剧本国中间投入品进口依赖，会使国家长期深陷于"卡脖子"困境而难以自拔。

第二，制造业中间投入品贸易自由化的研究。随着单边主义、贸易保护主义抬头和中美经济技术摩擦的出现，学界逐渐将中间投入品的研究延伸到了贸易自由化领域。经过近些年的发展，形成了以下几个相对系统的研究方向：一是中间投入品贸易自由化对生产率影响的研究。Amiti and Konings（2007）、Kasahara and Rodrigue（2008）、刘海洋等（2016）、赵春明等（2017）、舒杏和王佳（2018）、魏浩和邓琳琳（2022）与田云华等（2023）等发现，中间投入品贸易自由化会对制造企业全要素生产率产生较为显著的提高作用。二是中间投入品贸易自由化对成本加成率影响的研究。如 De Loecker and Warzynski（2012）、Fan et al.（2018）、Mao and Xu（2019）、Lu and Yu（2015）、Liu and Ma（2020）、祝树金等（2018）和陈昊等（2020）等表明，中间投入品贸易自由化有助于企业成本加成率的提升，从而提高企业的增长质量。部分学者在研究中间投入品贸易自由化和成本加成率之间的关系时，还发现中间投入品贸易自由化有助于产品质量的提升（祝树金等，2018）。三是中间投入品贸易自由化对企业生产技术水平影响的研究。如李杰等（2018）与张小云和凌丹（2023）等发现，中间投入品贸易自由化将提升企业的研发水平,进而推动企业生产技术革新和产品技术含量提升。也有研究关注到了中间投入品贸易自由化对出口决策(Bas,2012;田巍和余淼杰,2014)、社会福利(钱学锋等,2021;崔琨和施建淮,2021;刘依凡等,2023)、产品质量(Fan et al.,2015;魏浩和张文情,2022)、产能利用率(张晴和于津平,2020)、要素资源配置(王永进等,2021)和出口国内增加值率(毛其淋和许家云,2019;闫志俊和于津平,2023)等的作用机制,研究结果表明,中间投入品贸易自由化对出口决策、产品质量、产能利用率和出口国内增加值率均具有显著的正向效应。为此,中间投入品贸易自由化对经济发展同时具备量增和质提两种功能,可以成为中国经济增长方式优化的重要路径。

整体而言,学界对制造业中间投入品进行了较为系统的研究,所得结论和机理为本书研究的顺利展开提供了一定的基础。然而已有研究多围绕"量"和自由化视角探索中间投入品的经济效应,缺乏制造业中间投入品技术含量方面的机理与实证研究,更无中间投入品技术赶超的研究。由此可见,中国虽然深受"卡脖子"困境和中间投入品技术赶超之痛制约,但制造业高技术含量中间投入品进口的经济效应仍属于该领域研究进程中亟待开发的"金矿"。因此,深入分析高技术含量中间投入品进口的经济效应,不仅可以有效弥补该领域系统性研究缺乏之憾,还能为中国制定走出中间投入品进口依赖之困方面的政策提供有效的经验支持,助力中国经济高质量发展和自主可控、安全高效的产业链、供应链构建。

三、已有研究简评

综上所述,学界已对制造业技术赶超和中间投入品等领域进行了较为深入的研究,也为本书理解高技术含量中间投入品进口的经济效应提供了深刻的洞见。综合而言,高技术含量中间投入品进口会给经济带来两个方面的影响。一是负向效应,高技术含量中间投入品进口实际上是将全球价值链高技术含量、高增加值率环节让位于国外跨国公司,这不仅会挤占本国高端中间投入品企业生存空间,使得本国企业局限于低技术含量、低增加值率环节(黄先海和杨高举,2010;薛军等,2021;陈晓华等,2023),进而抑制本国高端中间投入品的生产能力,甚至出现低端锁定局面。二是正向效应,高技术含量中间投入品进口会通过干中学效应和技术溢出效应提高本国企业的高端中间投入品生产能力(刘慧,2021;张小云和凌丹,2023)。此外,由于本国高端中间投入品企业遭遇国外厂商挤压式竞争,本国企业为赢得订单,不得不持续改进高端中间投入品的生产工艺和提高技术水平,从而实现高技术生产环节的突破。然而已有研究仍存在以下几点不足。

第一,缺乏对中国制造业高技术含量中间投入品进口经济效应的系统研究。虽然学界已经意识到中国制造业最终品技术含量提升严重依赖于国外高技术含量中间投入品,具有显著的"内源动力不够,外源动力凑"特征,且高端中间投入品常遭遇"卡脖子"威胁,学界也对制造业最终品技术含量与中间投入品两个领域进行了细致的研究,但令人遗憾的是,两个领域的研究长期处于"相互平行、缺乏交集"的状态,尚无学者对制造业中间投入品技术赶超进行全面系统的剖析,这使中国制造业高技术含量中间投入品进口的研究局限于推理和描述性统计层面,难以洞察中国制造业高技术含量中间投入品进口经济效应的真实特征和深层次规律。

第二,缺乏刻画高技术含量中间投入品进口依赖经济效应的理论分析框架。理论分析框架的缺失使得已有研究多通过描述性统计和推理来解析高技术含量中间投入品进口依赖的经济效应,缺乏系统的均衡分析、偏微分分析和数值分析。因此,无力洞察中间投入品进口依赖的深层次演进机理与优化方向。此外,理论分析框架的缺失也使得学界无法为描述性统计和推论所得结论提供科学的机理解释,更难以为上述结论提供科学可靠的理论基础,使得原有研究结论在理论内涵方面存在缺憾。

第三,缺乏中间投入品进口技术含量的科学测度工具。虽然学界对最终品技术含量进行了大量而深入的研究,但多视中间投入品为"统计假象",已有的研究方法多尝试如何将中间投入品从最终品中"剔除干净",鲜有学者尝试剖析中间投入品的技术含量。为此,学界难以了解中间投入品进口技术含量的基本特征,无法对高技术含量中间投入品进口的经济效应进行经验检验,更难以洞察高技术含量中间投入品进口依赖的实际经济效应。这一缺憾不仅使得高技术含量中间投入品进口依赖的经济效应成为已有研究尚未探索的"黑匣子",还使得该领域成为学界亟待开发的领地。

本书拟在以下方面进行实质性优化和边际扩展:一是系统分析高技术含量中间投入品进口对多种关键经济变量(如进口依赖、国内增加值率、资本回报率、国际分工地位和经济增长质量)的作用效应,以拓展制造业技术赶超和中间投入品两个领域研究的边际广度与交叉深度,使得学界对高技术含量中间投入品进口的深层次作用规律有更深刻的了解。二是构建中间投入品进口技术含量的科学度量方法,将对产品技术含量的测度从最终品领域拓展到中间投入品领域,也将中间投入品的研究从量的视角拓展到技术的视角,既使得该领域的实证研究成为可能,也为该领域的理论与实证研究的深入提供了一个全新的工具。三是构建解释高技术含量中间投入品进口依赖经济效应的理论模型,既为该领域的研究深入、边界拓展和范式优化提供一个全新的系统性理论分析框架,也科学刻画已有研究尚未涉足和洞察的理论规律。四是在梳理突破高技术含量中间投入品之困国际经验和国内相关案例的基础上,结合经济发展趋势检验潜在路径的科学性和可操作性,进而结合各章研究结论和"十四五"发展目标,从自立自强视角提炼高技术含量中间投入品进口依赖的脱困之路。本书既为中国制定推动经济高质量发展和应对"需求收缩、供给冲击、预期转弱"三重压力方面的政策提供有益参考,也为谱写新时代中国特色社会主义现代化经济建设新篇章提供强有力的支撑。

第四节　研究框架

本书首先以高技术含量中间投入品进口经济效应的两国五部门模型构建为依托,借助均衡状态偏微分分析,从理论视角细致刻画高技术含量中间投入品进口依赖的经济效应;其次,以中间投入品技术含量测度方法构建为依托,在细致分析中国高技术含量中间投入品进口依赖基本特征的基础上,借助多种计量方法,揭示高技术含量中间投入品进口依赖的经济效应(如中间投入品进口依赖、国内增加值率、国际分工地位);再次,以中间投入品进口技术含量逆比较优势的程度和中间投入品进口技术含量占最终品技术含量的比重为依托,衡量高技术含量中间投入品进口依赖对技术革新、质量提升和分工地位的影响;最后,在细致分析高技术含量中间投入品进口依赖程度降低的国际经验和中国案例的基础上,结合经济发展趋势,检验高技术含量中间投入品进口依赖潜在优化路径的实际作用机制,进而勾勒出中国高技术含量中间投入品进口依赖的自立自强型优化路径。基于上述思路,本书一共分为十三章。

第一章为导论。本章主要对研究问题的缘起、现实特征、研究基础、研究框架、研究方法等进行全面的概述和阐释。

第二章为高技术含量中间投入品进口经济效应的机理分析。本章的核心目的是从理论视角勾勒出高技术含量中间投入品进口的经济效应,基于 Long et al.(2001)、杨汝岱和姚洋(2008)、Jarreau and Poncet(2012)、黄先海和宋学印(2017)、陈晓华等(2016)等关于产品技术含量提高机制与效应的研究结论,以及 Antràs and Chor(2013)和 Antràs et al.(2012)关于序贯生产理论的研究,构建能刻画高技术含量中间投入品进口经济效应的两国五部门模型,借助均衡状态求偏分等方式进行机理分析,并提出相应的待检验假设。

第三章为高技术含量中间投入品进口与制造业中间投入品进口依赖。本章在测度出制造业中间投入品进口依赖程度的基础上,运用 OLS、工具变量、联立方程和变量替代法等细致分析了制造业、服务业高技术含量中间投入品进口对中间投入品进口依赖的作用机制,并运用中介变量模型和滞后期检验模型分别剖析了该机制的作用渠道与动态稳健性。得到的结论主要有:一是高技术含量中间投入品进口会加剧一国的中间投入品进口依赖,该结论在多维度检验中均稳健成立,这一机制不仅有助于高技术中间投入品先发企业成为制衡全球价值链的链主,还容易导致高技术含量中间投入品后发企业成为全球价值链的被俘获者和尾随者。二是高技术含量中间投入品进口通过抑制制造业的资本积累和科研人员规模扩大来加剧高技术含量中间投入品进口国的中间投入品进口依赖,从作用渠道检验结果来看,提升资本积累速度和扩大科研人员规模可以成为缓解高技术含量中间投入品进口依赖的重要手段。三是中国的两类产业中间投入品进口技术含量远高于自身经济发展水平,这不仅表明中国最终品出口技术含量赶超具有显著的外力依赖型特征,还进一步表明中国的中间投入品进口依赖可能是远超自身发展水平的。为此,中国减少中间投入品进口依赖的迫切性可能远强于普通国家。

第四章为高技术含量中间投入品进口依赖与制造业产品国内增加值率。本章在科学识别制造业产品国内增加值率及其与高技术含量中间投入品之间关系的基础上,运用多元计量方法,细致分析高技术含量中间投入品进口对制造业产品国内增加值率的作用机制,并对作用机制进行经济增速冲击、税赋冲击、中间投入品进口冲击和滞后 1—6 期时间动态冲击的分析,以验证二者关系的稳固性。研究发现:一方面,中间投入品进口技术含量对制造业国内增加值率的作用机制呈现倒 U 形,中技术含量中间投入品进口对产品国内增加值率产生的边际提升作用最大,进口过高技术含量中间投入品可能会对国内增加值率产生不利影响;另一方面,中间投入品进口技术含量对国内增加值率的倒 U 形作用机制非常稳固,经济增速冲击、税赋冲击、中间投入品进口冲击和滞后 1—6 期的时间动态冲击均无法撼动该机制。为此,进口技术含量适中的中间投入品可以成为避免高技术含量中间投入品进口依赖对国内增加值率负向冲击的重要手段。

第五章为高技术含量中间投入品进口依赖与制造业全球价值链嵌入:参与度和分工地位视角。本章以科学核算全球价值链分工体系嵌入程度和分工地位为切入点,借助多元计量方法从多维视角剖析高技术含量中间投入品进口对全球价值链分工地位和参与度的影响机制,并在刻画不同技术吸收能力对二者作用机制的基础上,进一步检验了高技术含量中间投入品进口对后发劣势固化的作用机制。研究发现:一是高技术含量中间投入品的进口显著提高了制造业全球价值链参与度,但抑制了制造业在全球价值链中分工地位的提升,这一机制在基准回归、内生性检验、稳健性检验以及动态性检验中均稳健存在;二是不同技术吸收能力对进口中间投入品技术含量与制造业全球价值链嵌入之间的关系存在显著的正向调节效应,其中人力资本在进口中间投入品技术含量抑制制造业全球价值链分工地位提升过程中发挥了显著的 U 形调节效应;三是进口高技术含量中间投入品会抑制进口国资本积累和研发人员规模扩大,导致后发国陷入价值链低端锁定和劣势固化的困境。由此可见,高技术含量中间投入品进口是一把"双刃剑",而克服"双刃剑"负向效应的关键在于提升本土高技术含量中间投入品的自立自强能力。

第六章为高技术含量中间投入品进口依赖与制造业资本回报率。提高资本回报率和激发资本活力是实现经济增长质量提升的重要推动力量。本章以跨国产业层面资本回报率的科学核算为切入点,细致分析了高技术含量中间投入品进口对制造业资本回报率的作用机制,并进行了多层面的稳健性检验、动态检验和异质性检验,以更为科学地刻画二者的实际机制。研究发现:一是高技术含量中间投入品进口会抑制资本回报率的提升,该结论在多维细致的检验中均稳健成立,为此,中国迫切需要扭转以高技术含量中间投入品进口来支撑高技术含量最终品出口的模式;二是高技术含量中间投入品进口不仅有助于先发国巩固先发优势,进而成为全球价值链的链主和控制者,还容易导致后发国出现生产环节低端锁定和后发劣势固化;三是中国中间投入品进口技术含量远高于自身经济发展水平,这在一定程度上导致了中国资本回报率同时低于发展中国家和发达国家均值。

第七章为逆比较优势进口高技术含量中间投入品与生产技术革新。生产技术革新速度是中国实现产业基础高级化和产业链现代化的关键所在,厘清逆比较优势进口高技术含量中间投入品对生产技术革新的影响具有重要的现实价值。本章从多维层面细致剖析了逆比较优势进口高技术含量中间投入品对制造业生产技术革新的作用机制,并从金融危机冲击、增速变动冲击、税赋冲击、"补短板、强弱项"冲击和时间动态冲击视角检验了该机制的稳固性。得到的结论主要有:一是制造型和服务型中间投入品进口技术含量逆比较优势指数对生产技术革新的影响效应呈现倒 U 形,进口约 2.5 倍于自身比较优势水平技术含量的中间投入品能最大化中间投入品进口的生产技术革新功能,这一结论在多层面检验中均稳健成立。二是中国中间投入品进口技术含量逆比较优势指数处于倒 U 形曲线顶点的左侧正效应区间。对于动态比较优势持续提升的中国而言,在处理好"卡脖子"风险的基础上,可适度提升进口中间投入品技术含量,以更好地发挥中间投入品进口的生产技术革新功能。三是倒 U 形效应具有非常强的稳定性,多维外部冲击均无法撼动。

第八章为最终品技术含量"瘸腿"型深化与经济增长质量。提升经济增长质量是中国当前经济发展的重点,揭示高技术含量中间投入品进口对经济增长质量的作用机制极具理论与现实价值。本章以科学度量经济增长质量为切入点,从多维度剖析最终品出口技术含量"瘸腿"型深化对经济增长质量的影响效应,并进一步检验最终品技术含量"瘸腿"型深化的低端锁定效应。得到的结论主要有:一是出口技术含量"瘸腿"型深化会对经济增长质量产生抑制效应,阻碍本土中间投入品技术含量提升和产业资本密集度提高是抑制效应实现的两个重要渠道。为此,高技术含量中间投入品不仅是一国控制全球价值链的重要工具,也是决定一国经济增长质量的重要因素,这也印证了中国当前实施的产业基础高级化、产业链现代化策略的科学性。二是出口技术含量"瘸腿"型深化对高技术含量中间投入品进口国具有低端锁定功能,会将后发国锁定于低质量、低国际分工地位、低生产率和低回报率的低端环节。因此,通过长期进口高技术含量中间投入品来提升最终品国际竞争优势实际上是一种得不偿失的行为。三是中国出口技术含量"瘸腿"指数位居样本国前列,对国外高技术含量中间投入品具有较强的依赖性,产业链与供应链自主能力和全球价值链关键节点型中间投入品的生产能力相对较弱。四是从作用机制来看,提高产业的资本密集度可以缓解高技术含量中间投入品进口对经济增长质量的负向冲击。

第九章为最终品技术含量"瘸腿"型深化与国际分工地位。扭转出口技术含量"瘸腿"现状和加快制造业国际分工地位的攀升步伐是中国实现经济高质量发展的重要抓手。本章从多维度细致刻画二者的作用机理,并进一步剖析出口技术含量"瘸腿"型深化对服务业国际分工地位的静动态影响,以更为全面地揭示出口技术含量"瘸腿"型深化的经济效应。得到结论主要有:一是外力依赖型技术升级会抑制制造业国际分工地位的攀升,该机制不仅使外力依赖型技术升级具有饮鸩止渴的特征,还使高技术含量中间投入品成为控制全球价值链分工体系的重要工具。二是外力依赖型技术升级不仅会抑制本土中间投入品的技术含量提升,还会抑制研发规模扩大,上述作用不仅在很大程度上使外力依赖型技术升级国的国际分工地位被锁定,还使外力依赖型技术升级具有"持续循环加剧"的特征。三是外力依赖型技术升级会抑制服务业国际分工地位的攀升,但其动态抑制期数小于制造业,因而外力依赖型技术升级对制造业国际分工地位攀升的持续抑制力大于服务业。外力依赖型技术升级抑制中间投入品出口技术含量提升的机制在服务业中也成立。而加大研发投入、提高高等教育水平和资本密集度等可能会在一定程度上缓解抑制效应。

第十章为摆脱高技术含量中间投入品进口依赖的国际经验。本章细致分析了韩国汽车产业和日本机床产业摆脱后发劣势,从最终品和关键核心环节产品进口者与被"卡脖子"者,向拥有国际领先优势的领导者和价值链关键环节主导者转变的经验与历程。研究发现:重视创新、重视人才、重视前沿、重视扶持和重视需求是韩国汽车产业和日本机床产业摆脱高技术含量中间投入品进口依赖的重要法宝,也可以成为中国摆脱高技术含量中间投入品进口依赖的重要工具。

第十一章为摆脱高技术含量中间投入品进口依赖的中国案例。本章细致分析了中国高铁产业、盾构机产业、集成电路产业和薄规格高等级低温取向硅钢产业突破国外限制,从关键核心技术依赖进口向自立自强转变,并成为产业和产品领导者的经历,以从微观企业视角勾勒出潜在的自立自强路径。研究发现:重视产业链龙头企业的能力、重视产业链基础环节的研发能力、重视产业链的本土化建设、重视企业家敢于创新的拼搏精神、重视生产性服务业和重视政府赋能效应可以成为降低高技术含量中间投入品进口依赖程度,做大做强本国高技术含量中间投入品的重要途径。

第十二章为高技术含量中间投入品进口依赖潜在优化路径的检验。经济效应的实证结果、国际经验和国内案例分析的结论均表明:服务化、智能化和构建本国主导价值链是减少高技术含量中间投入品进口依赖的潜在路径,而服务化、智能化和构建高水平国内价值链是当前经济发展的重要趋势。因此,本章从生产性服务资源嵌入制造业环节、工业机器人应用和嵌入他国主导价值链三个视角细致分析服务化、智能化和产业链关键环节本土化对高技术含量中间投入品进口依赖的作用机理,以期在更深刻理解三种潜在路径实际作用机制的基础上,为中国更好地利用三大趋势来摆脱高技术中间投入品进口依赖窘境指明方向。

第十三章为结论与政策启示。本章基于机理分析、实证分析、国际经验分析、中国案例分析和潜在路径检验等的基本结论,提炼出本书的核心结论,并结合中国经济发展实际和中央经济发展战略,提炼出摆脱高技术含量中间投入品进口依赖的路径与策略。

第五节　可能的创新点

本书以高技术含量中间投入品进口依赖的经济效应和自立自强型优化路径为研究对象,以新构理论框架、新构测度方法和多元计量分析为手段,从多个维度系统细致地检验了高技术含量中间投入品进口的经济效应,进而以摆脱高技术含量中间投入品进口依赖为目标,细致剖析了国际经验和国内案例,并基于全书研究结构,构建了高技术含量中间投入品进口依赖的优化路径。本书将技术含量的研究从最终品领域拓展到了中间投入品领域,也将中间投入品的研究从数量领域拓展到了技术含量领域,实现了技术含量研究与中间投入品研究的有效融合,拓展了两个领域已有研究的广度和深度。为此,可能的创新点体现在以下几个方面。

一是构建了具有部门要素衔接关联特征的五部门理论模型,从理论视角系统科学地刻画了高技术含量中间投入品进口依赖的经济效应。本书基于 Long et al. (2001)、Jarreau and Poncet(2012)、黄先海和宋学印(2017)与陈晓华等(2016)等关于产品技术含量提高机制的研究结论,以及 Antràs and Chor(2013)和 Antràs et al. (2012)关于序贯生产理论的研究结论,结合中间投入品的最新研究,构建了五部门均衡模型,进而运用偏微分分析、弹性分析和均衡分析等科学方法进行机理分析,并提出了相应的研究假说,进一步从理论视角揭示了高技术含量中间投入品进口依赖的经济效应,不仅改变了该领域机理研究依赖于描述性统计和简单推理等"非精确"方法的历史,还为技术含量和中间投入品交叉研究领域提供了一个科学的、基础性的理论分析框架,一定程度上为两个领域交叉研究的深化提供了新的理论观点与理论规律。

二是构建了识别高技术含量中间投入品进口依赖的新型测度工具,并从多个维度识别了中国高技术含量中间投入品进口依赖的基本特征。本书基于国际投入产出表,构建了中间投入品进出口技术含量的测度方法,同时基于最终品与中间投入品技术含量对接视角,构建了最终品技术含量"瘸腿"程度的识别工具,还基于高技术含量中间投入品进口与比较优势视角,构建了逆比较优势进口高技术含量中间投入品的识别指标。一方面,为高技术含量中间投入品进口依赖领域的研究提供了一套相对较新又实用的识别工具,使得高技术含量中间投入品进口依赖领域的测度结果更为科学可靠,丰富了高技术含量中间投入品进口依赖识别的工具箱;另一方面,使得学界能更科学地识别各国高技术含量中间投入品进口依赖的真实特征,为该领域理论与实证研究的深化提供了全新的、更为可靠的事实依据。

三是以多元的计量方法为支撑，从深层次验证揭示高技术含量中间投入品进口依赖对重要经济变量的实际作用规律，为中间投入品技术含量研究领域的理论发展提供了全新的经验证据。在系统刻画中国特征和讲述中国故事的基础上，本书以 OLS、工具变量法、联立方程、交互项方程、中介效应模型和调节变量模型等计量方法为支撑，厘清了高技术含量中间投入品进口依赖的经济效应，进行了多重稳健性检验，以提高估计结果的可靠性，并基于上述结论与国际案例、国内经验和经济发展趋势的契合点，细致分析了经济趋势所具备的潜在优化路径对中间投入品进口依赖的实际作用机制。这既弥补了该领域机制规律研究的空白和缺憾，也刻画了高技术含量中间投入品进口依赖对重要经济变量的实际作用力，更为中国制定高技术中间投入品进口依赖的自立自强型优化策略提供了科学细致的经验证据，助力中国经济高质量增长和中国式现代化。

四是以多层面研究结论和中国经济多重实际的契合域为出发点，在科学检验经济发展趋势型优化路径实际作用机制的基础上，构建了高技术含量中间投入品进口依赖的自立自强型优化路径。构建优化路径和政策体系时，本书不仅考虑了机理分析、实证分析、国际经验和案例分析可行路径的聚焦点与契合域，还考虑了中国经济发展事实和多重特征（新型举国创新体制、大国大市场优势、世界第一大出口国和"十四五"期间的经济发展重点），且以做强内源动力、高质量增长和自立自强为核心目标与要求，以促进产业动态比较优势持续增强、推动产业基础高级化和产业链现代化、形成新发展格局为方向。因此，优化路径不仅能为中国走出高技术含量中间投入品进口依赖窘境指明方向，更能为中国制定突破"卡脖子"困境、经济高质量增长与产业链关键环节自主可控等方面的政策提供全新的思路。

第二章 高技术含量中间投入品进口经济效应的机理分析

本章的主要研究目的有两个:一是剖析高技术含量中间投入品进口对经济变量作用的一般规律;二是从理论视角勾勒出高技术含量中间投入品进口的优化方向。为实现上述研究目标,本章基于 Long et al. (2001)、杨汝岱和姚洋(2008)、Jarreau and Poncet(2012)、黄先海和宋学印(2017)、陈晓华等(2016)、唐海燕和张会清(2009)等关于产品技术含量提高机制的研究结论,以及 Antràs and Chor(2013)和 Antràs et al. (2012)关于序贯生产理论的研究等结论,结合中间投入品的最新研究,构建两国五部门模型进行分析,以期在科学揭示高技术含量中间投入品进口潜在经济效应的基础上,为后文的实证结论提供科学的理论支撑。

第一节 理论模型的构建

假设生产特定最终品 Y 需要最终品部门(下游)、原料部门(上游)、中间投入品部门(中游)、生产性服务部门和物质资本部门等五个部门协作完成,假设原料部门、中间投入品部门、生产性服务部门和物质资本部门的生产过程需要非熟练劳动力和熟练劳动力的投入,而最终品部门的生产过程需各部门的产品(以资本形式体现)和非熟练劳动力。假设对于最终品部门而言,每新增 1 单位最终产品,需新增 1 单位的非熟练劳动力、$b_{up}j$ 单位的上游产品、$b_{mi}j$ 单位本国中间投入品、$b_{mi}^{*}j$ 单位国外中间投入品、$b_{z}j$ 单位的物质资本和 $b_{s}j$ 单位的生产性服务资本的投入。[①] 假定本国为中间投入品进口国,而国外为中间投入品出口国。根据陈晓华等(2011)、陈晓华等(2016)、唐海燕和张会清(2009)、Antràs and Chor(2013)和 Antràs et al. (2012),我们假设中间投入品部门、原料部门、生产性服务部门和物质资本部门的产品均以资本形式体现于最终品部门。

---

① 除了最终品部门外,其余各部门的单位产品均为资本,j 体现的是技术含量,由 Long et al. (2001)、陈晓华等(2011)、唐海燕和张会清(2009)可知,技术含量越高,需要各部门以资本品形式投入的额度越高,这也符合经济学的一般规律。下标中,up 表示上游,mi 表示中游,z 表示物质资本,s 表示生产性服务资本。

一、最终品部门

一般而言,使用技术含量越高的中间投入品,所得最终品的技术含量和国际竞争力越高,其最终产品的生产成本往往越高。因此,借鉴 Long et al.(2001)和陈晓华等(2016)的处理方法,1 单位最终品的成本可以表示为:

$$C = \int_0^{m_1} \left[w^L + (b_{\rm up} P_{\rm up} + b_{\rm mi} P_{\rm mi} + b_{\rm mi}^* P_{\rm mi}^* + b_z P_z + b_s P_s) j \right] {\rm d}j$$

$$= w^L m_1 + (b_{\rm up} P_{\rm up} + b_{\rm mi} P_{\rm mi} + b_{\rm mi}^* P_{\rm mi}^* + b_z P_z + b_s P_s) m_1^2/2 \qquad (2\text{-}1)$$

其中,w^L 为非熟练劳动力的工资,$P_{\rm up}$ 为上游生产环节产品的价格,$P_{\rm mi}$ 为中间投入品的价格,P_z 为物质资本价格,P_s 为生产性服务部门产品价格,加 * 号则表示国外的相应变量,m_1 为本国生产中所使用但从国外进口的中间投入品的技术含量。一般而言,中间投入品进口技术含量越高,会使得生产最终品的过程中需要越多的资本要素(如上游资本、中游资本、物质资本和生产性服务资本)为其提供生产支撑。此时,本国最终品部门生产 X 单位最终品需要的上游产品(资本形式体现)、国内中间投入品(资本形式体现)、国外中间投入品(资本形式体现)、物质资本、生产性服务资本和非熟练劳动力的数量分别为[①]:

$$Y_{\rm up} = X \int_0^{m_1} b_{\rm up} j\,{\rm d}j = X b_{\rm up} m_1^2/2 \qquad (2\text{-}2)$$

$$Y_{\rm mi} = X \int_0^{m_1} b_{\rm mi} j\,{\rm d}j = X b_{\rm mi} m_1^2/2 \qquad (2\text{-}3)$$

$$Y_{\rm mi}^* = X \int_0^{m_1} b_{\rm mi}^* j\,{\rm d}j = X b_{\rm mi}^* m_1^2/2 \qquad (2\text{-}4)$$

$$Y_z = X \int_0^{m_1} b_z j\,{\rm d}j = X b_z m_1^2/2 \qquad (2\text{-}5)$$

$$Y_s = X \int_0^{m_1} b_s j\,{\rm d}j = X b_s m_1^2/2 \qquad (2\text{-}6)$$

$$L_{\rm f} = X \int_0^{m_1} j\,{\rm d}j = X m_1 \qquad (2\text{-}7)$$

二、原料部门

假定原料部门的生产函数为 CD 函数,生产 $Y_{\rm up}$ 单位的原料所需的熟练劳动力和非熟练劳动力数量分别为 $H_{\rm up}$ 和 $L_{\rm up}$,此时,原料部门的生产函数可以表示为:

$$Y_{\rm up} = a_{\rm up} H_{up}^{\lambda_{\rm up}} L_{up}^{1-\lambda_{\rm up}} \qquad (2\text{-}8)$$

---

① 除最终品部门外,其他部门产品均以资本形式体现。即(2-4)式—(2-6)式中 Y 为资本。

其中，$0<\lambda_{up}<1$，a_{up} 为上游部门的知识水平。假定原料部门的总产出等于其总消费，则其预算约束函数为 $C_{up}=H_{up}w_{up}^{H_{up}}+L_{up}w_{up}^{L_{up}}$，$w^{L_{up}}$ 和 $w^{H_{up}}$ 为原料部门非熟练劳动力和熟练劳动力的工资。此时，该部门利润最大化生产状态所得熟练劳动力和非熟练劳动力之比、价格与产量分别为：

$$\frac{L_{up}}{H_{up}}=\frac{w^{H_{up}}}{w^{L_{up}}}\frac{1-\lambda_{up}}{\lambda_{up}}=\theta_{up} \tag{2-9}$$

$$P_{up}=\frac{w^{L_{up}}\theta_{up}^{\lambda_{up}}}{a_{up}(1-\lambda_{up})} \tag{2-10}$$

$$Y_{up}=a_{up}H_{up}\theta_{up}^{\lambda_{up}} \tag{2-11}$$

三、中间投入品部门

假定中间投入品部门的生产函数亦为 CD 函数，即 $Y_{mi}=a_{mi}H_{mi}^{\lambda_{mi}}L_{mi}^{1-\lambda_{mi}}$（$0<\lambda_{mi}<1$）。预算约束函数为 $C_{mi}=H_{mi}w_{mi}^{H_{mi}}+L_{mi}w_{mi}^{L_{mi}}$，$w^{L_{mi}}$、$w^{H_{mi}}$ 为该部门熟练劳动力和非熟练劳动力的工资。该部门最优生产状态可以表示为：

$$\frac{L_{mi}}{H_{mi}}=\frac{w^{H_{mi}}}{w^{L_{mi}}}\frac{1-\lambda_{mi}}{\lambda_{mi}}=\theta_{mi} \tag{2-12}$$

$$P_{mi}=\frac{w^{L_{mi}}\theta_{mi}^{\lambda_{mi}}}{a_{mi}(1-\lambda_{mi})} \tag{2-13}$$

$$Y_{mi}=a_{mi}H_{mi}\theta_{mi}^{\lambda_{mi}} \tag{2-14}$$

假定国外中间投入品生产函数与国内相似，则将上述式子的变量加 * 可得国外相应的表达式。一般而言，生产技术含量越高的中间投入品，企业员工的工资越高，因而国外中间投入品部门劳动力工资与国内中间投入品部门劳动力工资之比与进口品的技术含量密切相关。因而假定 $\frac{w^{L_{mi}^*}}{w^{L_{mi}}}=\eta m_1$，其中，$\eta$ 为相应的比例系数。

四、物质资本部门

假定物质资本部门生产函数亦为 CD 函数，即 $Y_z=a_z H_z^{\lambda_z}L_z^{1-\lambda_z}$（$0<\lambda_z<1$）。预算约束函数为 $C_z=H_z w_z^{H_z}+L_z w_z^{L_z}$，$w^{L_z}$ 和 w^{H_z} 则为该部门熟练劳动力与非熟练劳动力工资。此时，该部门最优生产状态为：

$$\frac{L_z}{H_z}=\frac{w^{H_z}}{w^{L_z}}\frac{1-\lambda_z}{\lambda_z}=\theta_z \tag{2-15}$$

$$P_z=\frac{w^{L_z}\theta_z^{\lambda_z}}{a_z(1-\lambda_z)} \tag{2-16}$$

$$Y_z=a_z H_z\theta_z^{\lambda_z} \tag{2-17}$$

五、生产性服务部门

假定生产性服务部门的生产函数亦为 CD 函数，即 $Y_s = a_s H_s^{\lambda_s} L_s^{1-\lambda_s}$（$0 < \lambda_s < 1$）。预算约束函数为 $C_s = H_s w^{H_s} + L_s w^{L_s}$，$w^{L_s}$ 和 w^{H_s} 则为该部门熟练劳动力与非熟练劳动力工资，该部门的最优生产状态为：

$$\frac{L_s}{H_s} = \frac{w^{H_s}}{w^{L_s}} \frac{1-\lambda_s}{\lambda_s} = \theta_s \tag{2-18}$$

$$P_s = \frac{w^{L_s} \theta_s^{\lambda_s}}{a_s(1-\lambda_s)} \tag{2-19}$$

$$Y_s = a_s H_s \theta_s^{\lambda s} \tag{2-20}$$

第二节　理论模型的均衡状态分析

假定熟练劳动力是同质的，非熟练劳动力也是同质的，且两类劳动力在各部门的流动是自由的。在该假设条件下，熟练劳动力在不同部门的工资相等，非熟练劳动力的工资在不同部门也相等。否则会出现劳动力流动而无法达到均衡的状态，则有 $w^{H_{up}} = w^{H_{mi}} = w^{H_z} = w^{H_s} = w^H$ 和 $w^{L_{up}} = w^{L_{mi}} = w^{L_z} = w^{L_s} = w^L$。根据经济学的基本原理，市场达到均衡状态需要两个条件，一是熟练劳动力和非熟练劳动力充分就业（劳动力市场出清），则有：

$$H = H_{up} + H_{mi} + H_z + H_s \tag{2-21}$$

$$L = L_f + L_{up} + L_{mi} + L_z + L_s \tag{2-22}$$

其中，H 和 L 分别为熟练劳动力和非熟练劳动力的数量。二是劳动力的总收入与总消费相等，总支出与总收入相等，结合唐海燕和张会清（2009）的处理方法可得：

$$H w^H + L w^L = PX \tag{2-23}$$

其中，P 为最终品价格。考虑到前文各部门的弹性系数会使得计算过程较为烦琐，我们对弹性系数进行了简化，借鉴陈晓华等（2011）、陈晓华和刘慧（2016）等的研究方法和处理过程，令 $\lambda_{up} = \lambda_{mi} = \lambda_z = \lambda_s = 0.5$，则有 $\theta_{up} = \theta_{mi} = \theta_z = \theta_s$，令 $\theta = \theta_{up} = \theta_{mi} = \theta_z = \theta_s$，将（2-18）式、（2-14）式、（2-12）式、（2-9）式和（2-7）式代入（2-23）式得：

$$H w^H + L w^L = P \frac{L_f}{m_1},$$

$$H w^L \theta + L w^L = P \frac{L_f}{m_1}$$

$$= P \frac{L - L_{up} - L_{mi} - L_z - L_s}{m_1}$$

$$= P \frac{L - \theta H_{up} - \theta H_{mi} - \theta H_z - \theta H_s}{m_1}$$

$$= P \frac{L - \theta H}{m_1} \tag{2-24}$$

结合前文各部门的生产情况,进口技术含量为 m_1 的中间投入品且生产 X 单位最终品时,总生产成本为:

$$TC = \frac{Xb_{up}m_1^2}{2}\frac{2w^L\theta_{up}^{\lambda_{up}}}{a_{up}} + \frac{Xb_{mi}m_1^2}{2}\frac{2w^L\theta_{mi}^{\lambda_{mi}}}{a_{mi}} + \frac{Xb_z m_1^2}{2}\frac{2w^L\theta_z^{\lambda_z}}{a_z}$$

$$+ \frac{Xb_s m_1^2}{2}\frac{2w^L\theta_s^{\lambda_s}}{a_s} + m_1 Xw^L + \frac{Xb_{mi}^* m_1^3}{2}\frac{2w^L\eta\theta_{mi}^{\lambda_{mi}^*}}{a_{mi}^*} \quad (2\text{-}25)$$

其中,TC 为总成本,基于(2-25)式,对产量 X 求导可得:

$$MC = \frac{b_{up}m_1^2 w^L\theta_{up}^{\lambda_{up}}}{a_{up}} + \frac{b_{mi}m_1^2 w^L\theta_{mi}^{\lambda_{mi}}}{a_{mi}} + \frac{b_z m_1^2 w^L\theta_z^{\lambda_z}}{a_z} + \frac{b_s m_1^2 w^L\theta_s^{\lambda_s}}{a_s}$$

$$+ m_1 w^L + \frac{b_{mi}^* m_1^3 w^L\eta\theta_{mi}^{\lambda_{mi}^*}}{a_{mi}^*} \quad (2\text{-}26)$$

其中,MC 为边际成本,最终品部门利润最大化条件下,其边际产出等于边际收益,即 MR=MC。而最终品部门的边际收益等于价格,即 MR=P=MC,结合(2-24)式可得:

$$Hw^L\theta + Lw^L = \left(\frac{b_{up}m_1^2 w^L\theta_{up}^{\lambda_{up}}}{a_{up}} + \frac{b_{mi}m_1^2 w^L\theta_{mi}^{\lambda_{mi}}}{a_{mi}} + \frac{b_z m_1^2 w^L\theta_z^{\lambda_z}}{a_z} + \frac{b_s m_1^2 w^L\theta_s^{\lambda_s}}{a_s}\right.$$

$$\left. + m_1 w^L + \frac{b_{mi}^* m_1^3 w^L\eta\theta_{mi}^{\lambda_{mi}^*}}{a_{mi}^*}\right)\left(\frac{L-\theta H}{m_1}\right) \quad (2\text{-}27)$$

对(2-27)式进行简化处理可得:

$$H\theta + L = \left(\frac{b_{up}m_1^2\theta_{up}^{\lambda_{up}}}{a_{up}} + \frac{b_{mi}m_1^2\theta_{mi}^{\lambda_{mi}}}{a_{mi}} + \frac{b_z m_1^2\theta_z^{\lambda_z}}{a_z} + \frac{b_s m_1^2\theta_s^{\lambda_s}}{a_s} + m_1 + \frac{b_{mi}^* m_1^3\eta\theta_{mi}^{\lambda_{mi}^*}}{a_{mi}^*}\right)\left(\frac{L-\theta H}{m_1}\right)$$

$$= \left(\frac{b_{up}m_1\theta_{up}^{\lambda_{up}}}{a_{up}} + \frac{b_{mi}m_1\theta_{mi}^{\lambda_{mi}}}{a_{mi}} + \frac{b_z m_1\theta_z^{\lambda_z}}{a_z} + \frac{b_s m_1\theta_s^{\lambda_s}}{a_s} + 1 + \frac{b_{mi}^* m_1^2\eta\theta_{mi}^{\lambda_{mi}^*}}{a_{mi}^*}\right)(L-\theta H)$$

$$(2\text{-}28)$$

(2-28)式有效地融入了国外中间投入品的进口技术含量,基于(2-28)式就中间投入品进口技术含量对其他因素求偏导,可得高技术含量中间投入品进口对其他变量的作用机理,进而勾勒出高技术含量中间投入品进口的经济效应。

第三节　高技术含量中间投入品进口经济效应的初步判定

基于均衡状态,对中间投入品技术含量求偏导,可以从机理分析视角初步判定高技术含量中间投入品进口对经济变量的作用机理,进而刻画出高技术含量中间投入品进口的经济效应。基于这一原理,本节从理论视角对经济效应进行初步判定。

一、高技术含量中间投入品进口与中间投入品进口依赖

在进口高技术含量中间投入品的情况下,根据(2-14)式可知本国的中

间投入品产出为 $Y_{mi}=a_{mi}H_{mi}\theta_{mi}^{\lambda_{mi}}$，将其代入（2-28）式可得：

$$Hw^L\theta+Lw^L=\left(\frac{b_{up}m_1\theta_{up}^{\lambda_{up}}}{a_{up}}+\frac{b_{mi}m_1}{a_{mi}}\frac{Y_{mi}}{a_{mi}H_{mi}}+\frac{b_z m_1\theta_z^{\lambda_z}}{a_z}+\frac{b_s m_1\theta_s^{\lambda_s}}{a_s}\right.$$
$$\left.+1+\frac{b_{mi}^* m_1^2\eta\theta_{mi}^{\lambda_{mi}^*}}{a_{mi}^*}\right)(L-\theta H)\qquad(2\text{-}29)$$

将本国中间投入品产出 Y_{mi} 关于中间投入品进口技术含量 m_1 求偏导可得：

$$0=\left(\frac{b_{up}\theta_{up}^{\lambda_{up}}}{a_{up}}+\frac{b_{mi}}{a_{mi}}\frac{Y_{mi}}{a_{mi}H_{mi}}+\frac{b_{mi}m_1}{a_{mi}}\frac{1}{a_{mi}H_{mi}}\frac{\partial Y_{mi}}{\partial m_1}+\frac{b_z\theta_z^{\lambda_z}}{a_z}+\frac{b_s\theta_s^{\lambda_s}}{a_s}\right.$$
$$\left.+1+\frac{2b_{mi}^* m_1\eta\theta_{mi}^{\lambda_{mi}^*}}{a_{mi}^*}\right)(L-\theta H)\qquad(2\text{-}30)$$

整理后可得：

$$\frac{b_{mi}m_1}{a_{mi}}\frac{1}{a_{mi}H_{mi}}\frac{\partial Y_{mi}}{\partial a_{mi}}=-\left(\frac{b_{up}\theta_{up}^{\lambda_{up}}}{a_{up}}+\frac{b_{mi}}{a_{mi}}\frac{Y_{mi}}{a_{mi}H_{mi}}+\frac{b_z\theta_z^{\lambda_z}}{a_z}+\frac{b_s\theta_s^{\lambda_s}}{a_s}\right.$$
$$\left.+1+\frac{2b_{mi}^* m_1\eta\theta_{mi}^{\lambda_{mi}^*}}{a_{mi}^*}\right),$$

$$\frac{\partial Y_{mi}}{\partial m_1}=-\frac{\dfrac{b_{up}\theta_{up}^{\lambda_{up}}}{a_{up}}+\dfrac{b_{mi}}{a_{mi}}\dfrac{Y_{mi}}{a_{mi}H_{mi}}+\dfrac{b_z\theta_z^{\lambda_z}}{a_z}+\dfrac{b_s\theta_s^{\lambda_s}}{a_s}+1+\dfrac{2b_{mi}^* m_1\eta\theta_{mi}^{\lambda_{mi}^*}}{a_{mi}^*}}{\dfrac{b_{mi}m_1}{a_{mi}a_{mi}H_{mi}}}\qquad(2\text{-}31)$$

其中，$\dfrac{b_{up}\theta_{up}^{\lambda_{up}}}{a_{up}}+\dfrac{b_{mi}}{a_{mi}}\dfrac{Y_{mi}}{a_{mi}H_{mi}}+\dfrac{b_z\theta_z^{\lambda_z}}{a_z}+\dfrac{b_s\theta_s^{\lambda_s}}{a_s}+1+\dfrac{2b_{mi}^* m_1\eta\theta_{mi}^{\lambda_{mi}^*}}{a_{mi}^*}$ 为正，$\dfrac{b_{mi}m_1}{a_{mi}a_{mi}H_{mi}}$ 也为正，由此可以得到 $\dfrac{\partial Y_{mi}}{\partial m_1}$ 小于 0，即一国所进口的国外中间投入品技术含量的提升会对本国中间投入品生产规模产生负效应，不利于本国中间投入品生产规模的扩大。这一现象出现的原因可能在于：高技术含量中间投入品进口实际上是国外资本、人力资本和技术对国内相应生产要素的直接替代（陈晓华等，2011；许家云等，2017），会对本国生产要素发展壮大产生冲击，从而不利于本国高端中间投入品生产能力的提升，进而加剧一国的中间投入品进口依赖。由此可以得到如下待检验假说。

假说 1：高技术含量中间投入品进口会加剧一国中间投入品的进口依赖。而该现象出现的本质原因是高技术含量中间投入品进口抑制了本国高技术含量中间投入品的生产规模，进而加剧了中间投入品进口依赖。

二、高技术含量中间投入品进口与国内增加值率

国内增加值率是体现产品的国内受益面和国内获利水平的重要指标，更是体现最终品的国内产业链健全程度的重要指标（刘慧等，2020a；刘慧，

2021)。借鉴 Kee and Tang(2016)与高翔等(2018)的做法。我们将国内增加值率定义为本国产出额减去中间品进口所得值与本国产出额之比,则有:

$$\mathrm{DVAR} = \frac{PX - \mathrm{IMP}_{\mathrm{mi}}}{PX} = 1 - \frac{\mathrm{IMP}_{\mathrm{mi}}}{PX} \tag{2-32}$$

其中,$\mathrm{IMP}_{\mathrm{mi}}$ 为中间投入品进口额,结合前文,该值为 $\dfrac{Xb_{\mathrm{mi}}^{*}m_1^3}{2}\dfrac{2w^L\eta\theta_{\mathrm{mi}}^{\lambda_{\mathrm{mi}}^{*}}}{a_{\mathrm{mi}}^{*}}$。在均衡状态下,$P$ 与 MC 相等,则(2-32)式可以表示为:

$$\mathrm{DVAR} = 1 - \cfrac{\dfrac{b_{\mathrm{mi}}^{*}m_1^3 w^L\eta\theta_{\mathrm{mi}}^{*}}{a_{\mathrm{mi}}^{*}}}{\dfrac{b_{\mathrm{up}}m_1^2 w^L\theta_{\mathrm{up}}^{\lambda_{\mathrm{up}}}}{a_{\mathrm{up}}} + \dfrac{b_{\mathrm{mi}}m_1^2 w^L\theta_{\mathrm{mi}}^{\lambda_{\mathrm{mi}}}}{a_{\mathrm{mi}}} + \dfrac{b_z m_1^2 w^L\theta_z^{\lambda_z}}{a_z} + \dfrac{b_s m_1^2 w^L\theta_s^{\lambda_s}}{a_s} + m_1 w^L + \dfrac{b_{\mathrm{mi}}^{*}m_1^3 w^L\eta\theta_{\mathrm{mi}}^{*}}{a_{\mathrm{mi}}^{*}}}$$

$$= 1 - \cfrac{\dfrac{b_{\mathrm{mi}}^{*}w^L\eta\theta_{\mathrm{mi}}^{\lambda_{\mathrm{mi}}^{*}}}{a_{\mathrm{mi}}^{*}}}{\left(\dfrac{b_{\mathrm{up}}w^L\theta_{\mathrm{up}}^{\lambda_{\mathrm{up}}}}{a_{\mathrm{up}}} + \dfrac{b_{\mathrm{mi}}w^L\theta_{\mathrm{mi}}^{\lambda_{\mathrm{mi}}}}{a_{\mathrm{mi}}} + \dfrac{b_z w^L\theta_z^{\lambda_z}}{a_z} + \dfrac{b_s w^L\theta_s^{\lambda_s}}{a_s}\right)\dfrac{1}{m_1} + w^L\dfrac{1}{m_1^2} + \dfrac{b_{\mathrm{mi}}^{*}w^L\eta\theta_{\mathrm{mi}}^{\lambda_{\mathrm{mi}}^{*}}}{a_{\mathrm{mi}}^{*}}} \tag{2-33}$$

由于 $\left(\dfrac{b_{\mathrm{up}}w^L\theta_{\mathrm{up}}^{\lambda_{\mathrm{up}}}}{a_{\mathrm{up}}} + \dfrac{b_{\mathrm{mi}}w^L\theta_{\mathrm{mi}}^{\lambda_{\mathrm{mi}}}}{a_{\mathrm{mi}}} + \dfrac{b_z w^L\theta_z^{\lambda_z}}{a_z} + \dfrac{b_s w^L\theta_s^{\lambda_s}}{a_s}\right)\dfrac{1}{m_1} + w^L\dfrac{1}{m_1^2} + \dfrac{b_{\mathrm{mi}}^{*}m_1 w^L\eta\theta_{\mathrm{mi}}^{\lambda_{\mathrm{mi}}}}{a_{\mathrm{mi}}^{*}}$

与 m 的关系为倒 U 形,因此,

$$\cfrac{\dfrac{b_{\mathrm{mi}}^{*}w^L\eta\theta_{\mathrm{mi}}^{\lambda_{\mathrm{mi}}^{*}}}{a_{\mathrm{mi}}^{*}}}{\left(\dfrac{b_{\mathrm{up}}w^L\theta_{\mathrm{up}}^{\lambda_{\mathrm{up}}}}{a_{\mathrm{up}}} + \dfrac{b_{\mathrm{mi}}w^L\theta_{\mathrm{mi}}^{\lambda_{\mathrm{mi}}}}{a_{\mathrm{mi}}} + \dfrac{b_z w^L\theta_z^{\lambda_z}}{a_z} + \dfrac{b_s w^L\theta_s^{\lambda_s}}{a_s}\right)\dfrac{1}{m_1} + w^L\dfrac{1}{m_1^2} + \dfrac{b_{\mathrm{mi}}^{*}w^L\eta\theta_{\mathrm{mi}}^{\lambda_{\mathrm{mi}}}}{a_{\mathrm{mi}}^{*}}}$$ 与 m_1 的

关系为 U 形。因此(2-33)式中,DVAR 与 m_1 的关系为倒 U 形。由此,我们可以得到如下待检验假说。

假说 2:中间投入品进口技术含量对本国制造业出口品国内增加值率的作用机制呈现倒 U 形,即进口过高技术含量的中间投入品会对出口品国内增加值率产生负向冲击,而进口技术含量适中的中间投入品则会对本国出口品国内增加值率产生一定的正向作用。

三、高技术含量中间投入品进口与国际分工地位

国际分工地位的高低是反映一国处于全球价值链分工体系中有利地位或不利地位的重要指标,也是一国对全球价值链分工体系控制能力的重要体现(陈晓华等,2022),因此迅速成为学界关注的热点问题。Koopman et al.(2010)构建的全球价值链分工地位(GVC_Po$_{ikt}$)的测度方法备受学界欢迎:

$$\text{GVC\_Po}_{ijt} = \ln\left(1 + \frac{\text{DVA\_INTrex}_{ijt}}{E_{ijt}}\right) - \ln\left(1 + \frac{\text{FVA}_{ijt}}{E_{ijt}}\right) \qquad (2\text{-}34)$$

其中，DVA_INTrex_{ijt} 表示 i 国 j 产业于 t 年出口的被进口国再次出口到第三国的国内增加值，FVA_{ijt} 表示 i 国 j 产业于 t 年出口的国外增加值，E_{ijt} 表示 i 国 j 产业于 t 年的总出口额。结合（2-34）式和前文的理论框架，进口高技术含量中间投入品并出口的情况下（假设出口价格与国内销售价格一致），全球价值链分工地位可以简化表示为：

$$\text{GVC\_Po}_{ijt} =$$

$$\ln\left(1 + \frac{\dfrac{b_{up}m_1^2 w^L \theta_{up}^{\lambda_{up}}}{a_{up}} + \dfrac{b_{mi}m_1^2 w^L \theta_{mi}^{\lambda_{mi}}}{a_{mi}} + \dfrac{b_z m_1^2 w^L \theta_z^{\lambda_z}}{a_z} + \dfrac{b_s m_1^2 w^L \theta_s^{\lambda_s}}{a_s} + m_1 w^L}{\dfrac{b_{up}m_1^2 w^L \theta_{up}^{\lambda_{up}}}{a_{up}} + \dfrac{b_{mi}m_1^2 w^L \theta_{mi}^{\lambda_{mi}}}{a_{mi}} + \dfrac{b_z m_1^2 w^L \theta_z^{\lambda_z}}{a_z} + \dfrac{b_s m_1^2 w^L \theta_s^{\lambda_s}}{a_s} + m_1 w^L + \dfrac{b_{mi}^* m_1^3 w^L \eta \theta_{mi}^{\lambda_{mi}^*}}{a_{mi}^*}}\right)$$

$$-\ln\left(1 + \frac{\dfrac{b_{mi}^* m_1^3 w^L \eta \theta_{mi}^{\lambda_{mi}^*}}{a_{mi}^*}}{\dfrac{b_{up}m_1^2 w^L \theta_{up}^{\lambda_{up}}}{a_{up}} + \dfrac{b_{mi}m_1^2 w^L \theta_{mi}^{\lambda_{mi}}}{a_{mi}} + \dfrac{b_z m_1^2 w^L \theta_z^{\lambda_z}}{a_z} + \dfrac{b_s m_1^2 w^L \theta_s^{\lambda_s}}{a_s} + m_1 w^L + \dfrac{b_{mi}^* m_1^3 w^L \eta \theta_{mi}^{\lambda_{mi}^*}}{a_{mi}^*}}\right)$$

$$(2\text{-}35)$$

由此可得：

$$\text{GVC\_Po}_{ijt} = \ln\left(\frac{2b_{up}m_1^2 w^L \theta_{up}^{\lambda_{up}}}{a_{up}} + \frac{2b_{mi}m_1^2 w^L \theta_{mi}^{\lambda_{mi}}}{a_{mi}} + \frac{2b_z m_1^2 w^L \theta_z^{\lambda_z}}{a_z} + \right.$$

$$\left.\frac{2b_s m_1^2 w^L \theta_s^{\lambda_s}}{a_s} + 2m_1 w^L + \frac{b_{mi}^* m_1^3 w^L \eta \theta_{mi}^{\lambda_{mi}^*}}{a_{mi}^*}\right)$$

$$-\ln\left(\frac{b_{up}m_1^2 w^L \theta_{up}^{\lambda_{up}}}{a_{up}} + \frac{b_{mi}m_1^2 w^L \theta_{mi}^{\lambda_{mi}}}{a_{mi}} + \frac{b_z m_1^2 w^L \theta_z^{\lambda_z}}{a_z} + \frac{b_s m_1^2 w^L \theta_s^{\lambda_s}}{a_s} + m_1 w^L + \right.$$

$$\left.\frac{2b_{mi}^* m_1^3 w^L \eta \theta_{mi}^{\lambda_{mi}^*}}{a_{mi}^*}\right)$$

$$(2\text{-}36)$$

就国际分工地位指标关于中间投入品进口技术含量 m_1 求偏导可得：

$$\frac{\partial \text{GVC\_Po}_{ijt}}{\partial m_1} =$$

$$\frac{\dfrac{4b_{up}m_1 w^L \theta_{up}^{\lambda_{up}}}{a_{up}} + \dfrac{4b_{mi}m_1 w^L \theta_{mi}^{\lambda_{mi}}}{a_{mi}} + \dfrac{4b_z m_1 w^L \theta_z^{\lambda_z}}{a_z} + \dfrac{4b_s m_1 w^L \theta_s^{\lambda_s}}{a_s} + 2w^L + \dfrac{3b_{mi}^* m_1^2 w^L \eta \theta_{mi}^{\lambda_{mi}^*}}{a_{mi}^*}}{\dfrac{2b_{up}m_1^2 w^L \theta_{up}^{\lambda_{up}}}{a_{up}} + \dfrac{2b_{mi}m_1^2 w^L \theta_{mi}^{\lambda_{mi}}}{a_{mi}} + \dfrac{2b_z m_1^2 w^L \theta_z^{\lambda_z}}{a_z} + \dfrac{2b_s m_1^2 w^L \theta_s^{\lambda_s}}{a_s} + 2m_1 w^L + \dfrac{b_{mi}^* m_1^3 w^L \eta \theta_{mi}^{\lambda_{mi}^*}}{a_{mi}^*}} -$$

$$\frac{\dfrac{2b_{up}m_1 w^L \theta_{up}^{\lambda_{up}}}{a_{up}} + \dfrac{2b_{mi}m_1 w^L \theta_{mi}^{\lambda_{mi}}}{a_{mi}} + \dfrac{2b_z m_1 w^L \theta_z^{\lambda_z}}{a_z} + \dfrac{2b_s m_1 w^L \theta_s^{\lambda_s}}{a_s} + w^L + \dfrac{6b_{mi}^* m_1^2 w^L \eta \theta_{mi}^{\lambda_{mi}^*}}{a_{mi}^*}}{\dfrac{b_{up}m_1^2 w^L \theta_{up}^{\lambda_{up}}}{a_{up}} + \dfrac{b_{mi}m_1^2 w^L \theta_{mi}^{\lambda_{mi}}}{a_{mi}} + \dfrac{b_z m_1^2 w^L \theta_z^{\lambda_z}}{a_z} + \dfrac{b_s m_1^2 w^L \theta_s^{\lambda_s}}{a_s} + m_1 w^L + \dfrac{2b_{mi}^* m_1^3 w^L \eta \theta_{mi}^{\lambda_{mi}^*}}{a_{mi}^*}}$$

$$(2\text{-}37)$$

$$\frac{\partial \mathrm{GVC\_Po}_{ijt}}{\partial m_1}=$$

$$\left\{2+\frac{\dfrac{b_{\mathrm{mi}}^{*}m_1^2 w^L\eta\theta_{\mathrm{mi}}^{\lambda_{\mathrm{mi}}^{*}}}{a_{\mathrm{mi}}^{*}}-2w^L}{\dfrac{2b_{\mathrm{up}}m_1 w^L\theta_{\mathrm{up}}^{\lambda_{\mathrm{up}}}}{a_{\mathrm{up}}}+\dfrac{2b_{\mathrm{mi}}m_1 w^L\theta_{\mathrm{mi}}^{\lambda_{\mathrm{mi}}}}{a_{\mathrm{mi}}}+\dfrac{2b_{z}m_1 w^L\theta_{z}^{\lambda_{z}}}{a_{z}}+\dfrac{2b_{s}m_1 w^L\theta_{s}^{\lambda_{s}}}{a_{s}}+2w^L+\dfrac{b_{\mathrm{mi}}^{*}m_1^2 w^L\eta\theta_{\mathrm{mi}}^{\lambda_{\mathrm{mi}}^{*}}}{a_{\mathrm{mi}}^{*}}}\right\}\frac{1}{m}$$

$$-\left\{2+\frac{\dfrac{2b_{\mathrm{mi}}^{*}m_1^2 w^L\eta\theta_{\mathrm{mi}}^{\lambda_{\mathrm{mi}}^{*}}}{a_{\mathrm{mi}}^{*}}-w^L}{\dfrac{b_{\mathrm{up}}m_1 w^L\theta_{\mathrm{up}}^{\lambda_{\mathrm{up}}}}{a_{\mathrm{up}}}+\dfrac{b_{\mathrm{mi}}m_1 w^L\theta_{\mathrm{mi}}^{\lambda_{\mathrm{mi}}}}{a_{\mathrm{mi}}}+\dfrac{b_{z}m_1 w^L\theta_{z}^{\lambda_{z}}}{a_{z}}+\dfrac{b_{s}m_1 w^L\theta_{s}^{\lambda_{s}}}{a_{s}}+m_1 w^L+\dfrac{2b_{\mathrm{mi}}^{*}m_1^2 w^L\eta\theta_{\mathrm{mi}}^{\lambda_{\mathrm{mi}}^{*}}}{a_{\mathrm{mi}}^{*}}}\right\}\frac{1}{m}$$

$$(2\text{-}38)$$

$$\frac{\partial \mathrm{GVC\_Po}_{ijt}}{\partial m_1}=$$

$$\left\{\frac{\dfrac{b_{\mathrm{mi}}^{*}m_1^2 w^L\eta\theta_{\mathrm{mi}}^{\lambda_{\mathrm{mi}}^{*}}}{a_{\mathrm{mi}}^{*}}-2w^L}{\dfrac{2b_{\mathrm{up}}m_1 w^L\theta_{\mathrm{up}}^{\lambda_{\mathrm{up}}}}{a_{\mathrm{up}}}+\dfrac{2b_{\mathrm{mi}}m_1 w^L\theta_{\mathrm{mi}}^{\lambda_{\mathrm{mi}}}}{a_{\mathrm{mi}}}+\dfrac{2b_{z}m_1 w^L\theta_{z}^{\lambda_{z}}}{a_{z}}+\dfrac{2b_{s}m_1 w^L\theta_{s}^{\lambda_{s}}}{a_{s}}+2w^L+\dfrac{b_{\mathrm{mi}}^{*}m_1^2 w^L\eta\theta_{\mathrm{mi}}^{\lambda_{\mathrm{mi}}^{*}}}{a_{\mathrm{mi}}^{*}}}\right\}\frac{1}{m}-$$

$$\left\{\frac{\dfrac{2b_{\mathrm{mi}}^{*}m_1^2 w^L\eta\theta_{\mathrm{mi}}^{\lambda_{\mathrm{mi}}^{*}}}{a_{\mathrm{mi}}^{*}}-w^L}{\dfrac{b_{\mathrm{up}}m_1 w^L\theta_{\mathrm{up}}^{\lambda_{\mathrm{up}}}}{a_{\mathrm{up}}}+\dfrac{b_{\mathrm{mi}}m_1 w^L\theta_{\mathrm{mi}}^{\lambda_{\mathrm{mi}}}}{a_{\mathrm{mi}}}+\dfrac{b_{z}m_1 w^L\theta_{z}^{\lambda_{z}}}{a_{z}}+\dfrac{b_{s}m_1 w^L\theta_{s}^{\lambda_{s}}}{a_{s}}+m_1 w^L+\dfrac{2b_{\mathrm{mi}}^{*}m_1^2 w^L\eta\theta_{\mathrm{mi}}^{\lambda_{\mathrm{mi}}^{*}}}{a_{\mathrm{mi}}^{*}}}\right\}\frac{1}{m}$$

$$(2\text{-}39)$$

结合(2-26)式可知,(2-39)式可简化如下:

$$\frac{\partial \mathrm{GVC\_Po}_{ijt}}{\partial m_1}=\frac{\dfrac{b_{\mathrm{mi}}^{*}m_1^2 w^L\eta\theta_{\mathrm{mi}}^{\lambda_{\mathrm{mi}}}}{a_{\mathrm{mi}}^{*}}-2w^L}{2P-\dfrac{b_{\mathrm{mi}}^{*}m_1^2 w^L\eta\theta_{\mathrm{mi}}^{\lambda_{\mathrm{mi}}}}{a_{\mathrm{mi}}^{*}}}-\frac{\dfrac{2b_{\mathrm{mi}}^{*}m_1^2 w^L\eta\theta_{\mathrm{mi}}^{\lambda_{\mathrm{mi}}}}{a_{\mathrm{mi}}^{*}}-w^L}{P+\dfrac{b_{\mathrm{mi}}^{*}m_1^2 w^L\eta\theta_{\mathrm{mi}}^{\lambda_{\mathrm{mi}}}}{a_{\mathrm{mi}}^{*}}}\quad(2\text{-}40)$$

令 T 为国外中间投入品进口价值,即 $T=\dfrac{b_{\mathrm{mi}}^{*}m_1^2 w^L\eta\theta_{\mathrm{mi}}^{\lambda_{\mathrm{mi}}}}{a_{\mathrm{mi}}^{*}}$,可得:

$$\begin{aligned}\frac{\partial \mathrm{GVC\_Po}_{ijt}}{\partial m_1}&=\frac{T-2w^L}{2P-T}-\frac{2T-w^L}{P+T}=\frac{(T-2w^L)(P+T)-(2T-w^L)(2P-T)}{(2P-T)(P+T)}\\[2mm]
&=\frac{(TP-2w^L P+T^2-2w^L T)-(4TP-2w^L P-2T^2+w^L T)}{(2P-T)(P+T)}\\[2mm]
&=\frac{-3TP+3T^2-3w^L T}{(2P-T)(P+T)}\\[2mm]
&=\frac{-3T(P-T)-3w^L T}{(2P-T)(P+T)}\end{aligned}\quad(2\text{-}41)$$

由(2-26)式和 $P=\mathrm{MC}$ 可知,P 大于 T,因此(2-41)式中分母大于0,而

分子小于 0，即全球价值链分工地位对中间投入品进口技术含量的导数小于 0。由此可见，中间投入品进口技术含量提升会对制造业国际分工地位产生不利影响。由此，我们可得如下待检验假说。

假说 3：中间投入品进口技术含量的提升会对进口国全球价值链分工地位产生负向冲击，进而不利于国际分工地位的提升。

值得一提的是：进口国外中间投入品，虽然是利用国外力量来提高本土最终品的国际竞争力，其本质上是将特定环节外包给国际厂商，从而使得自身与国外厂商之间的关系更加密切，进而强化全球价值链分工体系。结合 Koopman et al.（2010），可知与国外厂商联系更加密切，实际上是更大限度地参与了国际分工。因此，我们可以推定：国外中间投入品进口会提升一国在全球价值链分工体系中的参与度。由此我们进一步得出如下假说。

假说 4：高技术含量中间投入品进口会提升一国在全球价值链分工体系中的参与度。

四、高技术含量中间投入品进口与要素回报率

要素回报率是激发要素活力和释放要素创造力的重要力量，那么高技术含量中间投入品进口会对要素回报率产生什么样的影响呢？基于前文的理论框架，本部分将对这一问题进行探讨。根据（2-26）式，可得均衡状态下 $MC=MR=P$ 和下式：

$$P=\frac{b_{up}m_1^2 w^L \theta_{up}^{\lambda_{up}}}{a_{up}}+\frac{b_{mi}m_1^2 w^L \theta_{mi}^{\lambda_{mi}}}{a_{mi}}+\frac{b_z m_1^2 w^L \theta_z^{\lambda_z}}{a_z}+\frac{b_s m_1^2 w^L \theta_s^{\lambda_s}}{a_s}+m_1 w^L+\frac{b_{mi}^* m_1^3 w^L \eta \theta_{mi}^{\lambda_{mi}^*}}{a_{mi}^*}$$

$$(2\text{-}42)$$

整理可得：

$$P=\left(\frac{b_{up}m_1^2 \theta_{up}^{\lambda_{up}}}{a_{up}}+\frac{b_{mi}m_1^2 \theta_{mi}^{\lambda_{mi}}}{a_{mi}}+\frac{b_z m_1^2 \theta_z^{\lambda_z}}{a_z}+\frac{b_s m_1^2 \theta_s^{\lambda_s}}{a_s}+m_1+\frac{b_{mi}^* m_1^3 \eta \theta_{mi}^{\lambda_{mi}^*}}{a_{mi}^*}\right)w^L$$

$$(2\text{-}43)$$

就非熟练劳动力工资关于中间投入品进口技术含量求偏导可得：

$$0=\left(\frac{2b_{up}m_1 \theta_{up}^{\lambda_{up}}}{a_{up}}+\frac{2b_{mi}m_1 \theta_{mi}^{\lambda_{mi}}}{a_{mi}}+\frac{2b_z m_1 \theta_z^{\lambda_z}}{a_z}+2\frac{b_s m_1 \theta_s^{\lambda_s}}{a_s}+1+\frac{3b_{mi}^* m_1^2 w^L \eta \theta_{mi}^{\lambda_{mi}^*}}{a_{mi}^*}\right)w^L$$

$$+\left(\frac{b_{up}m_1^2 \theta_{up}^{\lambda_{up}}}{a_{up}}+\frac{b_{mi}m_1^2 \theta_{mi}^{\lambda_{mi}}}{a_{mi}}+\frac{b_z m_1^2 \theta_z^{\lambda_z}}{a_z}+\frac{b_s m_1^2 \theta_s^{\lambda_s}}{a_s}+m_1+\frac{b_{mi}^* m_1^3 w^L \eta \theta_{mi}^{\lambda_{mi}^*}}{a_{mi}^*}\right)\frac{\partial w^L}{\partial m_1}$$

$$(2\text{-}44)$$

可得：

$$\frac{\partial w^L}{\partial m_1} = \frac{-\left(\dfrac{2b_{up}m_1\theta_{up}^{\lambda_{up}}}{a_{up}} + \dfrac{2b_{mi}m_1\theta_{mi}^{\lambda_{mi}}}{a_{mi}} + \dfrac{2b_z m_1\theta_z^{\lambda_z}}{a_z} + 2\dfrac{b_s m_1\theta_s^{\lambda_s}}{a_s} + 1 + \dfrac{3b_{mi}^* m_1^2 w^L \eta\theta_{mi}^{\lambda_{mi}^*}}{a_{mi}^*}\right)w^L}{\dfrac{b_{up}m_1^2\theta_{up}^{\lambda_{up}}}{a_{up}} + \dfrac{b_{mi}m_1^2\theta_{mi}^{\lambda_{mi}}}{a_{mi}} + \dfrac{b_z m_1^2\theta_z^{\lambda_z}}{a_z} + \dfrac{b_s m_1^2\theta_s^{\lambda_s}}{a_s} + m_1 + \dfrac{b_{mi}^* m_1^3 w^L \eta\theta_{mi}^{\lambda_{mi}^*}}{a_{mi}^*}}$$

$$(2\text{-}45)$$

可 知 $\left(\dfrac{2b_{up}m_1\theta_{up}^{\lambda_{up}}}{a_{up}} + \dfrac{2b_{mi}m_1\theta_{mi}^{\lambda_{mi}}}{a_{mi}} + \dfrac{2b_z m_1\theta_z^{\lambda_z}}{a_z} + 2\dfrac{b_s m_1\theta_s^{\lambda_s}}{a_s} + 1 + \dfrac{3b_{mi}^* m_1^2 w^L \eta\theta_{mi}^{\lambda_{mi}^*}}{a_{mi}^*}\right)w^L$

大于 0,$\dfrac{b_{up}m_1^2\theta_{up}^{\lambda_{up}}}{a_{up}} + \dfrac{b_{mi}m_1^2\theta_{mi}^{\lambda_{mi}}}{a_{mi}} + \dfrac{b_z m_1^2\theta_z^{\lambda_z}}{a_z} + \dfrac{b_s m_1^2\theta_s^{\lambda_s}}{a_s} + m_1 + \dfrac{b_{mi}^* m_1^3 w^L \eta\theta_{mi}^{\lambda_{mi}^*}}{a_{mi}^*}$ 也大于 0,

因此,$\dfrac{\partial w^L}{\partial m_1}$ 小于 0。可见中间投入品进口技术含量的提升不利于非熟练劳动力工资的增加,结合前文分析框架可知 $w^H = w^L\theta$,即熟练劳动力的工资是非熟练劳动力的常数倍,因此,可以推定中间投入品进口技术含量的提升也会对熟练劳动力工资产生负向冲击。工资的减少势必打击劳动力的积极性,从而使得每单位资本配比到的劳动力的积极性下降(即劳动力数量不变,劳动效果变差),从而使得资本的边际产出呈现下降趋势,而资本的边际产出下降往往会使得资本的回报率下降。因此,中间投入品进口技术含量的提升不利于要素回报率的提升。由此,我们可以得到以下假说。

假说 5:中间投入品进口技术含量的提升会对要素回报率产生不利影响。

五、中间投入品进口技术含量与生产技术革新

生产技术革新是企业实现产品更新换代和产品技术含量提升的重要手段,也是实现经济高水平可持续增长的内生动力(罗德明等,2015;Acemoglu and Zilibotti,2001),更是推动一国从全球价值链边缘环节走向核心环节的支撑力量。而中间投入品的进口很大程度上意味着将特定环节外包给国外厂商,不仅会推动国外厂商的生产技术革新,还可能使得本国该中间投入品的技术改进和效率提升依赖于国外力量。那么,中间投入品进口技术含量提升会对本国的生产技术革新产生什么样的影响呢?拓展后的两国五部门模型缺乏统一的变量来识别最终品的生产技术,考虑到制造部门中熟练劳动力的比例越高,其生产所使用的工艺和设备在技术复杂性方面往往更具优势,因此,此处以熟练劳动力与非熟练劳动力之比(θ)作为生产技术革新的刻画变量,该比值变大,则表明生产技术有改进。结合(2-28)式和前文 $\lambda_{up} = \lambda_{mi} = \lambda_z = \lambda_s = 0.5$ 与 $\theta = \theta_{up} = \theta_{mi} = \theta_z = \theta_s$ 的假定,可得:

$$\frac{H\theta+L}{L-\theta H}=\frac{b_{\mathrm{up}}m_1\theta^{1/2}}{a_{\mathrm{up}}}+\frac{b_{\mathrm{mi}}m_1\theta^{1/2}}{a_{\mathrm{mi}}}+\frac{b_z m_1\theta^{1/2}}{a_z}+\frac{b_s m_1\theta^{1/2}}{a_s}+1+\frac{b_{\mathrm{mi}}^* m_1^2\eta\theta_{\mathrm{mi}}^{\lambda_{\mathrm{mi}}^*}}{a_{\mathrm{mi}}^*}$$

$$(2\text{-}46)$$

就 θ 关于中间投入品进口技术含量 m_1 求导可得：

$$\frac{\dfrac{\partial\theta}{\partial m_1}H(L-\theta H)+\dfrac{\partial\theta}{\partial m_1}H(H\theta+L)}{(L-\theta H)^2}=\frac{b_{\mathrm{up}}\theta^{1/2}}{a_{\mathrm{up}}}+\frac{b_{\mathrm{mi}}\theta^{1/2}}{a_{\mathrm{mi}}}+\frac{b_z\theta^{1/2}}{a_z}+\frac{b_s\theta^{1/2}}{a_s}+$$

$$\frac{2b_{\mathrm{mi}}^* m_1\eta\theta_{\mathrm{mi}}^{\lambda_{\mathrm{mi}}^*}}{a_{\mathrm{mi}}^*}+\frac{b_{\mathrm{up}}m_1}{2a_{\mathrm{up}}}\frac{\partial\theta}{\partial m_1}+\frac{b_{\mathrm{mi}}m_1}{2a_{\mathrm{mi}}}\frac{\partial\theta}{\partial m_1}+\frac{b_z m_1}{2a_z}\frac{\partial\theta}{\partial m_1}+\frac{b_s m_1}{2a_s}\frac{\partial\theta}{\partial m_1} \qquad (2\text{-}47)$$

合并同类项可得：$\left[\dfrac{2HL}{(L-\theta H)^2}-\dfrac{b_{\mathrm{up}}m_1}{2a_{\mathrm{up}}}-\dfrac{b_{\mathrm{mi}}m_1}{2a_{\mathrm{mi}}}-\dfrac{b_z m_1}{2a_z}-\dfrac{b_s m_1}{2a_s}\right]\dfrac{\partial\theta}{\partial m_1}=$

$\dfrac{b_{\mathrm{up}}\theta_{\mathrm{up}}^{\lambda_{\mathrm{up}}}}{a_{\mathrm{up}}}+\dfrac{b_{\mathrm{mi}}\theta_{\mathrm{mi}}^{\lambda_{\mathrm{mi}}}}{a_{\mathrm{mi}}}+\dfrac{b_z\theta_z^{\lambda_z}}{a_z}+\dfrac{b_s\theta_s^{\lambda_s}}{a_s}+\dfrac{2b_{\mathrm{mi}}^* m_1\eta\theta_{\mathrm{mi}}^{\lambda_{\mathrm{mi}}^*}}{a_{\mathrm{mi}}^*}$，即

$$\frac{\partial\theta}{\partial m_1}=\frac{\dfrac{b_{\mathrm{up}}\theta_{\mathrm{up}}^{\lambda_{\mathrm{up}}}}{a_{\mathrm{up}}}+\dfrac{b_{\mathrm{mi}}\theta_{\mathrm{mi}}^{\lambda_{\mathrm{mi}}}}{a_{\mathrm{mi}}}+\dfrac{b_z\theta_z^{\lambda_z}}{a_z}+\dfrac{b_s\theta_s^{\lambda_s}}{a_s}+\dfrac{2b_{\mathrm{mi}}^* m_1\eta\theta_{\mathrm{mi}}^{\lambda_{\mathrm{mi}}^*}}{a_{\mathrm{mi}}^*}}{\left[\dfrac{2HL}{(L-\theta H)^2}-\dfrac{b_{\mathrm{up}}m_1}{2a_{\mathrm{up}}}-\dfrac{b_{\mathrm{mi}}m_1}{2a_{\mathrm{mi}}}-\dfrac{b_z m_1}{2a_z}-\dfrac{b_s m_1}{2a_s}\right]} \qquad (2\text{-}48)$$

由于(2-48)式右侧的分子大于 0，因此分母的正负决定了 $\dfrac{\partial\theta}{\partial m_1}$ 的正负。

可知：当 m_1 较小时，分母为正，此时，$\dfrac{\partial\theta}{\partial m_1}$ 为正；当 m_1 较大时，分母为负，此时，$\dfrac{\partial\theta}{\partial m_1}$ 为负。由此可见，生产技术革新与中间投入品进口技术含量之间的关系呈现倒 U 形，即进口技术含量过高的中间投入品不利于本国生产技术革新，而进口技术含量适中的中间投入品能有效地推动本国生产技术革新。这一现象出现的原因可能在于中间投入品进口会对本国生产技术革新产生两方面的影响：一是抑制效应。中间投入品的进口部分满足了本国中间投入品的市场需求，从而不利于本国中间投入品生产工艺的改进。二是促进效应。中间投入品进口不仅会通过干中学带来的技术溢出效应来推动本国生产工艺和技术的改进，还会通过竞争倒逼效应来推动本土生产技术革新。当进口适宜技术含量的中间投入品时，由于与本国技术差距不大，对本国厂商产生的竞争倒逼效应较大和技术溢出效应较大，从而有利于本国企业生产技术革新。当进口技术含量过高的中间投入品时，不仅会对本国高技术中间投入品生产企业产生冲击，而且由于技术差距相差较大，技术溢出的难度较大，且通过竞争倒逼效应也很难使本国企业生产出工艺如此复杂的中间投入品，因此，本国企业进行技术革新的动力也相对

不足,从而使得抑制效应大于促进效应。由此,我们可以得到以下待检验假说。

假说 6:中间投入品进口技术含量对进口国生产技术革新的作用机制呈现倒 U 形,进口过高技术含量的中间投入品会抑制本国生产技术的革新。

第四节 本章小结

基于 Long et al. (2001)、陈晓华等(2011)、Antràs and Chor(2013)和 Antràs et al. (2012),本章构建了两国五部门模型,并在均衡状态下剖析了中间投入品进口技术含量的经济效应,并提出了相应的假说。得到的结论主要有:

一是高技术含量中间投入品进口会加剧一国中间投入品的进口依赖。而该现象出现的本质原因是高技术含量中间投入品进口抑制了本国高技术含量中间投入品的生产规模,进而加剧中间投入品进口依赖。二是中间投入品进口技术含量对本国制造业出口品国内增加值率的作用机制呈现倒 U 形,即进口过高技术含量的中间投入品会对出口品国内增加值率产生负向冲击,而进口技术含量适中的中间投入品则会对本国出口品国内增加值率产生一定的正向作用。三是中间投入品进口技术含量的提升会对进口国全球价值链分工地位产生负向冲击,进而不利于国际分工地位的提升,但高技术含量中间投入品进口会提升一国在全球价值链分工体系中的参与度。四是中间投入品进口技术含量的提升会对要素回报率产生不利影响。五是中间投入品进口技术含量对进口国生产技术革新的作用机制呈现倒 U 形,进口过高技术含量的中间投入品会抑制本国生产技术的革新。

第三章　高技术含量中间投入品进口与制造业中间投入品进口依赖

　　改革开放以来,中国制造业迅速发展是成就经济增长奇迹的关键支撑(林毅夫,2011),不仅使得中国建立了门类齐全、独立完整的制造业体系,还使得中国制造业综合竞争力显著提升,更使得中国成为世界第一大制造国和世界第二大经济体。然而数量奇迹的背后却隐藏着令人痛心的质量短板(刘慧等,2020),中国制造业发展具有显著的外力依赖型赶超特征(陈晓华等,2019),高技术含量中间投入品生产能力偏弱,使得此类产品长期依赖进口(马述忠等,2017;刘慧等,2020),这不仅使得中国制造业长期局限于低加成率和低技术含量环节(诸竹君等,2018),还使得中国制造企业的正常经营活动很容易被国外高技术含量中间投入品跨国公司"卡脖子",甚至陷入经营困境。中美贸易发生摩擦时,华为和中兴等高技术企业遭遇美国断供中间投入品的案例,很好地印证了这一风险。此外,中国以低成本优势嵌入全球价值链(马述忠等,2017;刘慧等,2020),高技术含量中间投入品生产能力偏弱容易使得中国制造业陷入如下困境:一方面,劳动丰裕型发展中国家制造业的兴起会对成本优势消退的中国制造环节产生侵蚀效应和替代效应(诸竹君等,2018);另一方面,发达国家的再制造业化战略会使部分高端生产环节产生回流效应(黄先海等,2018),进而使得中国制造业陷入低端被替代、高端被回流的比较优势真空,甚至导致中国制造企业在世界市场中无立足之地。

　　由此可见,快速提升中国制造业中间投入品的生产能力和生产技术水平,以扭转核心中间投入品长期依赖外部力量的被动局面、实现制造业增长动能由外源动力依赖型向内源动力推动型转变显得十分迫切。然而在经济全球化日益深入的今天,中国制造业无法与国外中间投入品完全"脱钩",还需要大量引进国外高技术含量中间投入品(黄先海等,2016;裴长洪和刘斌,2019),由此我们自然会产生如下疑惑:这种以引进高技术含量中间投入品为特征的生产模式是否会加剧中国制造业的中间投入品进口依赖?其作用渠道是怎样的呢?可以通过什么方式来减少高技术含量中间投入品进口对中间投入品进口依赖的影响？提升中间投入品自给能力、减少中间投入品进口依赖是我国介入全球价值链高端环节、实现经济高质量增长和提升综合竞争力的关键所在（沈坤荣等，2024；刘志彪，2019；刘志彪和吴福象，2018；陈晓华等，2019；诸竹君等，2018）。因此，深入剖析上述问题不仅有助于中国制造业走出质量短板和核心技术受制于外部力量的困境，还能为中国制定夯实产业基础方面的政策提供有益参考。

高技术含量中间投入品的进口会对本国中间投入品产生两个方面的作用：一是促进作用，中间投入品进口的技术溢出能有效地促进企业中间投入品生产能力提升（Eaton and Kortum，2002），即产生干中学效应，进而逐步减少本国对中间投入品进口的依赖；二是抑制作用，高技术含量中间投入品进口会挤占本国高端中间投入品企业市场份额，进而降低本国中间投入品生产企业的赢利能力和成长能力（Kasahara and Lapham，2013），从而对本国中间投入品生产能力和技术水平的提升产生不利冲击，最终加剧高端中间投入品的进口依赖。然而，经验研究的缺乏使得学界无法掌握二者的实际作用机制，更无法获悉其内在作用渠道；此外，中间投入品进口的已有研究多关注制造业中间投入品，鲜有学者关注服务业中间投入品，更无服务业中间投入品进口技术含量的研究，这使得中间投入品和技术含量领域交叉研究难免存在一定的缺憾。有鉴于此，本章基于 WIOD 的多国交互投入产出表，在科学核算制造业和服务业中间投入品进口技术含量的基础上，分析高技术含量中间投入品进口对制造业中间投入品进口依赖的作用机制，并剖析其作用渠道，以期在弥补上述不足的基础上，为中国制定减少中间投入品进口依赖和优化高技术含量中间投入品进口模式方面的政策提供更为科学的经验证据。

第一节　中间投入品进口依赖的测度与分析

与以往以进口额来衡量中间投入品进口不同的是，本章以 WIOD 投入产出表中各国制造业所消耗他国中间投入品与中间投入品总消耗之比来衡量制造业中间投入品进口依赖，具体计算方法如下：

$$\text{IMPD}_{ij} = \sum_{l=1}^{N} X_{ijl}^{*} / (\sum_{l=1}^{N} X_{ijl} + \sum_{l=1}^{N} X_{ijl}^{*}) \tag{3-1}$$

其中，分母为 j 国 i 制造业消耗的所有中间投入品，X_{ijl} 为 j 国 i 制造业消耗的本国 l 产业中间投入品的数量，加 * 为国外中间投入品进口量，IMPD_{ij} 为 j 国 i 制造业的中间投入品进口依赖。为了提高后文计量结果的准确性，本章细化到亚产业层面测度制造业中间投入品进口依赖。借助

(3-1)式和 WIOD，我们测度了 2000—2014 年各国各类制造业的中间投入品进口依赖程度，图 3-1 报告了样本国制造业中间投入品进口依赖的均值。可以有如下两个发现：一是 2000—2014 年间样本国制造业中间投入品进口依赖呈现出加强趋势，可见随着全球价值链分工模式的深化，各国越来越倾向于配置全球高端资源，以提升自身产品的国际竞争力，进而使得中间投入品进口依赖程度提高；二是 2009 年样本国制造业中间投入品进口依赖程度有所下降，这表明 2008 年爆发的金融危机对制造业中间投入品进口产生了较为显著的冲击，使得各国更倾向于使用本国中间投入品，而 2010 年后样本国中间投入品进口占比再次呈现出逐步上升的趋势，这表明外部不确定性会加强各国使用本国中间投入品的倾向。

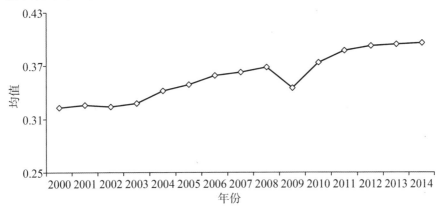

图 3-1　2000—2014 年样本国制造业中间投入品进口依赖均值①

　　表 3-1 报告了样本国对不同技术含量的制造业和服务业中间投入品的平均进口依赖值，可知四类情形下，样本国中间投入品进口依赖均值都呈现出上升趋势，这再次表明：随着经济的发展，各国嵌入全球价值链程度和配置全球资源能力日趋提升。值得一提的是，在制造业领域高技术含量中间投入品进口国的中间投入品进口依赖程度高于低技术含量中间投入品进口国，这一现象在服务业中也显著存在，这在一定程度上表明：高技术含量中间投入品进口所产生的抑制效应大于其促进效应，从而加剧了一国的中间投入品进口依赖。当然这只是无相关条件的描述性统计分析，后文将用更全面的计量方法进行剖析，以获得更为科学的研究结论。

――――――――――

① 样本国为 WIOD 2016 年数据中 42 个样本国。

表 3-1　样本国制造业和服务业中间投入品进口技术含量均值与制造业中间投入品进口依赖①

年份	制造业中间投入品进口技术含量值			服务业中间投入品进口技术含量值		
	低	高	差	低	高	差
2000	0.2717	0.3731	0.1014	0.3084	0.3350	0.0266
2001	0.2750	0.3745	0.0995	0.3131	0.3374	0.0243
2002	0.2765	0.3746	0.0981	0.3136	0.3378	0.0242
2003	0.2812	0.3756	0.0944	0.3184	0.3385	0.0201
2004	0.2990	0.3849	0.0859	0.3375	0.3427	0.0052
2005	0.3007	0.3887	0.0880	0.3466	0.3468	0.0002
2006	0.3053	0.3916	0.0863	0.3484	0.3485	0.0001
2007	0.3179	0.4012	0.0833	0.3566	0.3626	0.0060
2008	0.3206	0.4044	0.0838	0.3581	0.3669	0.0088
2009	0.3240	0.4102	0.0862	0.3628	0.3728	0.0100
2010	0.3265	0.4238	0.0973	0.3740	0.3750	0.0010
2011	0.3388	0.4362	0.0974	0.3859	0.3890	0.0031
2012	0.3455	0.4369	0.0914	0.3874	0.3954	0.0080
2013	0.3509	0.4395	0.0886	0.3895	0.3989	0.0094
2014	0.3515	0.4404	0.0889	0.3924	0.4011	0.0087

第二节　中间投入品进口技术含量对中间投入品进口依赖影响的实证检验

一、计量模型的设定与控制变量的选择

本章的主要目的是揭示高技术含量中间投入品进口对制造业中间投入品进口依赖的作用机理,因此,被解释变量为各国历年制造业亚产业中间投入品进口占比,解释变量为各国制造业和服务业中间投入品进口技术含量。我们参照陈晓华等(2019)、盛斌和毛其淋(2017),构建如下方法进行计量分析:

$$\text{IMPD}_{ijt} = \alpha_0 + \alpha_1 \text{PROD}_{jt} + \gamma_m X_{ijt}^m + \lambda_i + \lambda_t + \lambda_j + \varepsilon_{ijt} \tag{3-2}$$

---

① 高进口技术含量值是指该中间投入品当年进口技术含量值在 42 个样本国中位列前 21,而低进口技术含量值则指该中间投入品进口技术含量值位列后 21。差为高进口技术含量值国中间投入品进口依赖均值与低进口技术含量值国中间投入品进口依赖均值之差。

其中,X 为控制变量,我们选取了既能刻画国别产业特征,又可能会对中间投入品进口依赖产生影响的变量作为控制变量,以提高计量结果的可靠性。具体有:员工工资(WAGE),以 WIOD 中各国制造业亚产业层面平均工资的自然对数表示;高等教育(EDU),以联合国教科文组织公布的各国高等院校毛入学率表示;税收环境(TAX),以各国总税赋收入占 GDP 之比刻画;贸易地理环境,以毗邻大进口国(DG)①和沿海地理优势(YH)进行刻画,当本国有相应的优势时,设定为 1,否则为 0。

二、基准回归与内生性检验

表 3-2 列(1)—(4)报告了基准模型检验的计量结果,在控制产业、国家和时间固定效应下,制造业中间投入品进口技术含量和服务业中间投入品进口技术含量的估计系数均显著为正,且通过了至少 1% 的显著性检验,可见两类产业中间投入品进口技术含量提升均会加剧一国中间投入品进口依赖,即高技术含量中间投入品进口所产生的抑制作用大于其促进作用,进而表现出负效应,这也证实了第二章理论分析中假说 1 的准确性。由此我们可以推定:首先,中国依托高技术含量中间投入品进口来支撑高技术含量最终品出口的贸易模式会加剧中国制造业对中间投入品进口的依赖,进而有成为全球价值链追随者和被俘获者的风险。前文测度结果表明,中国的制造业和服务业中间投入品进口复杂度高于其经济发展水平,可见中国承受的中间投入品进口依赖也是超越自身发展水平的,因此,提升国内高技术含量中间投入品的生产能力显得十分必要。其次,高技术含量中间投入品进口加剧中间投入品进口依赖的机制可以成为核心中间投入品生产企业控制全球价值链的重要途径。制造业生产具有可拆分和多环节的特点,发达国家跨国公司拆分和配置生产环节的水平往往高于发展中国家(刘志彪和吴福象,2018)。发达国家跨国公司可以通过拆分和配置生产环节将高技术含量中间投入品牢牢掌控在自己手里,从而使得全球价值链上的企业对其形成进口依赖,其最终成为全球价值链高利润环节的控制者和具有"卡脖子"能力的链主。最后,高技术含量中间投入品加剧制造业中间投入品进口依赖的机制为具有先发优势的发达国家成为全球价值链的链主和具有后发优势的发展中国家成为被俘获者提供了契机。可见,摆脱高技术含量中间投入品进口依赖、构建以内循环为主导的国内价值链和提升高技术含量中间投入品生产能力可以成为中国从全球价值链追随者向链主转变的重要途径。

---

① 以 2014 年货物进口额排名前五的国家为进口大国,分别为美国、中国、德国、日本和英国。与其中一国或多国相邻,则认定其拥有毗邻大进口国优势。

表 3-2　基准检验和考虑内生性检验结果

变量	基准检验				考虑内生性检验			
	(1)	(2)	(3)	(4)	(5)	(6)	(7)	(8)
PRODM	0.0651*** (11.05)		0.0654*** (11.05)					0.0831*** (23.40)
PRODS		0.0562*** (11.16)		0.0563*** (11.16)	0.0893*** (17.88)	0.1060*** (24.89)	0.0812*** (18.96)	
WAGE	-0.0023 (-0.34)	-0.0026 (-0.37)	-0.0026 (-0.38)	-0.0028 (-0.40)	-0.0160*** (-29.39)	-0.0157*** (-28.87)	-0.0136*** (-26.45)	-0.0135*** (-26.27)
EDU	0.0018 (0.265)	-0.0010 (-0.145)	0.0028 (0.404)	-8.47e-05 (-0.0124)	0.0370*** (5.692)	0.0358*** (5.702)	0.0190*** (3.452)	0.0228*** (4.273)
TAX			0.054** (2.14)	0.048* (1.91)			0.763*** (46.31)	0.724*** (43.55)
YH			-0.260*** (-8.71)	-0.258*** (-8.69)			-0.106*** (-34.18)	-0.104*** (-35.06)
DG			0.0678*** (2.028)	0.0666** (1.996)			-0.0413*** (-18.450)	-0.0422*** (-18.910)
C	-0.589*** (-14.51)	-0.500*** (-11.82)	-0.408*** (-10.31)	-0.318*** (-7.80)	-0.574*** (-11.67)	-0.755*** (-17.81)	-0.529*** (-12.36)	-0.556*** (-15.40)
OBS	10957	10957	10957	10957	10227	10227	10227	10227
R^2	0.745	0.745	0.745	0.746	0.271	0.297	0.450	0.460
ind	Y	Y	Y	Y	Y	Y	Y	Y

续表

变量	联立方程				变量替代（DVAR）			
	(1)	(2)	(3)	(4)	(5)	(6)	(7)	(8)
country	Y	Y	Y	Y	Y	Y	Y	Y
year	Y	Y	Y	Y	Y	Y	Y	Y
LM 检验					4342.948	4008.135	4380.806	4096.615
CD 检验					1.2e＋05	1.6e＋05	1.2e＋05	1.6e＋05

注：括号内为 t 值，*、**、*** 分别代表在 10%,5% 和 1% 的显著性水平上显著。ind 为产业，country 为国家，year 为年份，Y 表示控制了相应的变量。

考虑到中间投入品进口技术含量和中间投入品进口依赖间可能存在互为因果关系的内生性风险,我们进一步以两阶段最小二乘法(2SLS)对其进行计量检验。借鉴綦建红和蔡震坤(2022)的做法,我们将除本国外,其余样本国中间投入品进口技术含量的均值作为工具变量。表 3-2 列(5)—(8)报告了相应的回归结果,LM 检验、CD 检验结果均表明:文中所采用工具变量是有效的,工具变量不存在过度识别、弱识别和不足识别的情况。因此,2SLS 的估计结果是可靠的。从估计系数上看,制造业中间投入品进口技术含量和服务业中间投入品进口技术含量的估计系数均显著为正,且通过了 1% 的显著性检验,与基准模型检验所得结论高度一致。由此可知,在考虑内生性条件下,高技术含量中间投入品进口加剧中间投入品进口依赖的机制依然成立。这不仅证实了基准模型检验结果的稳健性,还表明了前文基准分析的可靠性,进一步证实了假说 1 的正确性。

三、稳健性检验结果与分析

为确保基准模型检验和考虑内生性检验结论的可靠性,我们采用两种检验方法进一步对前文的计量结果进行稳健性检验。一是构建可以克服内生性的联立方程进行稳健性检验。具体为,以(3-2)式为联立方程的第一个方程,以 $\text{PROD}_{jt} = \beta_0 + \mu\text{IMPD}_{ijt} + \theta_m L_{jt}{}^m + \varepsilon_t$ 为联立方程的第二个方程,其中 L 为控制变量,我们选取了各国经济发展水平的水平项及其一期滞后项和体现各国资源禀赋的能源租金收入(NZJ)作为控制变量。表 3-3 列(1)—(4)报告了联立方程的稳健性检验结果。二是采用替换被解释变量的方式进行稳健性检验,考虑到制造业中间投入品进口依赖程度越高,其出口品中必然包含更多的国外中间投入品,因此,其出口品的国内增加值率往往不高。有鉴于此,我们在运用刘慧等(2020)的方法测度出各国制造业各亚产业出口品国内增加值率的基础上,以该变量替代中间投入品进口占比,结合 2SLS 进行稳健性检验。表 3-3 列(5)—(8)报告了相应的计量结果。在联立方程估计结果中,两类中间投入品进口技术含量显著为正;在出口品国内增加值率的估计结果中,两类中间投入品进口技术含量显著为负。这再次证明前文的计量结果和分析结论是稳健可靠的。值得一提的是:出口品国内增加值率在一定程度上象征了一国产业的国内受益面和真实贸易利得(刘慧等,2020;诸竹君等,2018)。因此,表3-3列(5)—(8)的检验结果还表明:过度进口高技术含量中间投入品不仅会加剧一国中间投入品进口依赖,还会对本国参与国际贸易的国内受益面和真实贸易利得产生侵蚀效应。

表 3-3　两类稳健性检验结果

变量	联立方程				变量替代(DVAR)			
	(1)	(2)	(3)	(4)	(5)	(6)	(7)	(8)
PRODM	0.0874*** (7.12)						-0.0129*** (-5.49)	-0.0331*** (-17.17)
PRODS		0.1200*** (11.51)	0.0744*** (15.16)	0.0010** (2.00)	-0.0190*** (-6.98)	-0.0443*** (-20.17)		
WAGE	-0.0141*** (-21.45)	-0.0139*** (-21.98)	-0.0114*** (-18.46)	-0.0104*** (-16.61)	0.0037*** (12.11)	0.0038*** (12.79)	0.0035*** (12.20)	0.0037*** (13.25)
EDU	0.0390*** (5.55)	0.0347*** (5.15)	0.0209*** (3.39)	0.0356*** (5.61)	-0.0369*** (-11.61)	-0.0325*** (-10.49)	-0.0414*** (-14.58)	-0.0386*** (-13.94)
TAX			0.766*** (39.50)	0.765*** (37.89)			-0.296*** (-33.15)	-0.279*** (-31.57)
YH			-0.105*** (-30.22)	-0.107*** (-30.23)			0.080*** (49.95)	0.078*** (49.65)
DG			0.0385*** (14.00)	0.0391*** (14.11)			-0.0276*** (-21.80)	-0.0278*** (-22.27)
C	-0.430*** (-3.56)	-0.772*** (-7.38)	-0.381*** (-7.78)	0.251*** (2.53)	0.706*** (26.18)	0.964*** (43.14)	0.643*** (27.46)	0.846*** (43.25)
OBS	10227	10227	10227	10227	10227	10227	10227	10227
R^2	0.068	0.093	0.246	0.236	0.035	0.072	0.282	0.303
ind	Y	Y	Y	Y	Y	Y	Y	Y

续表

变量	联立方程				变量替代(DVAR)			
	(1)	(2)	(3)	(4)	(5)	(6)	(7)	(8)
country	Y	Y	Y	Y	Y	Y	Y	Y
year	Y	Y	Y	Y	Y	Y	Y	Y

注:括号内为 t 值,*、**、***分别代表在 10%、5% 和 1% 的显著性水平上显著。ind 为产业,country 为国家,year 为年份,Y 表示控制了相应的变量。

四、作用渠道的中介效应检验

通常而言,人力资本和资本投入是提升一国高技术中间投入品生产能力的关键因素(陈晓华等,2011)。受此启发,产业资本积累和研发人员可能是中间投入品进口技术含量对中间投入品进口依赖作用的渠道。因此,结合 Baron(2022)和王莉等(2022)关于中介效应与渠道分析方法的阐述,我们构建如下中介效应模型,以分析高技术含量中间投入品进口对中间投入品进口依赖的作用机制:

$$K_{ijt} = \alpha_0 + \alpha_1 \mathrm{PROD}_{jt} + \gamma_m X_{ijt}^m + \lambda_i + \lambda_t + \lambda_j + \varepsilon_t \qquad (3\text{-}3)$$

$$\mathrm{RDL}_{jt} = \alpha_0 + \alpha_1 \mathrm{PROD}_{jt} + \gamma_m X_{ijt}^m + \lambda_i + \lambda_t + \lambda_j + \varepsilon_t \qquad (3\text{-}4)$$

其中,K 为制造业各亚产业资本存量的自然对数,数据源于 WIOD 的社会经济账户数据,RDL 为各国每百万人口中研发人员数量的自然对数,数据源于世界银行数据库。表 3-4 报告了作用渠道中介效应的检验结果,可知两类中间投入品进口技术含量变量的估计系数均显著为负,即中间投入品进口技术含量提高会对本国产业资本积累和研发人员规模产生显著的负效应。这一现象出现的原因可能在于:进口高技术含量中间投入品虽能使得进口商快速获得急需的关键中间投入品,为进口商省去大量的研发时间和烦琐的生产过程,但这一过程实际上是国外高端资本和研发人员对国内生产要素的有效替代,不利于国内生产要素的壮大,进而抑制本国制造业的资本积累和研发人员规模扩大。结合 Baron(2022)和王莉等(2022),可以推定,高技术含量中间投入品进口加剧制造业中间投入品进口依赖作用的可能渠道为:高技术含量中间投入品进口不利于本国的资本积累和研发人员队伍壮大,导致本国中间投入品生产能力难以提升,进而加剧本国中间投入品进口依赖。由此还可以得到一个推论:提升资本积累速度和加大专业化研发人员培育力度可以成为减少一国制造业中间投入品进口依赖的重要途径。

表 3-4　作用渠道中介效应检验结果

变量	K	RDL	K	RDL
	(1)	(2)	(3)	(4)
PRODM	−5.282*** (−19.67)	−0.071*** (−56.92)		
PRODS			−1.369*** (−7.06)	−0.163*** (−10.68)

续表

变量	K	RDL	K	RDL
	(1)	(2)	(3)	(4)
WAGE	1.164*** (141.10)	−0.002** (−2.33)	1.152*** (137.40)	−0.007*** (−12.66)
EDU	−0.729*** (−8.834)	−0.023*** (−7.268)	−0.655*** (−7.767)	−0.164*** (−27.280)
TAX	−14.640*** (−56.14)	0.0168* (1.82)	−15.690*** (−60.33)	−0.467*** (−25.72)
YH	0.367*** (7.93)	−0.082*** (−25.17)	0.472*** (10.11)	0.027*** (8.03)
DG	0.419*** (11.42)	0.134*** (41.05)	0.361*** (9.71)	−0.034*** (−13.58)
C	50.580*** (19.76)	1.767*** (164.10)	13.330*** (7.21)	2.868*** (19.89)
OBS	10945	9753	10945	9753
R^2	0.765	0.960	0.757	0.244
ind	Y	Y	Y	Y
country	Y	Y	Y	Y
year	Y	Y	Y	Y

注：括号内为 t 值，*、**、*** 分别代表在 10%、5% 和 1% 的显著性水平上显著。ind 为产业，country 为国家，year 为年份，Y 表示控制了相应的变量。

五、动态检验、异质性分析和中国特征

高技术含量中间投入品进口导致中间投入品进口依赖加剧的机制在给予中间投入品先发国大量回报的同时，似乎也给了中间投入品后发国无限的压力。那么这种压力是否会随着进口时间变化而逐渐消失呢？为回答这一问题，我们对两类中间投入品进口技术含量对于制造业中间投入品进口依赖的作用机制进行了动态分析。表3-5报告了两个核心变量滞后1—4期条件下的实证结果，可知：两类中间投入品滞后1—4期情况下的估计结果均显著为正，虽然估计系数随着滞后期的增加而有减小的趋势，但减小得并不多。可见，高技术含量中间投入品进口加剧中间投入品进口依赖的机制在滞后1—4期的情况下依然成立，由此可以推定：期待上述机制的自我弱化而给中间投入品后发国带来改进机遇几乎不可能，制定长期优化策略时还需遵循上述作用机制。这进一步证实了理论模型中假说1观点的科学性和正确性。

表 3-5 解释变量滞后 1—4 期的动态检验结果

变量	PRODM				PRODS			
	(1)	(2)	(3)	(4)	(5)	(6)	(7)	(8)
L1.M	0.0767*** (14.60)				0.0804*** (18.30)			
L2.M		0.0732*** (13.41)				0.0784*** (16.97)		
L3.M			0.0657*** (11.58)				0.0728*** (15.10)	
L4.M				0.0623*** (10.20)				0.0718*** (13.85)
WAGE	-0.0117*** (-18.19)	-0.0119*** (-17.67)	-0.0120*** (-17.07)	-0.0122*** (-16.48)	-0.0116*** (-18.20)	-0.0118*** (-17.66)	-0.0119*** (-17.05)	-0.0121*** (-16.42)
EDU	0.0203*** (3.178)	0.0181*** (2.723)	0.0165** (2.374)	0.0161** (2.194)	0.0248*** (3.939)	0.0229*** (3.507)	0.0214*** (3.130)	0.0211*** (2.922)
TAX	0.773*** (37.95)	0.783*** (36.29)	0.796*** (34.57)	0.818*** (32.97)	0.735*** (36.09)	0.745*** (34.59)	0.761*** (33.11)	0.785*** (31.71)
YH	-0.105*** (-28.97)	-0.105*** (-27.84)	-0.105*** (-26.60)	-0.105*** (-25.27)	-0.103*** (-28.58)	-0.103*** (-27.46)	-0.103*** (-26.25)	-0.103*** (-24.89)
DG	0.0388*** (13.54)	0.0393*** (13.13)	0.0403*** (12.82)	0.0417*** (12.61)	0.0397*** (13.94)	0.0403*** (13.53)	0.0412*** (13.19)	0.0426*** (12.95)
C	-0.399*** (-7.601)	-0.359*** (-6.563)	-0.279*** (-4.916)	-0.244*** (-3.982)	-0.445*** (-9.959)	-0.419*** (-8.909)	-0.358*** (-7.286)	-0.346*** (-6.543)

续表

变量	PRODM				PRODS			
	(1)	(2)	(3)	(4)	(5)	(6)	(7)	(8)
OBS	9496	8765	8034	7303	9496	8765	8034	7303
R^2	0.245	0.243	0.240	0.240	0.254	0.252	0.249	0.249
ind	Y	Y	Y	Y	Y	Y	Y	Y
country	Y	Y	Y	Y	Y	Y	Y	Y
year	Y	Y	Y	Y	Y	Y	Y	Y

注:括号内为 t 值,*、**、***分别代表在 10%、5% 和 1% 的显著性水平上显著。ind 为产业,country 为国家,year 为年份,Y 表示控制了相应的变量。

　　表 3-6 进一步报告了制造业各亚产业的计量结果,在 18 个亚产业的计量结果中,制造业和服务业中间投入品进口技术含量的估计结果均为正,且通过了至少 1% 的显著性检验,可见高技术含量中间投入品进口加剧中间投入品进口依赖的机制在各亚产业层面均显著成立,这进一步证实了前文实证结果的可靠性。因此,在制定亚产业层面的改进政策时也需遵循上述机制。

表 3-6　异质性产业的检验结果①

产业	制造业				服务业			
	PRODM	C	R^2	OBS	PRODS	C	R^2	OBS
C5	0.0748*** (5.606)	−0.541*** (−4.059)	0.328	574	0.0792*** (7.276)	−0.594*** (−5.365)	0.354	574
C6	0.0869*** (4.570)	−0.478** (−2.521)	0.405	574	0.0659*** (4.152)	−0.277* (−1.728)	0.402	574
C7	0.0518*** (3.116)	−0.311* (−1.873)	0.290	574	0.0794*** (5.874)	−0.592*** (−4.309)	0.321	574
C8	0.0637*** (3.653)	−0.224 (−1.287)	0.380	574	0.0777*** (5.433)	−0.371** (−2.550)	0.397	574
C9	0.0674*** (3.952)	−0.286* (−1.670)	0.359	560	0.0809*** (5.790)	−0.428*** (−3.005)	0.379	560
C10	0.0529** (2.090)	−0.104 (−0.413)	0.219	554	0.0752*** (3.524)	−0.325 (−1.515)	0.231	554
C11	0.1050*** (5.899)	−0.593*** (−3.355)	0.422	574	0.0895*** (4.855)	−0.368** (−1.964)	0.287	574
C12	0.1260*** (6.984)	−0.968*** (−5.377)	0.393	545	0.0933*** (6.032)	−0.492*** (−3.132)	0.371	560
C13	0.0806*** (4.648)	−0.340** (−1.965)	0.418	574	0.0954*** (6.396)	−0.558*** (−3.681)	0.349	574
C14	0.0551*** (4.230)	−0.289** (−2.221)	0.322	574	0.0811*** (4.974)	−0.364** (−2.194)	0.391	574
C15	0.0822*** (4.565)	−0.379** (−2.104)	0.360	574	0.0984*** (7.279)	−0.570*** (−4.148)	0.387	560
C16	0.0785*** (4.470)	−0.359** (−2.048)	0.343	560	0.0907*** (6.911)	−0.574*** (−4.317)	0.420	574
C17	0.0759*** (3.387)	−0.224 (−1.000)	0.270	574	0.0895*** (4.855)	−0.368** (−1.964)	0.287	574
C18	0.0839*** (4.437)	−0.388** (−2.057)	0.351	560	0.0933*** (6.032)	−0.492*** (−3.132)	0.371	560

①　实证中我们加入了前文提及的 5 个控制变量,限于篇幅此处仅给出解释变量和常数项等估计结果。

续表

产业	制造业				服务业			
	PRODM	C	R^2	OBS	PRODS	C	R^2	OBS
C19	0.0888*** (4.880)	−0.483*** (−2.654)	0.329	574	0.0954*** (6.396)	−0.558*** (−3.681)	0.349	574
C20	0.0896*** (4.555)	−0.439** (−2.231)	0.386	574	0.0811*** (4.974)	−0.364** (−2.194)	0.391	574
C21	0.0956*** (5.765)	−0.528*** (−3.198)	0.366	560	0.0984*** (7.279)	−0.570*** (−4.148)	0.387	560
C22	0.1030*** (6.482)	−0.683*** (−4.322)	0.413	574	0.0907*** (6.911)	−0.574*** (−4.317)	0.420	574

注:括号内为 t 值,*、**、*** 分别代表在 10%、5% 和 1% 的显著性水平上显著。

为刻画中间投入品进口技术含量与制造业中间投入品进口依赖在中国的作用机制,我们进一步对中国产业层面样本进行实证分析,表 3-7 报告了相应的估计结果。可知制造业和服务业中间投入品进口技术含量的估计系数显著为正,且通过了至少 5% 的显著性检验,可见两类中间投入品进口技术含量提升会加剧制造业中间投入品进口依赖的机制在中国依然成立。中国在制定相关优化政策时,仍需遵循上述规律。此外,中国制造业具有显著的外力依赖型技术赶超特征(陈晓华等,2019),这种技术革新方式会加剧中间投入品进口依赖,使得中国更容易陷入"卡脖子"风险,因此,动态优化中国制造业的技术赶超模式可以成为降低中间投入品进口依赖程度的重要途径。

表 3-7　中国样本的估计结果[①]

变量	(1)	(2)	(3)	(4)
PRODM	0.0605*** (2.865)		0.0523** (2.495)	
PRODS		0.0641*** (2.802)		0.0551** (2.438)
WAGE	−0.0210 (−0.864)	−0.0204 (−0.841)	−0.0232 (−0.950)	−0.0229 (−0.935)
EDU	0.0346 (0.526)	0.0467 (0.697)	0.0323 (0.493)	0.0426 (0.640)
TAX			1.316 (1.270)	1.387 (1.344)

---

① 单个国家进行计量分析时,虚拟变量毗邻大国和沿海为不变量,Stata 软件自动剔除了这两个变量。

续表

变量	(1)	(2)	(3)	(4)
C	0.174 (0.688)	0.100 (0.378)	−0.014 (−0.046)	−0.088 (−0.284)
OBS	238	238	238	238
R^2	0.037	0.040	0.043	0.046

注:括号内为 t 值, * 、** 、*** 分别代表在 10%、5% 和 1% 的显著性水平上显著。

第三节　本章小结

缔造高技术含量中间投入品内源供给能力是我国打造制造业强国的关键所在,也是我国经济实现高质量发展的必由之路。为此,本章基于中国制造业高度依赖国外高技术含量中间投入品的事实特征,在测度出 WIOD 中各国制造业和服务业中间投入品进口技术含量的基础上,细致剖析了两类高技术含量中间投入品进口对中间投入品进口依赖的作用机制及其作用渠道。得到的结论主要有:一是高技术含量中间投入品进口会加剧一国的中间投入品进口依赖,这一结论在基准模型检验、内生性检验、稳健性检验、动态检验和异质性分析中均稳健成立,这一机制不仅有助于高技术含量中间投入品先发国成为控制全球价值链的链主,还容易导致高技术含量中间投入品后发国成为全球价值链的被俘获者和尾随者;二是高技术含量中间投入品进口不仅会抑制制造业的资本积累,还会抑制科研人员规模的壮大,高技术含量中间投入品进口实际上是国外高质量生产要素对本国高质量生产要素的有效替代,上述渠道加剧了高技术含量中间投入品进口国的中间投入品进口依赖,从作用渠道检验结果来看,提升资本积累速度和扩大科研人员规模可以成为减少高技术含量中间投入品进口依赖的重要手段;三是中国的两类产业中间投入品进口技术含量远高于自身经济发展水平,这不仅导致了中国最终品出口技术含量赶超具有显著的外力依赖型特征,还进一步表明中国承受的中间投入品进口依赖可能是远超自身发展水平的,因此,中国降低中间投入品进口依赖程度的迫切性可能远强于其他国家。这一结论也证实了我国当前构建新发展格局策略的正确性,国内高技术含量中间投入品生产能力的提升不仅有助于中国经济增长速度和质量的提升,还有助于降低中间投入品进口依赖程度,实现高技术含量中间投入品更高水平的自立自强,可谓一举两得。

第四章　高技术含量中间投入品进口与制造业产品国内增加值率

　　产品国内增加值率是一国制造业全球价值链分工地位的重要体现(杨高举和黄先海,2013),高技术含量中间投入品生产能力的提升不仅能有效抵御国外跨国公司的"卡脖子"威胁,还能通过进口替代的方式提升本国产品国内增加值率,更是本国制造业突破关键节点、实现国际分工地位攀升的重要体现(刘慧等,2020)。中国大量进口高技术含量、高质量中间投入品和制造业产品国内增加值率偏低共存的特征事实,使得我们自然就产生了如下疑问:进口高技术含量中间投入品是否会抑制中国制造业产品国内增加值率的提升,从而不利于中国制造业国际分工地位的攀升? 降低高技术含量中间投入品进口依赖程度和提升制造业国内增加值率是我国实现经济增长质量提升的核心内容和根本途径,也是我国应对当前世界经济衰退和实现经济稳定增长的重要手段。因此,探索这一问题的答案,对中国制定高技术含量中间投入品赶超技术前沿国家、国际分工地位攀升和加快制造业大国向制造业强国转变方面的政策具有较高的参考价值。有鉴于此,本章以科学度量中间投入品进口技术含量与制造业产品国内增加值率为切入点,多维度深入剖析中间投入品进口技术含量对制造业产品国内增加值率的作用机制,并从多元冲击和时间动态冲击视角对上述作用机制的稳固性进行检验,以期为中国经济增长质量和效益提升方面的决策提供科学可靠的研究结论。

第一节　制造业产品国内增加值率的测度与分析

　　制造业产品国内增加值率是衡量一国制造业国际分工地位和真实获利能力的重要媒介(黄先海和杨高举,2010;诸竹君等,2018),因而学界从宏微观双层面均构建了大量的测度方法(Upward et al.,2013;张杰等,2013)。考虑到前文中间投入品进口技术含量是宏观层面的,我们采用宏观层面的方法测度制造业产品国内增加值率,借鉴刘遵义等(2007)、黄先海和杨高举(2010)、刘慧等(2020)等的做法,以表4-1的投入产出表来测度制造业产品国内增加值率。

表 4-1　投入产出表结构示意

投入			产出					
投入			中间投入品	最终品				内总产出或进口
投入			部门	消费	投资	出口	最终合计	内总产出或进口
中间投入品	国内产品	部门	X_{ij}^D	F^{DC}	F^{DI}	F^{DE}	F^D	X
中间投入品	国外产品	部门	X_{ij}^M	F^{MC}	F^{MI}		F^M	X^M
增加值			V_j					
投入			X_j^T					

根据投入产出的基本特征，可以将表 4-1 的行列投入产出平衡关系表示为：

$$\sum_{j=1}^{n} X_{ij}^D + F_i^D = X_i \tag{4-1}$$

$$\sum_{j=1}^{n} X_{ij}^M + F_i^M = X_i^M \tag{4-2}$$

$$\sum_{i=1}^{n} X_{ij}^D + \sum_{i=1}^{n} X_{ij}^M + V_j = X_j^T \tag{4-3}$$

令 $A^D = [A_{ij}{}^D] \equiv [A_{ij}{}^D / X_j]$，$A^M = [A_{ij}{}^M] \equiv [A_{ij}{}^M / X_j]$，$A_v = [av_j] \equiv [V_j / X_j]$，分别表示国内中间投入品消耗矩阵、国外中间投入品消耗矩阵和增加值行向量，则可得如下矩阵：

$$A^D X + F^D = X \tag{4-4}$$

$$A^M X + F^M = X^M \tag{4-5}$$

$$\mu A^D + \mu A^M + A_V = I \tag{4-6}$$

其中，X 和 X^M 分别为国内总产出矩阵和国外总进口矩阵，F^D 和 F^M 分别表示国内外最终品的总需求，μ 为单位向量。

根据(4-4)式，可得：

$$X = (I - A^D)^{-1} F^D = B^D F^D。$$

其中，$B^D = (I - A^D)^{-1}$，表示的是非竞争投入产出模型中的完全需求系数矩阵，其内部系数为生产 1 单位最终品所需的国内产品产出（刘遵义等，2007）。基于 $A_V = [V_j / X_j]$ 和 $B^D = (I - A^D)^{-1}$，可得各部门完全国内增加值（B_V）为：

$$B_V = (b_1^v, b_2^v, \cdots, b_n^v) = A_V (I - A^D)^{-1} \tag{4-7}$$

借鉴刘遵义等（2007）、黄先海和杨高举（2010）、刘慧等（2020）等的处理办法，令 a_j^M 表示 j 部门直接进口消耗系数，即 $a_j^M = \sum_{i=1}^{n} a_{ij}^M$（或 $A_M = \mu A^M$），令 b_j^M 为 j 部门完全进口额，即 $b_j^M = a_j^M + \sum_{i=1}^{n} a_i^M a_{ij}^D + \sum_{i=1}^{n} \sum_{k=1}^{n} a_k^M a_{ki}^D a_{ij}^D +$

$$\sum_{i=1}^{n}\sum_{k=1}^{n}\sum_{s=1}^{n}a_s^M a_{sk}^D a_{ki}^D a_{ij}^D + \cdots, \text{或} B_M = A_M + A_M A^D + A_M A^D A^D + A_M A^D A^D A^D$$
$$+ \cdots = \mu A^M (I - A^D)^{-1}\text{。}$$

根据刘遵义等(2007)、黄先海和杨高举(2010)和刘慧等(2020),各部门完全国内增加值率 $B_V = \mu - B_M$。此时可以核算出各国制造业亚产业层面的产品国内增加值率(DVA)。由于 WIOD 2013 年公布的投入产出表为多国一张投入产出表,与上述方法不匹配,而 WIOD 2013 年公布的投入产出表与上述方法具有较好的匹配性,因此,我们运用上述方法测度了 34 国的 14 类制造业[①]的产品国内增加值率。

图 4-1 报告了 2000 年、2006 年、2011 年 34 个样本国各产业历年产品国内增加值率的核密度估计结果[②],可知:一方面,历年核密度估计均呈现倒 U 形,即呈现出显著的正态分布特征,符合大数据分布的规律,将其作为被解释变量进行实证分析,所得结论具有较强的可靠性。另一方面,2011 年和 2006 年的曲线多位于 2000 年曲线的左侧,这表明各国制造业产品国内增加值率呈现出一定的下降趋势,这一现象出现的原因可能在于:随着全球化的深入和全球价值链分工模式的传播,各国制造业越来越倾向于通过配置全球资源来赢得国际竞争优势,从而使得各国制造业使用国外中间投入品、零部件和技术的概率增加,最终使得其国内增加值率呈现出一定的下降趋势。

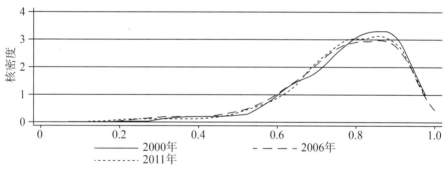

图 4-1　制造业产品国内增加值率核密度估计结果[③]

---

① 根据 WIOD2013 年发布的标准,14 类产业分别为食品、饮料和烟草(C3),纺织品(C4),皮制品与鞋类(C5),木制品(C6),纸与印刷业(C7),石油与核燃料(C8),化工产品(C9),塑料产品(C10),其他非金属矿物产业(C11),金属与金属制品(C12),机械制品(C13),电器与光学设备(C14),交通设备制造(C15),制造与回收产业(C16)。

② 基于 WIOD2013 年和 2016 年样本国的匹配结果与后文控制变量的可获得性,此处选取的 34 个样本国为:印度、拉脱维亚、土耳其、罗马尼亚、印度尼西亚、保加利亚、爱沙尼亚、墨西哥、澳大利亚、西班牙、匈牙利、俄罗斯、斯洛伐克、瑞典、奥地利、波兰、芬兰、希腊、韩国、巴西、中国、比利时、葡萄牙、加拿大、日本、捷克、法国、意大利、德国、荷兰、丹麦、美国、英国和爱尔兰。

③ 如果给出 2000—2011 年每年测度结果的核密度曲线,则会存在大量的重叠和粘连,从而影响阅读,因此,我们此处仅给出 2000 年、2006 年和 2011 年的核密度估计结果。

图 4-2 进一步报告了中间投入品进口高技术含量偏好国、中技术含量偏好国和低技术含量偏好国的制造业产品国内增加值率均值。首先，从国内增加值率的演进趋势看，三类国家制造业产品国内增加值率均值均呈现出一定的下降趋势，这进一步印证了核密度估计的结论。其次，三类技术偏好国的制造业产品国内增加值率在 2009 年均呈现出显著上升趋势，这表明：金融危机的冲击使得制造业更倾向于使用国内中间投入品，从而使得产品国内增加值率大幅提升。值得一提的是，2009 年后三类技术偏好国的产品国内增加值率均呈现出明显的下降趋势，可见金融危机虽使得各国制造业在短期内使用更多的国内中间投入品，但配置全球资源进行生产仍是当前制造业的主流趋势。最后，从曲线的高低来看，中技术含量偏好国的国内增加值率均值明显大于低技术含量偏好国和高技术含量偏好国，这在一定程度上表明：进口中技术含量中间投入品对一国制造业产品国内增加值率产生的正向效应大于进口低技术含量中间投入品和高技术含量中间投入品。上述结论也从描述性统计视角证实了倒 U 形机制的存在性和科学性，当然这仅仅是无条件相关估计结果，后文将借助更为科学的计量方法进行实证剖析。

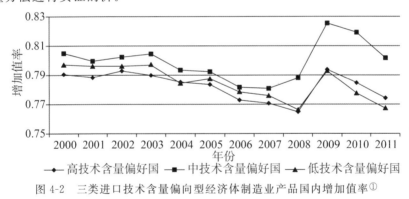

图 4-2　三类进口技术含量偏向型经济体制造业产品国内增加值率①

第二节　中间投入品进口技术含量对国内增加值率影响的实证检验

一、计量模型的设定与控制变量的选择

本章的主要目的是研究中间投入品进口技术含量对制造业产品国内

① 三类偏好国以各国中间投入品进口技术含量均值进行划分，2000—2011 年进口中间投入品技术含量均值排名前十的为高技术含量偏好国，排名后十的为低技术含量偏好国，其余为中技术含量偏好国。34 国中间投入品进口技术含量为第三章根据 WIOD 数据测度所得结果。

增加值率的作用机制,因而被解释变量为各国制造业产品国内增加值率(DVA),为减少异方差对实证结果的干扰,实证中用 ln(1+DVA)表示,被解释变量细化到制造业亚产业层面,解释变量为各国制造业中间投入品进口技术含量(IMPM),以前文测度值的自然对数表示。考虑到制造业中间投入品进口技术含量对制造业产品国内增加值率的影响可能具有非线性特征,我们将解释变量的平方项也纳入回归。为了提高估计结果的可靠性,我们选取了既能刻画国别特征,又可能对产品国内增加值率产生影响的变量作为控制变量,具体有:高等教育(EDU),以联合国教科文组织公布的各国高等教育毛入学率表示;能源租金(NZJ),实证中以石油等能源租金与 GDP 之比刻画;经济效率(XL),实证中以每千克石油产生 GDP 的自然对数表示;研发投入(RD),实证中以 ln(1+研发支出/GDP)表示;企业营商环境(SS),实证中以 ln(1+上市公司总资产/GDP)表示;外部经济冲击(JR),图 4-2 表明外部冲击会对制造业产品国内增加值率产生影响,为刻画这一冲击的影响,我们以 2008 年金融危机作为样本进行控制,当年份大于等于 2008 时,令 JR 为 1,否则为 0;国际贸易地理优势(DG),我们以毗邻大进口国优势[①]来刻画地理优势,当一国拥有该优势时,令 DG 为1,否则为 0。

二、基准模型回归结果与分析

表 4-2 报告了基准模型(OLS)的检验结果,在依次加入控制变量条件下,中间投入品进口技术含量的水平项均显著为正,平方项则显著为负,这表明:中间投入品进口技术含量对制造业产品国内增加值率的作用机制呈现倒 U 形,进口中技术含量中间投入品对制造业产品国内增加值率的边际提升作用是最大的,进口技术含量过高或过低的中间投入品对制造业产品国内增加值率的提升作用相对有限,甚至会抑制国内增加值率提升,该结论证实了前文机理分析中假说 2 的正确性。由此可以得到两个方面的启示:一是前文关于中间投入品进口对制造业产品国内增加值率的倒 U 形作用机制的推理和描述性统计所得结论是稳健可靠的;二是适度加大中技术含量中间投入品进口力度和积极克服中间投入品进口的抑制效应可以成为一国制造业做大做强的重要选择。

---

① 将 2012 年进口量在全球排名前五的国家认定为进口大国,分别为中国、美国、德国、英国和日本。与其中任何一国相邻则认定其拥有毗邻大进口国优势。

表 4-2 基准模型回归结果

变量	(1)	(2)	(3)	(4)	(5)	(6)	(7)	(8)
IMPM	1.368***	1.542***	1.596***	1.832***	1.857***	1.852***	2.887***	2.797***
	(3.810)	(4.821)	(5.092)	(5.850)	(5.941)	(5.821)	(8.032)	(7.781)
$IMPM^2$	-0.0696***	-0.0779***	-0.0808***	-0.0932***	-0.0947***	-0.0946***	-0.1480***	-0.1430***
	(-3.849)	(-4.837)	(-5.122)	(-5.906)	(-6.014)	(-5.902)	(-8.129)	(-7.871)
EDU		-0.265***	-0.247***	-0.245***	-0.235***	-0.191***	-0.191***	-0.194***
		(-38.62)	(-36.11)	(-35.95)	(-33.10)	(-23.18)	(-23.18)	(-23.52)
NZJ			0.0196***	0.0231***	0.0261***	0.0280***	0.0284***	0.0276***
			(15.46)	(17.27)	(17.68)	(14.36)	(14.60)	(14.15)
XL				0.0253***	0.0261***	0.0331***	0.0347***	0.0314***
				(7.877)	(8.141)	(9.114)	(9.577)	(8.487)
RD					0.0130***	0.0141***	0.0146***	0.0168***
					(4.752)	(4.911)	(5.127)	(5.819)
SS						0.00763***	0.00762***	0.00806***
						(10.11)	(10.12)	(10.63)
JR							0.0195***	0.0185***
							(6.118)	(5.784)
DG								-0.00899***
								(-4.380)
C	-6.137***	-6.946***	-7.213***	-8.389***	-8.507***	-8.541***	-13.560***	-13.120***
	(-3.446)	(-4.379)	(-4.641)	(-5.401)	(-5.487)	(-5.412)	(-7.643)	(-7.395)
OBS	5708	5708	5708	5708	5708	5540	5540	5540

续表

变量	(1)	(2)	(3)	(4)	(5)	(6)	(7)	(8)
R^2	0.005	0.211	0.243	0.251	0.254	0.255	0.260	0.262
最优值	18538.2	19876.7	19462.4	18551.9	18117.7	17829.0	17212.3	17671.7
年份	Y	Y	Y	Y	Y	Y	Y	Y
国家	Y	Y	Y	Y	Y	Y	Y	Y

注:括号内为 t 值。*、**、*** 分别代表在 10%、5% 和 1% 的显著性水平上显著。

借助表 4-2 的列(8)所得倒 U 形曲线的顶点(最优值),我们核算了 2000—2011 年中国中间投入品进口技术含量偏离最优值的偏离系数。图 4-3 报告了相应的结果,可知:2000—2002 年,中国中间投入品技术含量的偏离系数小于 0,即中间投入品进口技术含量在倒 U 形曲线的左侧,此时,中间投入品进口技术含量越高,中间投入品进口对国内增加值率的边际提升作用越大。2003 年及之后,偏离系数已经大于 0,即中间投入品进口技术含量已经跨越倒 U 形曲线顶点进入右侧,此时,中间投入品进口技术含量的提升会使得中间投入品进口对国内增加值率的边际提升作用日趋减弱。令人遗憾的是,2003—2011 年,中国中间投入品进口技术含量的偏离系数呈现日益增大的趋势,这表明:中国中间投入品进口技术含量以持续偏离最优值的形式作用于制造业产品国内增加值率,这不仅使得我国容易面临"卡脖子"风险和核心中间投入品外部依赖风险,还使得中间投入品并未以最优值的形式促进国内增加值率提升。因此,中国在持续进口高技术含量中间投入品的同时,应妥善应对其潜在的"卡脖子"风险,以在更好地发挥中间投入品进口促进中国最终品国际竞争力提升功能的基础上,减少中间投入品进口依赖给中国制造业健康发展带来的不确定风险。

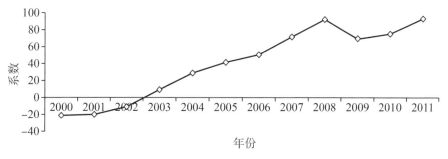

图 4-3　2000—2011 年中国中间投入品进口技术含量偏离系数[①]

三、稳健性检验结果与分析

为确保基准模型检验结果是稳健可靠的,我们借鉴刘慧等(2020),采用两种方法进行稳健性检验:一是采用能克服内生性的两阶段最小二乘法(2SLS)进行稳健性检验,借鉴綦建红和蔡震坤(2022)的做法,将除本国外其余样本国中间投入品进口技术含量作为工具变量。二是以能克服内生性的联立方程进行稳健性检验。实证中以基准回归方程为联立方程的第

[①]　考虑到表 4-2 中列(8)的控制变量最全,得到的估计系数最为可靠,我们以列(8)数据核算中国的偏离系数,偏离系数的计算方法为 100×(中国值－最优值)/最优值。

一个方程,以 $IMPM_{it} = c_0 + \theta\ln(1+DVA_{ijt}) + \delta_m M_{mit}$ 为联立方程的第二个方程,M 为第二个方程的控制变量,选取了世界银行 WDI 数据库中各国税收总额占 GDP 比重的水平项及其 1 期滞后项作为控制变量。

表 4-3 和表 4-4 分别报告了两阶段最小二乘法和联立方程的估计结果,可知中间投入品进口技术含量水平项在两类回归中均显著为正,中间投入品进口技术含量的平方项在两类回归中均显著为负。可见,在两阶段最小二乘法和联立方程的估计结果中,中间投入品进口技术含量对制造业产品国内增加值率的倒 U 形作用机制均稳健成立。值得一提的是:控制变量的估计结果与预期符号和基准模型检验高度一致,并未出现严重逆向变化的现象。因此,我们可以推定:基准模型检验所得结论是科学稳健的。

四、异质性估计结果与分析

为刻画异质性条件下,中间投入品进口技术含量对制造业产品国内增加值率的作用机制,本部分运用联立方程,从经济发展水平异质性、时间异质性、贸易地理优势异质性和制造业产业异质性四个维度进行了估计分析。

表 4-5 列(1)和(2)报告了发达国家和发展中国家的估计结果,可知两类国家中间投入品进口技术含量的水平项估计结果显著为正,而平方项则显著为负,即倒 U 形关系在两类国家中均显著成立。表 4-5 列(3)和(4)报告了时间异质性的估计结果,可知在两个时间段中,中间投入品进口技术含量的水平项显著为正,平方项显著为负,即倒 U 形关系在两个时间段中均稳健成立。表 4-5 列(5)和(6)报告了毗邻大进口国和非毗邻大进口国的估计结果,可知两类贸易地理条件下,中间投入品进口技术含量的水平项均显著为正,平方项则显著为负,倒 U 形机制在两类贸易地理条件下均稳健成立。

表 4-3　两阶段最小二乘法（2SLS）回归结果

变量	(1)	(2)	(3)	(4)	(5)	(6)	(7)
IMPM	4.875*** (5.844)	5.025*** (6.770)	5.097*** (7.001)	5.238*** (7.240)	4.428*** (6.005)	3.944*** (5.299)	4.203*** (5.623)
IMPM^2	-0.246*** (-5.954)	-0.256*** (-6.954)	-0.257*** (-7.132)	-0.266*** (-7.424)	-0.228*** (-6.255)	-0.205*** (-5.562)	-0.216*** (-5.858)
EDU		-0.267*** (-37.10)	-0.246*** (-34.04)	-0.245*** (-34.08)	-0.234*** (-31.32)	-0.190*** (-21.98)	-0.193*** (-22.21)
NZJ			0.0195*** (14.43)	0.0229*** (16.31)	0.0265*** (17.03)	0.0301*** (14.39)	0.0289*** (13.64)
XL				0.0280*** (8.153)	0.0301*** (8.745)	0.0395*** (9.906)	0.0354*** (8.488)
RD					0.0164*** (5.305)	0.0190*** (5.763)	0.0192*** (5.823)
SS						0.00741*** (9.544)	0.00783*** (9.962)
JR							0.0518*** (2.643)
DG							-0.00732*** (-3.256)
C	-23.51*** (-5.603)	-23.97*** (-6.419)	-24.54*** (-6.701)	-25.13*** (-6.903)	-20.89*** (-5.621)	-18.48*** (-4.927)	-19.89*** (-5.275)
OBS	5232	5232	5232	5232	5232	5078	5078

续表

变量	(1)	(2)	(3)	(4)	(5)	(6)	(7)
R^2	0.013	0.219	0.248	0.258	0.262	0.264	0.265
LM 检验	2953.579	2957.226	2965.688	2933.378	2939.507	2857.057	1783.403
CD 检验	3389.249	3398.224	3420.017	3334.572	3349.831	3261.066	1371.683
年份	Y	Y	Y	Y	Y	Y	Y
国家	Y	Y	Y	Y	Y	Y	Y

注:括号内为 t 值。*、**、*** 分别代表在 10%,5% 和 1% 的显著性水平上显著。

表 4-4　联立方程回归结果

变量	(1)	(2)	(3)	(4)	(5)	(6)	(7)
IMPM	1.487*** (3.695)	1.708*** (4.784)	1.777*** (5.073)	2.052*** (5.849)	2.092*** (5.972)	2.085*** (5.822)	2.874*** (7.273)
IMPM²	-0.076*** (-3.751)	-0.087*** (-4.820)	-0.090*** (-5.122)	-0.104*** (-5.924)	-0.107*** (-6.059)	-0.107*** (-5.915)	-0.147*** (-7.371)
EDU		-0.272*** (-36.24)	-0.252*** (-33.46)	-0.247*** (-32.78)	-0.236*** (-29.68)	-0.190*** (-20.64)	-0.195*** (-21.11)
NZJ			0.0198*** (13.79)	0.0230*** (15.33)	0.0257*** (15.73)	0.0271*** (12.10)	0.0241*** (10.45)
XL				0.0255*** (6.971)	0.0260*** (7.116)	0.0326*** (7.755)	0.0280*** (6.406)
RD					0.0127*** (4.141)	0.0142*** (4.486)	0.0182*** (5.692)
SS						0.00770*** (9.723)	0.00856*** (10.70)
JR							0.0183*** (5.536)
DG							-0.0129*** (-5.501)
C	-6.701*** (-3.350)	-7.748*** (-4.366)	-8.089*** (-4.646)	-9.458*** (-5.424)	-9.652*** (-5.543)	-9.680*** (-5.436)	-13.490*** (-6.900)
OBS	4868	4868	4868	4868	4868	4714	4714

续表

变量	(1)	(2)	(3)	(4)	(5)	(6)	(7)
R^2	0.003	0.215	0.245	0.252	0.255	0.254	0.265
年份	Y	Y	Y	Y	Y	Y	Y
国家	Y	Y	Y	Y	Y	Y	Y

注：括号内为 t 值，*、**、*** 分别代表在 10%、5% 和 1% 的显著性水平上显著。

表4-5　经济发展水平、时间、贸易地理优势异质性回归结果（联立方程）

变量	发达国家	发展中国家	2000—2005年	2006—2011年	毗邻大进口国	非毗邻大进口国
	(1)	(2)	(3)	(4)	(5)	(6)
IMPM	1.856**	1.947***	2.993***	8.750***	2.297***	1.652**
	(2.436)	(3.770)	(2.782)	(4.295)	(4.284)	(2.517)
$IMPM^2$	−0.094**	−0.101***	−0.154***	−0.435***	−0.120**	−0.084**
	(−2.434)	(−3.871)	(−2.805)	(−4.370)	(−4.423)	(−2.519)
EDU	−0.200***	−0.188***	−0.208***	−0.194***	−0.148***	−0.245***
	(−10.97)	(−13.80)	(−15.20)	(−15.29)	(−9.99)	(−17.89)
NZJ	0.0232***	0.0159***	0.0192***	0.0256***	0.0331***	0.0131***
	(5.099)	(4.428)	(5.245)	(8.389)	(7.746)	(3.486)
XL	0.0388***	0.0078	0.0257***	0.0310***	0.0270***	0.0298***
	(5.155)	(1.141)	(4.247)	(4.762)	(3.482)	(4.516)
RD	0.0184**	0.0114**	0.0211***	0.0134***	0.0328***	0.0047
	(2.121)	(2.346)	(4.674)	(2.905)	(5.428)	(1.088)
SS	0.00389***	0.01280***	0.00692***	0.00893***	0.01220***	0.00419***
	(3.079)	(10.550)	(5.733)	(8.218)	(10.090)	(3.567)
JR	0.0217***	0.0082*		0.0118***	0.0130***	0.0131**
	(3.956)	(1.902)		(3.081)	(2.919)	(2.563)
DG	−0.0012	−0.0238***	−0.0122***	−0.0130***		
	(−0.337)	(−6.766)	(−3.546)	(−3.960)		
C	−8.615**	−8.824***	−13.960***	−43.460***	−10.560***	−7.548**
	(−2.295)	(−3.449)	(−2.655)	(−4.171)	(−3.969)	(−2.332)
OBS	1635	3079	2072	2642	2366	2348
R^2	0.391	0.213	0.275	0.263	0.251	0.292
最优值	18984.5	15346.1	16606.2	23329.4	14340.4	18864.8
年份	Y	Y	Y	Y	Y	Y
国家	Y	Y	Y	Y	Y	Y

注:括号内为 t 值,*、**、*** 分别代表在10%、5%和1%的显著性水平上显著。

表4-6进一步报告了产业异质性的估计结果,14类制造业亚产业的估计结果中,有13类产业中间投入品进口技术含量的水平项均显著为正,平方项则显著为负,可知倒U形机制在13类制造业亚产业层面均显著成立,这表明进口中技术含量中间投入品能最有效地提升国内增加值率的机制在13类制造业亚产业层面也稳健成立。而在C14(电器与光学设备)产业中这一机制不成立,原因可能在于:一方面,电器和光学设备均属于高技术产业,其中间投入品技术含量和制造难度往往高于其他产业,技术溢出效应相对有限,从而使得其对制造业产品国内增加值率所产生的提升效应

表 4-6 产业异质性回归结果(联立方程)①

产业	IMPM	IMPM²	C	OBS	R^2
C3	2.595*** (6.199)	−0.132*** (−6.247)	−12.08*** (−5.833)	337	0.586
C4	2.078*** (2.962)	−0.105*** (−2.952)	−9.74*** (−2.806)	337	0.652
C5	2.501*** (3.808)	−0.127*** (−3.812)	−11.83*** (−3.640)	336	0.696
C6	1.850*** (3.311)	−0.095*** (−3.349)	−8.43*** (−3.049)	337	0.455
C7	5.287*** (8.880)	−0.269*** (−8.928)	−25.45*** (−8.640)	337	0.645
C8	5.680*** (2.735)	−0.293*** (−2.791)	−27.35*** (−2.662)	334	0.465
C9	3.423*** (5.502)	−0.175*** (−5.573)	−16.21*** (−5.267)	337	0.688
C10	2.304*** (4.171)	−0.118*** (−4.209)	−10.81*** (−3.954)	337	0.797
C11	2.073*** (4.324)	−0.106*** (−4.356)	−9.60*** (−4.046)	337	0.538
C12	2.605*** (3.567)	−0.135*** (−3.663)	−12.03*** (−3.330)	337	0.670
C13	2.183*** (3.998)	−0.112*** (−4.069)	−10.07*** (−3.730)	337	0.763
C14	0.274 (0.350)	−0.015 (−0.382)	−0.70 (−0.180)	337	0.768
C15	1.418* (1.686)	−0.078* (−1.710)	−6.26 (−1.503)	337	0.713
C16	5.474*** (5.789)	−0.281*** (−5.879)	−26.09*** (−5.577)	337	0.396

注:括号内为 t 值,*、**、*** 分别代表在 10%、5% 和 1% 的显著性水平上显著。

相对有限,而产生的降低效应较为明显,进而在很大程度上使得倒 U 形机制不明显;另一方面,C14 产业内部的电器产业和光学设备产业存在较大的差异,两类产业中间投入品进口对国内增加值率的作用力具有多方向性特征,难以凝聚成整体性倒 U 形关系,从而导致估计结果中倒 U 形关系不成立。值得一提的是,与前文整体层面的估计结果相比,虽然 13 类产业估计的样本容量小于整体层面,但其拟合系数均优于整体层面,这在一定程

① 实证中每个产业均加入了前文提及的控制变量,限于篇幅,我们仅给出如表 4-6 所示估计结果。

度上表明:倒 U 形机制在亚产业层面的显著性不亚于整体层面。上述结论也进一步证实了倒 U 形关系的稳健性。

第三节　中间投入品进口技术含量对制造业产品国内增加值率作用机制的稳固性检验

一、内外部冲击与倒 U 形机制的稳固性

2018 年以来,美国对中国采取了以加征关税和将中国高科技企业及高校列入所谓"实体清单"为代表的逆贸易自由化策略。这不仅加剧了中美经贸摩擦,使得中国对外贸易面临较大的不确定性,还使得中国部分实体正常的生产运营受到较大冲击,如华为 7 纳米芯片的生产与研发受阻,中国部分大学无法正常使用 Matlab 软件。上述现象可能会对中国经济产生如下冲击:一是经济下行压力进一步增大,美国是中国的主要贸易伙伴之一,中美贸易摩擦可能会加剧两国贸易的不确定性,进而对中国经济产生不利冲击;二是在经历"卡脖子"危机后,中国企业意识到了"补短板、强弱项"和自立自强的重要性,会进一步提升高端中间投入品的研发水平和自给能力,最终使得中间投入品进口依赖程度发生变化;三是企业面临的税赋会发生变化,加征关税会使得部分出口企业面临的税赋骤增。值得一提的是,2020 年初暴发的新型冠状病毒肺炎疫情也会对经济增长和企业面临的税赋(政府为加快经济复苏,往往会推行税费减免政策)产生影响。那么上述冲击是否会改变中间投入品进口对制造业产品国内增加值率的倒 U 形机制,从而使得中间投入品进口技术含量和国内增加值率的优化路径发生根本性改变呢? 本部分将对上述问题进行分析,以期为中国制定同步优化中间投入品进口技术含量和国内增加值率方面的政策提供更为科学的参考。我们以经济合作与发展组织(OECD)数据库提供的各国经济增长率来衡量经济增速,以各国税收总额占 GDP 比重来衡量税赋冲击,以刘慧和杨莹莹(2018)的方法测度出各国制造业中间投入品进口占比,以各类冲击变量与中间投入品进口技术含量的交互项进行回归,以判断内外部冲击下倒 U 形机制的稳固性。

表 4-7 列(1)报告了经济增长冲击的估计结果,可知交互项估计结果显著为正,交互项的平方项估计结果显著为负,可见新冠疫情和中美经贸摩擦引致的增速放缓并不能改变中间投入品进口技术含量对制造业产品国内增加值率的作用机制,即在经济下行压力下,制定二者的优化政策仍需遵循倒 U 形机制。表 4-7 列(2)报告了税赋冲击的估计结果,可知二者

交互项显著为正,交互项的平方项显著为负,税赋波动也无法改变倒 U 形机制,可见美国加征关税行为和新冠疫情引致的各国减免税费行为也无法撼动中间投入品进口技术含量对制造业产品国内增加值率的作用机制。表 4-7 列(3)报告了中间投入品进口冲击的估计结果,二者交互项显著为正,交互项的平方项显著为负,可知美国断供核心中间投入品、将中国实体列入所谓"实体清单"以及中国的"补短板、强弱项"和自立自强虽会改变中国制造业产品国内增加值率,但均无法改变中间投入品进口技术含量对制造业产品国内增加值率的倒 U 形机制。

表 4-7　内外部冲击与倒 U 形机制的稳固性

变量	(1)	(2)	(3)
	经济增长冲击	税赋冲击	中间投入品进口冲击
$IMPM * M$	0.8810*** (7.441)	0.0127* (1.813)	0.0034*** (4.605)
$(IMPM * M)^2$	−0.4900*** (−7.546)	−0.0091*** (−4.474)	−0.0379*** (−7.730)
EDU	−0.203*** (−21.35)	−0.173*** (−17.96)	−0.133*** (−12.32)
NZJ	0.0256*** (12.85)	0.0233*** (10.23)	0.0162*** (7.95)
XL	0.0232*** (5.082)	0.0355*** (7.791)	0.0036 (0.816)
RD	0.0189*** (4.431)	0.0269*** (7.536)	0.0110*** (3.763)
SS	0.00905*** (11.49)	0.00872*** (10.60)	0.00603*** (7.50)
JR	−0.00153 (−0.665)	−0.00627*** (−2.726)	0.00085 (0.387)
DG	−0.00928*** (−4.284)	−0.02220*** (−9.210)	−0.00399* (−1.817)
C	0.140** (2.54)	0.507*** (37.54)	0.620*** (45.05)
OBS	5078	4714	5078
R^2	0.256	0.269	0.274
年份	Y	Y	Y
国家	Y	Y	Y

注:M 代表相应的冲击变量。括号内为 t 值,*、**、*** 分别代表在 10%、5% 和 1% 的显著性水平上显著。

二、时间冲击与倒 U 形机制的稳固性

表 4-7 的估计结果表明,倒 U 形机制表现出非常强的抗冲击性,那么这种机制是否会在时间的冲击下逐步弱化乃至消失呢？本部分进一步从动态时间视角对倒 U 形机制的稳固性进行分析。表 4-8 报告了倒 U 形关系稳固性的动态检验结果,在滞后 1—6 期的估计结果中,中间投入品进口技术含量水平项显著为正,而平方项则显著为负,可见中间投入品进口技术含量对制造业产品国内增加值率的倒 U 形机制在滞后 1—6 期的情况下依然稳健成立。因此,时间冲击亦无法弱化和撼动倒 U 形机制,制定二者长期优化策略时仍需严格遵循倒 U 形机制。

综上可知,经济增长冲击、税赋冲击和中间投入品进口冲击等均无法改变倒 U 形机制,倒 U 形机制在滞后 1—6 期的情况下依然稳健成立,倒 U 形机制表现出非常强的抗冲击性和稳固性,即假说 2 的观点具有非常强的稳固性。因此,在错综复杂的国际经济形势下,中国在处理产品国内增加值率和中间投入品进口技术含量问题上,仍需严格遵守倒 U 形机制,并妥善处理好高技术中间投入品进口与"卡脖子"风险的关系,既充分发挥中间投入品进口对制造业产品国内增加值率的提升作用,也适度减小中国高技术含量中间投入品的外部依赖风险,推动中国经济更为科学、高质量地增长。此外,上述结论不仅证实了倒 U 形机制的稳固性,其在 OLS 分析、2SLS 分析、联立方程和外部冲击中均稳健成立的事实也证实了前文估计结果的可靠性和稳健性。

表4-8 倒U形机制稳固性的动态检验结果

变量	(1) 滞后1期	(2) 滞后2期	(3) 滞后3期	(4) 滞后4期	(5) 滞后5期	(6) 滞后6期
Lm.IMPM	2.385** (2.393)	1.760** (2.526)	1.163*** (2.606)	3.270*** (4.705)	9.394*** (6.542)	8.192*** (5.700)
Lm.IMPM^2	−0.123** (−2.417)	−0.091** (−2.559)	−0.060*** (−2.658)	−0.164*** (−4.713)	−0.473*** (−6.542)	−0.417*** (−5.700)
EDU	−0.194*** (−20.95)	−0.190*** (−19.57)	−0.184*** (−17.83)	−0.192*** (−17.07)	−0.197*** (−16.11)	−0.190*** (−14.33)
NZJ	0.0247*** (11.570)	0.0239*** (10.540)	0.0240*** (9.996)	0.0215*** (8.252)	0.0206*** (7.398)	0.0231*** (7.733)
XL	0.0252*** (5.619)	0.0211*** (4.651)	0.0189*** (3.838)	0.0134** (2.441)	0.0128** (2.144)	0.0177** (2.718)
RD	0.0140*** (4.324)	0.0132*** (3.805)	0.0123*** (3.280)	0.0058 (1.398)	−0.0005 (−0.107)	0.0026 (0.545)
SS	0.00842*** (10.14)	0.00876*** (10.09)	0.00925*** (10.09)	0.00943*** (9.55)	0.00948*** (8.91)	0.00955*** (8.36)
JR	0.0212*** (2.828)	0.0157*** (2.846)	0.0082* (1.868)	−0.0105 (−1.600)	−0.0428*** (−4.523)	−0.0143** (−2.405)
DG	−0.0103*** (−4.373)	−0.0120*** (−4.917)	−0.0138*** (−5.303)	−0.0161*** (−5.654)	−0.0188*** (−6.020)	−0.0175*** (−5.256)
C	−11.05** (−2.260)	−8.00** (−2.337)	−5.13** (−2.316)	−15.70*** (−4.539)	−45.99*** (−6.465)	−39.62*** (−5.623)

续表

变量	（1） 滞后 1 期	（2） 滞后 2 期	（3） 滞后 3 期	（4） 滞后 4 期	（5） 滞后 5 期	（6） 滞后 6 期
OBS	4616	4154	3692	3230	2768	2306
R^2	0.252	0.243	0.243	0.238	0.241	0.250
年份	Y	Y	Y	Y	Y	Y
国家	Y	Y	Y	Y	Y	Y

注：括号内为 t 值，*、**、*** 分别代表在 10%、5% 和 1% 的显著性水平上显著。

第四节　本章小结

提升制造业产品国内增加值率和降低高技术含量中间投入品外部依赖程度,不仅有助于中国扩大制造业的国内受益面,优化制造业国际分工地位,减小"卡脖子"和断供风险,还有助于中国实现产业基础高级化、产业链现代化和经济增长质量提升。因此,深入剖析中间投入品进口技术含量对制造业产品国内增加值率的作用机制具有重要的现实意义。本章在科学刻画中间投入品进口技术含量和制造业产品国内增加值率关系的基础上,从多维视角就前者对后者的作用机制进行了实证检验,也从多元冲击和时间动态冲击视角对上述作用机制的稳固性进行了检验。得到的结论主要有:一方面,中间投入品进口技术含量对制造业产品国内增加值率的作用机制呈现倒 U 形,进口中技术含量的中间投入品对制造业产品国内增加值率产生的边际提升效应是最大的,进口过高技术含量的中间投入品不仅会加剧一国中间投入品进口依赖和"卡脖子"风险,还可能对国内增加值率产生不利影响,这一机制在 OLS 分析、2SLS 分析、联立方程和外部冲击中均稳健成立;另一方面,中间投入品进口技术含量对国内增加值率的倒 U 形机制具有非常强的稳固性,经济增长冲击、税赋冲击和中间投入品进口冲击均无法撼动倒 U 形机制,在滞后 1—6 期的时间动态冲击中,倒 U 形机制依然稳健成立。由此可见,中国在制定中间投入品进口和制造业产品国内增加值率攀升等领域的长短期政策时,需恪守倒 U 形机制。

第五章　高技术含量中间投入品进口依赖与制造业全球价值链嵌入:参与度和分工地位视角

伴随着全球价值链分工体系的形成与深化,发达国家跨国公司以利润最大化为出发点,对全球性生产资源进行了配置,纷纷将生产工序转移至最具竞争优势的国家和地区,这为我国制造业嵌入国际分工体系提供了便利与机遇。中国制造业依托低劳动力成本优势、人口红利"低端嵌入"全球价值链,不仅使得中国的比较优势得以发挥,还推动了中国经济的快速增长。然而环境压力加大、人口红利衰退等矛盾的凸显,使得上述增长模式似乎难以为继。囿于中国核心技术缺乏、创新能力和高新技术产品生产能力低下等事实特征,大量进口国外高技术含量中间投入品是众多企业增强国际竞争优势的核心途径与手段(齐俊妍和吕建辉,2016;马述忠等,2017),虽然使得中国成为世界第一大出口国和第一大制造业大国,但也使得中国遭受"低端被同水平发展中国家替代、高端被发达国家回流"的夹击之苦(诸竹君等,2018;马述忠等,2016),给中国制造业全球价值链分工地位升级之路增添了难度和许多不确定性。在经济全球化和全球价值链已成为国际主流的今天,与国外高技术含量中间投入品完全"脱钩"几乎是不可能的事情(裴长洪和刘斌,2019)。因此,以进口高技术含量中间投入品为手段增强最终品国际竞争优势的生产模式(陈晓华等,2021),在中国制造业未来发展中仍将长期存在,并对中国制造业的高质量发展产生深远影响。

当前,跨国公司全球生产网络已经深入制造业的各个环节,经济全球化与全球价值链深化使得我国制造业嵌入全球价值链程度日益提高。因此,高技术含量中间投入品进口依然会在我国制造业生产中扮演着重要的角色。高技术含量中间投入品不仅具有集聚高端劳动力和资本的能力,还往往具有高要素回报率、高生产率和高附加值等特征。因此,高技术含量中间投入品进口很大程度上意味着国外高水平劳动力、资本要素和高要素回报率、高生产率和高附加值生产过程对国内相应环节的替代(祝树金和张鹏辉,2013)。由此我们自然会产生如下疑惑:进口高技术含量的中间投入品会对中国制造业嵌入全球价值链的情况产生什么样的影响？其是否会改变中国在全球价值链中的参与度和分工地位？背后的理论机理又是怎样的？可以通过什么方式优化进口高技术含量的中间投入品对中国在全球价值链中的参与度和分工地位的作用机制？探索上述问题的答案不仅能为全球价值链影响因素的相关研究提供新的研究视角，还能为制定实现中间投入品进口与制造业产业升级良性互动，促进制造业向全球价值链高端攀升、制造业基础高级化和产业链现代化方面的政策提供经验证据。

第一节　全球价值链参与度与分工地位的测度与分析

Koopman et al.(2010)提出的全球价值链分工地位测算方法已得到学术界的高度认可并被广泛引用，用该测算方法测度的 GVC 指标能较好地衡量一国的全球价值链分工地位。本章借鉴 Koopman et al.(2010)的做法，测度各国制造业细分产业全球价值链参与度（GVC_Pa$_{ikt}$）和分工地位（GVC_Po$_{ikt}$），具体的测算方法如下：

$$GVC\_Pa_{ijt} = \frac{DVA\_INTrex_{ijt} + FVA_{ijt}}{E_{ijt}} \tag{5-1}$$

$$GVC\_Po_{ijt} = \ln\left(1 + \frac{DVA\_INTrex_{ijt}}{E_{ijt}}\right) - \ln\left(\frac{FVA_{ijt}}{E_{ijt}}\right) \tag{5-2}$$

其中，DVA_INTrex$_{ijt}$表示 i 国 j 产业于 t 年出口的被进口国再次出口到第三国的国内增加值，FVA$_{ijt}$表示 i 国 j 产业于 t 年出口的国外增加值，E_{ijt}表示 i 国 j 产业于 t 年的总出口额。GVC_Pa$_{ikt}$越大，表明一国特定产业参与全球价值链的程度越高，与国际分工生产网络联系越紧密。GVC_Po$_{ikt}$越大，表明一国某产业总出口中的间接国内增加值占比越高，其全球价值链分工地位就越高，越处于全球价值链的高端环节；反之，GVC_Po$_{ikt}$越小，表明一国某产业总出口中的国外增加值占比越高，其全球价值链分工地位越低。

全球价值链参与度与分工地位测算方法中的国内外增加值主要是基于王直等（2015）的总贸易核算法，对一国总出口进行分解得到的。利用王直等（2015）提出的分解公式，依据出口品价值的最终去向将其细分，可计算得出由各国制造业亚产业总出口分解的 16 小项，并实现全球价值链参与度与分工地位的测算。

基于上述方法，我们测度了 2000—2014 年各样本的全球价值链参与度和分工地位。图 5-1 和图 5-2 分别报告了高技术含量中间投入品进口国和低技术含量中间投入品进口国的制造业全球价值链参与度与分工地位均值。由图 5-1 可以看出：首先，2000—2014 年，两类进口国的制造业全球价值链参与度总体呈上升趋势，与价值链生产网络上的跨国公司联系愈加紧密，进一步深化了"你中有我、我中有你"的国际分工局面。其次，制造业全球价值链参与度均在 2009 年呈现小幅度下降，之后又回归上升趋势，即 2008 年金融危机给全球制造业全球价值链参与度造成了负向冲击。最后，低技术含量中间投入品进口国的制造业全球价值链参与度略微高于高技术含量中间投入品进口国，出现这一现象的原因可能是，低技术含量中间投入品进口国大多为发展中国家，基于低技术含量中间投入品易被学习的特点，进口国能以低成本优势承接较低技术水平的生产环节，更受到发达国家跨国公司的青睐，从而进一步嵌入价值链。

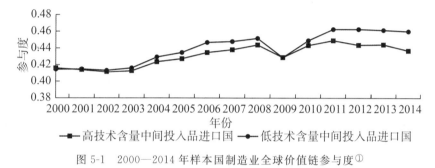

图 5-1　2000—2014 年样本国制造业全球价值链参与度[①]

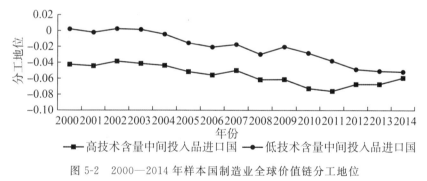

图 5-2　2000—2014 年样本国制造业全球价值链分工地位

图 5-2 表明：整体而言，两类进口国的制造业全球价值链分工地位呈现下降趋势，这表明面对激烈的国际竞争局面，各国的全球价值链分工地位均有向下游调整趋势。此外，从折线高低来看，高技术含量中间投入品进口国的制造业全球价值链分工地位均值小于低技术含量中间投入品进口国，这在一定程度上说明进口高技术含量中间投入品对全球价值链分工地位的负向作用大于其正向作用，当然这仅仅是无条件相关的描述性统计

---

① 高技术含量中间投入品进口国是指 2000—2014 年中间投入品进口技术含量均值位列样本国前 20 的国家，其余样本国则认定为低技术含量中间投入品进口国。中间投入品进口技术含量为第三章测度所得结果。

分析,后文将用更为科学的计量方法进行分析。

第二节 中间投入品进口技术含量对全球价值链嵌入影响的实证检验

一、计量模型的设定与控制变量的选择

本章自变量是制造业中间投入品进口技术含量,因变量是制造业各亚产业全球价值链参与度与分工地位,构建计量模型如下:

$$GVC\_Pa_{itk} = \beta_0 + \beta_1 PROD_{it} + \beta Control + \lambda_t + \lambda_i + \varepsilon_{itk} \qquad (5-3)$$

$$GVC\_Po_{itk} = \beta_0 + \beta_1 PROD_{it} + \beta Control + \lambda_t + \lambda_i + \varepsilon_{itk} \qquad (5-4)$$

其中,i、k、t 分别表示国家、制造业亚产业、时间。被解释变量 GVC_Pa_{ikt} 为 i 国 t 年份 k 制造业亚产业的全球价值链参与度,GVC_Po_{ikt} 表示 i 国 t 年份 k 制造业亚产业的全球价值链分工地位。解释变量 $PROD_{it}$ 为 i 国 t 年份制造业的中间投入品进口技术含量,实证中以自然对数表示。Control 为控制变量,我们选取既能反映国别特征和产业特征,又可能对制造业全球价值链嵌入产生影响的变量作为控制变量,具体包括:外商直接投资(FDI),以外商直接投资占 GDP 的比重衡量;制度环境(INS),以标准化后的全球治理指数六个指标(政府效率、政治稳定和非暴力、腐败控制、法治、监管质量、话语权和问责)的均值度量;经济效率(XL),以每千克石油产生 GDP 的自然对数表示;产业资本产出比(KO),以各细分产业资本投入占总产出的比重表示;税收水平(TAX),以总税赋收入占 GDP 的比重表示;劳动生产率(LAB),以各亚产业增加值与劳动雇员的占比衡量。

中间投入品进口技术含量(PROD)和制造业全球价值链相关指标(GVC_Pa_{ikt}、GVC_Po_{ikt})的计算数据均来自 WIOD,其提供了 43 个主要国家、56 个产业(19 个制造业亚产业)的投入产出数据,时间横跨 2000—2014 年,其中,国内外增加值是通过 Matlab 2019a 软件进行大型矩阵运算分解求得的。外商直接投资、经济效率、税收水平和劳动生产率的数据均来自世界银行;制度环境数据来源于全球治理指数(WGI)数据库;产业资本产出比数据来自 WIOD 社会经济账户数据库。

二、基准模型检验

表 5-1 报告了基准回归的估计结果。列(1)—(3)为中间投入品进口技术含量影响制造业全球价值链参与度的估计结果。其中,列(1)是仅包含中间投入品进口技术含量核心解释变量的估计结果,中间投入品进口技

术含量的估计系数显著为正，且通过了 1% 的显著性检验，这表明进口高技术含量中间投入品提高了制造业参与全球价值链分工的程度，有利于企业融入全球价值链分工体系。在此基础上，列（2）—（3）逐步加入控制变量后，中间投入品进口技术含量的回归结果依然显著为正，中间投入品进口技术含量的估计系数符号并未发生改变，只是估计系数值的大小产生了微小差异，这证实了假说 4 的正确性。

表 5-1　基准回归估计结果

变量	参与度			分工地位		
	(1)	(2)	(3)	(4)	(5)	(6)
PROD	0.1713*** (11.6815)	0.1086*** (8.6885)	0.1617*** (12.1059)	−0.0827*** (−5.1079)	−0.0734*** (−4.1303)	−0.1366*** (−6.7873)
FDI		0.0020*** (26.2175)	0.0016*** (22.2262)		−0.0023*** (−21.2966)	−0.0020*** (−18.7352)
INS		0.0059 (0.0951)	−0.9600*** (−14.3628)		0.1661* (1.8922)	−0.0778 (−0.7724)
LAB		−0.0045*** (−13.0770)	−0.0030*** (−8.3991)		0.0049*** (10.0179)	0.0027*** (4.9944)
KO			−0.0092*** (−6.7458)			0.0143*** (6.9425)
TAX			0.4509*** (33.2440)			−0.1238*** (−6.0582)
XL			−0.0011*** (−3.3256)			0.0064*** (12.3661)
C	−1.3179*** (−8.9086)	−0.6314*** (−5.2023)	−1.0688*** (−8.1997)	0.8153*** (4.9911)	0.6425*** (3.7240)	1.3112*** (6.6751)
时间	Y	Y	Y	Y	Y	Y
国家	Y	Y	Y	Y	Y	Y
R^2	0.3447	0.4651	0.5164	0.3497	0.3899	0.4016
N	11400	10859	9791	11400	10859	9791

注：括号内为 t 值，*、**、*** 分别代表在 10%、5% 和 1% 的显著性水平上显著。

列（4）—（6）为中间投入品进口技术含量影响制造业全球价值链分工地位的估计结果。同样在逐步加入控制变量后，中间投入品进口技术含量的估计系数显著为负，均通过了 1% 的显著性检验，出现这一现象的主要原因可能是：首先，进口国企业往往以"降低成本—提高产品竞争力"为导向，当本土市场无法满足其需求时，将目光转向海外市场以进口高技术含量中间投入品，久而久之，国内长期形成的代工环境会对一国制造业研发创新活动产生不利冲击,来自进口来源国的前沿技术和生产力要素的挤出效应会抑制进口国制造业全球价值链分工地位的提升。其次,高技术含量中间投入品进口往往会对国内高技术附加值环节和高分工地位环节产生直接的负向冲击,从而造成附加值生产环节的低端锁定,以及中间投入品进口技术含量过高致使进口国陷入有技术却消化不了的窘境。最后,进口国"邯郸学步"式的简单模仿将不利于该国企业创新能力提升(刘洋和应瑛,2016),甚至可能造成效率降低。不同于进口中间投入品的种类或数量,中间投入品内嵌技术本身具有其特性,导致高技术含量中间投入品进口的抑制作用大于其促进作用,因而总的来说,中间投入品进口技术含量对制造业全球价值链分工地位产生了负向作用,据此假说 3 得到验证。

综上可知,高技术含量中间投入品进口容易导致制造业全球价值链呈现出高参与度、低分工地位之态势。一方面,高参与度意味着国际生产网络环环相扣,中间投入品进口可能会使得嵌入全球价值链分工体系的企业对全球价值链生产模式更为依赖,从而提高其参与度;另一方面,制造业嵌入全球价值链低端环节使一国容易遭受国际大买家和跨国公司"卡脖子"威胁,核心零部件难以自给自足,而将自己局限于低技术含量、低附加值的低端分工地位,甚至遭受断供冲击造成的巨大损失。因此,高技术含量中间投入品进口是一把"双刃剑",一味地进口高技术含量中间投入品容易引致负向效应,进口国不仅没有提升全球价值链分工地位,反而陷入高参与度、低分工地位的被动局面,使得发展中国家在抵御外部冲击、提升全球价值链分工地位层面承受的压力更大。

三、多维稳健性检验

我们采用两种方法以检验基准模型的稳健性:一类是工具变量法,另一类是纳入多维固定效应。

(一)工具变量法

借鉴施炳展和游安南(2021)、张杰等(2011)和 Lewbel(1997)的方法,我们以(中间投入品进口技术含量-中间投入品进口技术含量的均值)[3]作为中间投入品进口技术含量指标的工具变量,利用两阶段最小二乘法进行回归,并对所选择的工具变量进行 LM 检验和 CD 检验。表 5-2 的列(1)—(3)和列(4)—(6)分别报告了中间投入品进口技术含量对制造业全球价值链参与度和分工地位的估计结果,结果均显示工具变量是有效的。列(1)—(3)显示,中间投入品进口技术含量的回归估计结果均在 1% 显著性水平上显著为正，列(4)—(6)则表明核心解释变量的回归估计结果均显著为负，可见，本章核心结论依然稳健成立。

表 5-2　基于工具变量的回归结果

变量	参与度			分工地位		
	(1)	(2)	(3)	(4)	(5)	(6)
PROD	0.1959*** (10.3615)	0.1107*** (6.7244)	0.2265*** (11.7521)	−0.0867*** (−4.1557)	−0.0448* (−1.9119)	−0.1722*** (−5.9336)
FDI		0.0020*** (26.1299)	0.0015*** (21.4348)		−0.0023*** (−21.4124)	−0.0020*** (−18.3821)
INS		0.0020 (0.0310)	−1.0433*** (−15.0912)		0.1134 (1.2313)	−0.0321 (−0.3083)
LAB		−0.0045*** (−12.8833)	−0.0035*** (−9.3216)		0.0047*** (9.4710)	0.0029*** (5.2721)
KO			−0.0087*** (−6.3152)			0.0140*** (6.7793)
TAX			0.4614*** (33.5851)			−0.1296*** (−6.2664)
XL			−0.0019*** (−4.9850)			0.0069*** (11.9478)
C	−1.4134*** (−7.7572)	−0.5307*** (−3.5093)	−1.5036*** (−8.4162)	0.7100*** (3.5297)	0.2262 (1.0519)	1.4870*** (5.5292)
时间	Y	Y	Y	Y	Y	Y
国家	Y	Y	Y	Y	Y	Y
R^2	0.3445	0.4651	0.5152	0.3497	0.3898	0.4014
N	11400	10859	9791	11400	10859	9791

注：括号内为 t 值，*、**、*** 分别代表在 10%、5% 和 1% 的显著性水平上显著。

(二)纳入多维固定效应

借鉴戴翔和宋婕(2021)的做法，我们在前文的 OLS 固定效应模型基础上，进一步加入国家时间交互固定效应(国家固定效应与时间固定效应交叉项)以控制国家层面随时间变化的不可观测效应。该稳健性检验结果如表 5-3 所示，可以看出与前文实证结果相比，中间投入品进口技术含量的估计系数及其显著性检验结果均与上文一致，这进一步支持了高技术含量中间投入品进口提高制造业全球价值链参与度以及抑制制造业全球价值链分工地位攀升的结论。

表 5-3 纳入多维固定效应回归结果

变量	参与度			分工地位		
	(1)	(2)	(3)	(4)	(5)	(6)
PROD	0.1713*** (11.5713)	0.1087*** (8.6201)	0.1618*** (12.0011)	−0.0827*** (−5.0626)	−0.0735*** (−4.1010)	−0.1370*** (−6.7392)
FDI		0.0020*** (25.9970)	0.0016*** (22.0212)		−0.0023*** (−21.0880)	−0.0020*** (−18.5418)
INS		0.0055 (0.0876)	−0.9585*** (−14.2105)		0.1662* (1.8753)	−0.0820 (−0.8059)
LAB		−0.0045*** (−12.9887)	−0.0030*** (−8.3113)		0.0049*** (9.9532)	0.0027*** (4.9752)
KO			−0.0092*** (−6.6084)			0.0139*** (6.6284)
TAX			0.4510*** (32.9548)			−0.1240*** (−6.0081)
XL			−0.0012*** (−3.3057)			0.0064*** (12.2461)
C	−1.3179*** (−8.8246)	−0.6317*** (−5.1617)	−1.0697*** (−8.1326)	0.8153*** (4.9468)	0.6438*** (3.6977)	1.3155*** (6.6331)
时间	Y	Y	Y	Y	Y	Y
国家	Y	Y	Y	Y	Y	Y
时间 * 国家	Y	Y	Y	Y	Y	Y
R^2	0.3478	0.4695	0.5211	0.3535	0.3940	0.4068
N	11400	10859	9791	11400	10859	9791

注：括号内为 t 值，*、**、***分别代表在10%、5%和1%的显著性水平上显著。

四、动态性检验

如今国际分工、全球价值链生产网络已高度成熟，全球价值链链主多为从事研发设计、品牌营销等高附加值环节的发达国家或跨国公司，制衡着处于劣势地位的发展中国家，那么中间投入品进口技术含量对制造业全球价值链参与度和分工地位的影响是否会随着时间的推移而发生变化呢？为回答上述问题，在前文的基础上，我们进一步纳入中间投入品进口技术含量的滞后1—4期，以刻画二者的动态性作用机制。

表 5-4 报告了动态性检验结果，可知，中间投入品进口技术含量的1—4期滞后项的估计结果及显著性水平均未发生明显的逆化现象，这说明中间投入品进口技术含量对制造业全球价值链参与度和分工地位的影响机制

表 5-4　动态性检验结果

变量	参与度				分工地位			
	(1)	(2)	(3)	(4)	(5)	(6)	(7)	(8)
L1.PROD	0.1791*** (12.2645)				-0.1326*** (-5.9650)			
L2.PROD		0.1874*** (12.2668)				-0.1259*** (-5.3891)		
L3.PROD			0.1890*** (11.7522)				-0.1174*** (-4.7585)	
L4.PROD				0.1897*** (11.1787)				-0.1082*** (-4.1476)
FDI	0.0016*** (21.9644)	0.0016*** (20.9686)	0.0015*** (19.7896)	0.0014*** (18.9753)	-0.0020*** (-17.8920)	-0.0019*** (-17.1993)	-0.0019*** (-16.4078)	-0.0019*** (-16.1836)
INS	-1.1232*** (-15.7992)	-1.2228*** (-16.0209)	-1.2054*** (-15.0588)	-1.1970*** (-14.1446)	0.0781 (0.7209)	0.1439 (1.2323)	0.1578 (1.2850)	0.1834 (1.4091)
LAB	-0.0031*** (-8.1137)	-0.0032*** (-8.1076)	-0.0034*** (-7.9532)	-0.0035*** (-7.8856)	0.0033*** (5.6856)	0.0035*** (5.7931)	0.0037*** (5.6658)	0.0037*** (5.3559)
KO	-0.0104*** (-7.3504)	-0.0112*** (-7.7354)	-0.0118*** (-8.0055)	-0.0123*** (-8.1567)	0.0142*** (6.5881)	0.0141*** (6.3644)	0.0137*** (6.0544)	0.0129*** (5.5789)
TAX	0.4744*** (32.7426)	0.4840*** (32.0161)	0.4835*** (30.5698)	0.4847*** (29.2134)	-0.1502*** (-6.8072)	-0.1558*** (-6.7361)	-0.1557*** (-6.4153)	-0.1554*** (-6.0905)
XL	-0.0011*** (-3.1338)	-0.0011*** (-2.9133)	-0.0011*** (-2.9336)	-0.0012*** (-2.9658)	0.0063*** (11.4359)	0.0061*** (10.7255)	0.0058*** (10.0142)	0.0056*** (9.3799)

续表

变量	参与度				分工地位			
	(1)	(2)	(3)	(4)	(5)	(6)	(7)	(8)
C	-1.1664*** (-8.0531)	-1.2321*** (-8.1628)	-1.2589*** (-7.8894)	-1.2482*** (-7.4878)	1.1112*** (5.0376)	1.0291*** (4.4577)	0.9462*** (3.8653)	0.8396*** (3.2754)
时间	Y	Y	Y	Y	Y	Y	Y	Y
国家	Y	Y	Y	Y	Y	Y	Y	Y
R^2	0.5170	0.5138	0.5075	0.5062	0.4015	0.3987	0.3949	0.3952
N	8523	7889	7255	6621	8523	7889	7255	6621

注：括号内为t值，*、**、***分别代表在10%、5%和1%的显著性水平上显著。

在动态性检验中依旧成立。随着时间的动态推移,进口高技术含量中间投入品在长时间内有利于企业参与全球价值链分工,但进口过高技术含量中间投入品引致的挤出效应和低端锁定影响依旧远大于知识溢出、技术创新等正向效应,从而抑制进口国制造业全球价值链地位攀升。

五、不同技术吸收能力的调节效应分析

技术吸收能力不足可能会使一国面临较高的犯错可能性,令其嵌入全球价值链的低端生产环节(吕越等,2017)。为了剖析不同技术吸收能力对进口高技术含量中间投入品与制造业全球价值链分工产生的调节效应,我们分别选取人力资本(hc)、金融发展效率(fin)和知识产权保护(ipr)指标作为衡量技术吸收能力的变量。在指标衡量上,人力资本指标为劳动者中受过高等教育者的比重,数据来源于世界银行数据库;借鉴齐俊妍和王晓燕(2016),金融发展效率指标以 PRIV(存款货币银行或其他金融机构对私人信贷部门贷款/GDP)衡量,数据来自世界银行数据库;知识产权保护指标则借鉴杨珍增和刘晶(2018)的有效知识产权保护指数,该指数较为准确地反映了各国专利保护实际水平的差异。

表 5-5 列(1)—(4)和(5)—(9)分别报告了技术吸收能力异质性对中间投入品进口技术含量与制造业全球价值链参与度和分工地位的调节作用机制。列(2)—(4)结果均表明,人力资本、金融发展效率以及知识产权保护对二者产生了正向调节效应,这意味着进口国人力资本水平越高,金融发展效率越高,知识产权保护制度越完善,其进口高技术含量中间投入品的全球价值链参与度提升效应越显著。表 5-5 列(6)—(7)为人力资本的调节估计结果,列(6)显示中间投入品进口技术含量与人力资本交互项的估计系数显著为负,这一现象发生的原因是:人力资本的调节效应可能存在一个门槛值,在达到门槛值之前,本国企业吸收消化国外前沿技术的能力有限,并不能对二者产生正向调节效应;越过门槛值后,伴随着企业吸收技术能力的强化,国家抵御进口高技术含量中间投入品负向冲击的能力提升。为了考察这一效应,我们在原本模型基础上引入人力资本的二次项,并与中间投入品进口技术含量构成交互项。列(7)显示,人力资本二次项交互项的估计系数显著为正,而人力资本交互项的系数显著为负,均通过了 1% 的显著性检验,说明人力资本对中间投入品进口技术含量与制造业全球价值链分工地位的调节影响为 U 形关系,存在人力资本门槛值,只有跨过门槛值后,随着一国人力资本水平提升,其学习并吸收高技术含量中间投入品生产技术的能力增强,抵御进口高技术含量中间投入品引致的

表5-5 不同技术吸收能力的调节效应

变量	参与度						分工地位		
	(1)	(2)	(3)	(4)	(5)	(6)	(7)	(8)	(9)
PROD	0.1617*** (12.1059)	0.0465 (0.7818)	0.2678*** (18.3654)	0.0256 (0.6614)	-0.1366*** (-6.7873)	0.0135 (0.1516)	3.0214*** (2.6063)	-0.2207*** (-9.6327)	-0.4405*** (-7.6057)
hc		-1.7166** (-2.3849)				2.1251** (1.9661)	73.8595** (2.5271)		
PROD * hc		0.1503** (2.1121)				-0.1903* (-1.7801)	-8.0449*** (-2.7877)		
hc²							-46.6555** (-2.5665)		
PROD * hc²							5.0939*** (2.8367)		
fin			-0.2899*** (-5.2041)					-0.3566*** (-4.0743)	
PROD * fin			0.0226*** (4.1011)					0.0379*** (4.3697)	
ipr				-0.6136*** (-6.3109)					-0.5496*** (-3.7760)
PROD * ipr				0.0564*** (5.7618)					0.0605*** (4.1336)
FDI	0.0016*** (22.2262)	0.0015*** (21.3006)	0.0012*** (17.6538)	0.0015*** (20.7939)	-0.0020*** (-18.7352)	-0.0019*** (-18.2187)	-0.0018*** (-17.2112)	-0.0019*** (-17.2179)	-0.0018*** (-16.8739)

续表

变量	参与度					分工地位			
	(1)	(2)	(3)	(4)	(5)	(6)	(7)	(8)	(9)
INS	-0.9600***	-0.9489***	0.1588**	-0.2660***	-0.0778	-0.0337	0.0427	-0.4050***	-1.0886***
	(-14.3628)	(-14.2611)	(2.1518)	(-3.0257)	(-0.7724)	(-0.3372)	(0.4298)	(-3.4939)	(-8.2718)
LAB	-0.0030***	-0.0039***	-0.0029***	-0.0019***	0.0027***	0.0063***	0.0054***	0.0028***	0.0016***
	(-8.3991)	(-9.4731)	(-8.2867)	(-4.7935)	(4.9944)	(10.1318)	(8.6055)	(5.0951)	(2.7146)
KO	-0.0092***	-0.0084***	-0.0118***	-0.0106***	0.0143***	0.0145***	0.0142***	0.0144***	0.0081***
	(-6.7458)	(-5.9765)	(-8.9654)	(-6.8609)	(6.9425)	(6.8531)	(6.7489)	(6.9744)	(3.4925)
TAX	0.4509***	0.4938***	0.4387***	0.4743***	-0.1238***	-0.1899***	-0.1905***	-0.1467***	-0.1451***
	(33.2440)	(35.2195)	(33.4369)	(32.9599)	(-6.0582)	(-9.0205)	(-9.1146)	(-7.1167)	(-6.7345)
XL	-0.0011***	-0.0010***	-0.0011***	-0.0014***	0.0064***	0.0067***	0.0068***	0.0053***	0.0073***
	(-3.3256)	(-2.7677)	(-3.2253)	(-3.6063)	(12.3661)	(12.2186)	(12.4268)	(9.8026)	(12.7288)
C	-1.0688***	0.2522	-2.2975***	0.3050	1.3112***	-0.4094	-27.7904**	2.2129***	4.3812***
	(-8.1997)	(0.4200)	(-15.8559)	(0.7908)	(6.6751)	(-0.4540)	(-2.3662)	(9.7200)	(7.5880)
时间	Y	Y	Y	Y	Y	Y	Y	Y	Y
国家	Y	Y	Y	Y	Y	Y	Y	Y	Y
R^2	0.5164	0.5231	0.5587	0.5309	0.4016	0.4231	0.4330	0.4059	0.4186
N	9791	8938	9645	8654	9791	8938	8938	9645	8654

注：括号内为t值，*、**、***分别代表在10%、5%和1%的显著性水平上显著。

负向冲击能力才会增强。考虑金融发展效率的调节估计结果见表5-5列(8),中间投入品进口技术含量与金融发展效率交互项的估计系数显著为正,这表明金融发展效率较高的国家,会弱化进口高技术含量中间投入品抑制制造业全球价值链分工地位提升的效应[结合列(3)和(8)来看]。列(9)的估计结果表明,中间投入品进口技术含量与知识产权保护指标交互项的估计系数亦显著为正,良好的知识产权保护制度有助于激发企业的研发动力,吸引更多跨国公司投资,加速技术转移,从而削弱进口高技术含量中间投入品带来的抑制作用[综合列(4)和(9)的结果]。上述估计结果表明,较强的技术吸收能力能弱化原有的抑制机制,其为技术转移提供的"温床"能培植企业嵌入全球价值链的动力,从而为优化高技术含量中间投入品进口对全球价值链参与度和分工地位的作用机制提供有益参考。

第三节 高技术含量中间投入品进口与后发国劣势固化

进口高技术含量中间投入品对制造业全球价值链参与度和分工地位造成了深远的影响,使得进口国制造业全球价值链陷入高参与度、低分工地位的困境,尤其对以劳动密集型产业为竞争优势的发展中国家不利。因此我们更关心的是,在开放经济下,以进口高技术含量中间投入品方式嵌入全球价值链生产网络可能导致本国企业遭受国际大买家或跨国公司的"卡脖子"风险,被低端锁定在微利化、低附加值生产环节,那么该形式是否会引起国外生产要素对本国要素的挤出效应,令本国企业丧失自主创新的动力,从而使得后发国劣势固化呢?此部分进一步探讨进口高技术含量中间投入品是否会导致后发国劣势固化及其可能原因。吕越等(2018)认为,中间投入品进口贸易与企业自主研发存在显著替代关系,会促使企业过度依赖进口中间投入品。本部分借鉴陈晓华等(2021),以WIOD投入产出表中各国制造业所使用他国中间投入品与中间投入品总消耗之比来衡量制造业中间投入品进口依赖。研发人员和资本投入分别是提升一国技术创新水平的主体和配套资源,因此,我们采用物质资本和研发人员全时当量两个指标以衡量本国研发要素。不同于以往研究多采用研发人员数量,研发人员全时当量更能反映一国自主创新人力投入规模。制造业物质资本数据来源于WIOD,研发人员全时当量数据来源于联合国科教文组织的科学技术与创新数据库。

表5-6报告了进口高技术含量中间投入品对中间投入品进口依赖和研发要素作用机制的估计结果。列(1)—(2)的进口高技术含量中间投入品估计系数为正,且均通过了1%的显著性检验,说明进口高技术含量中

表 5-6 进口高技术含量中间投入品与后发国劣势固化

变量	中间投入品进口依赖		物质资本		研发人员全时当量	
	(1)	(2)	(3)	(4)	(5)	(6)
PROD	0.2790*** (8.4644)	0.3275*** (11.4670)	-2.6934*** (-8.1767)	-2.9740*** (-9.9581)	-0.6125** (-2.3058)	-0.7138*** (-2.6872)
FDI	0.0046*** (26.1743)	0.0046*** (30.0318)	-0.0196*** (-11.1400)	-0.0192*** (-12.0703)	-0.0217*** (-17.1080)	-0.0215*** (-17.0448)
INS	0.4580*** (2.7785)	0.4949*** (3.4636)	-9.6160*** (-5.8398)	-7.6375*** (-5.1136)	34.5973*** (26.3426)	34.9011*** (26.5954)
LAB	-0.0069*** (-7.9210)	-0.0112*** (-14.6302)	1.1237*** (129.8506)	1.1668*** (145.6037)	0.2405*** (33.3586)	0.2496*** (33.9104)
KO	-0.0245*** (-7.4533)	-0.0076*** (-2.5987)	0.6905*** (21.0460)	0.7801*** (25.4806)	-0.0892*** (-3.5189)	-0.0774*** (-2.9739)
TAX	0.7218*** (21.5518)	0.7231*** (24.9422)	-11.6004*** (-34.6809)	-11.4118*** (-37.6600)	-9.2724*** (-31.4974)	-9.2556*** (-31.5009)
XL	-0.0030*** (-3.5380)	-0.0035*** (-4.7019)	0.0075 (0.8754)	0.0112 (1.4453)	0.0298*** (4.3951)	0.0312*** (4.6132)
C	-2.5749*** (-8.0040)	-3.0273*** (-10.8640)	26.6036*** (8.2744)	28.4246*** (9.7533)	9.5004*** (3.6608)	10.3374*** (3.9848)
时间	Y	Y	Y	Y	Y	Y
国家	N	Y	N	Y	N	Y
R^2	0.1895	0.3942	0.7107	0.7632	0.2539	0.2589
N	9791	9791	9781	9781	8475	8475

注：括号内为t值，*、**、***分别代表在10%、5%和1%的显著性水平上显著。

间投入品将会加剧制造业中间投入品进口依赖,不利于本国中间投入品生产能力的提升。列(3)—(6)显示,进口高技术含量中间投入品对物质资本和研发人员全时当量均产生了抑制作用,不利于企业开展研发创新活动,可见中间投入品进口技术含量越高,意味着国外前沿生产要素对国内研发要素的替代效应越大,容易使企业产生技术创新上的惰性,丧失自主研发创新的动力,从而使高技术含量中间投入品市场份额进一步被蚕食。综合来看,先发国已形成较为合理的经济结构,能够从容地完善各方面的制度,在抵御高技术含量中间投入品进口负向效应方面具有先发优势,可发挥相应的经济政策对资本积累和研发人员投入的促进作用。然而后发国由于自身发展能力不足,加之内外部各种问题错综复杂,难以自主地掌控经济发展策略,以应对资本积累不足和研发人员投入减少的风险,加剧了后发国对国外中间投入品的进口依赖,导致后发国全球价值链低端锁定,造成后发国劣势固化。

第四节　本章小结

本章从多维视角细致剖析了中间投入品进口技术含量对制造业全球价值链嵌入的影响机制,还进一步刻画了不同技术吸收能力对二者的异质性调节作用。得到的结论主要有:一是高技术含量中间投入品进口提高了进口国制造业全球价值链参与度,但抑制了制造业全球价值链分工地位的提升,这一机制在基准回归、多维稳健性检验以及动态性检验中均稳健存在,这表明进口高技术含量中间投入品容易导致进口国制造业陷入“高参与度、低分工地位”的困境,易遭受外部冲击影响和全球价值链链主“卡脖子”风险。二是调节效应分析表明,技术吸收能力的差异会左右中间投入品进口技术含量对制造业全球价值链参与度和分工地位的作用效果,即一国技术吸收能力越强,高技术含量中间投入品进口越能促进其参与全球价值链,对制造业全球价值链升级的阻碍作用越弱。其中,对于全球价值链分工地位而言,人力资本表现出 U 形的调节效应机制,只有跨过人力资本门槛值,企业才能有效吸收国外前沿技术。因此,提升技术吸收能力和扩大人力资本规模可成为本土高技术含量中间投入品生产能力和制造业全球价值链参与度、分工地位协同优化的重要支撑。三是进口高技术含量中间投入品会加剧中间投入品进口依赖,抑制进口国物质资本积累和研发人员规模扩大,而物质资本和研发人员是全球价值链分工地位攀升的要素支撑,因此会固化进口国的后发劣势,甚至使其陷入低端锁定的窘境。上述结论还表明:高技术含量中间投入品进口是一把“双刃剑”,短期内,高技术含量中间投入品进口会对最终品技术含量产生正向提升作用，进而促进一国最终品的国际竞争优势加强和出口规模扩大，但长期而言，过度依赖国外高技术含量中间投入品会对本国国际分工地位和要素积累产生不良冲击，导致低端锁定和劣势固化，而破解"双刃剑"负向效应的关键在于提升本土高技术含量中间投入品的生产能力，实现高技术含量中间投入品生产的自立自强。

第六章　高技术含量中间投入品进口依赖
与制造业资本回报率

　　改革开放以来,中国经济取得了长足的进步,建立了门类齐全、独立完整的产业体系,但制造业发展仍存在以下两点不足:一是高技术含量中间投入品生产能力偏弱,无法与世界第二大经济体的地位相匹配,中国经济增长具有显著的外力依赖型赶超特征(刘慧等,2020),经济增长"核心基因"的生产能力偏弱,核心设备、中间投入品和零部件长期有赖于进口(黄先海和宋学印,2017;刘慧等,2020),如芯片设计领域的四大基础架构(X86、ARM、RISC-V和MIPS)均依赖国外跨国公司,手机APP产品多依赖苹果和安卓操作系统。高技术含量中间投入品供给能力偏弱不仅使得中国经济频频遭受发达国家"卡脖子"冲击和"天花板"冲击,甚至有陷入"高端回流发达国家,低端被发展中国家侵蚀"的比较优势真空风险(诸竹君等,2018)。二是中国经济增长严重依赖具有粗放型增长特征的"高投入、低产出"模式(邹薇和袁飞兰,2018),这在一定程度上导致资本要素回报率持续偏低(杨君等,2018),不仅使得资本要素的活力难以充分激发,还使经济增长呈现出低水平循环。在人口红利逐步消失和环境压力持续加大的背景下,"高投入、低产出"的增长模式不仅举步维艰(刘慧等,2019),还与我国提升经济增长质量与效益的发展战略格格不入。

　　高技术含量中间投入品进口依赖、资本回报率偏低及高技术含量产业会对资本回报率产生影响的研究结论(杨君等,2018;刘慧等,2019),使得我们不禁产生了如下疑惑:高技术含量中间投入品进口会对资本回报率产生什么样的影响? 其是否会抑制资本回报率提升? 高技术含量中间投入品不仅有助于提升产业国际竞争力和增长质量,还是制造业全球价值链分工地位攀升、生产技术水平和生产效率提升的重要"助推剂"(Markusen et al.,2005;刘慧等,2020)。资本回报率适度提升既是激发资本要素活力、倒逼企业技术创新和推动要素资源投入结构优化的重要工具(杨君等,2018),也是经济增长质量和要素资源配置效率提升的重要标志,更是中国突破粗放型增长瓶颈的必由之路。在全球化日益深入的今天,虽然高技术含量中间投入品进口对中国产生了各种制约和冲击,但中国仍无法与国外高技术含量中间投入品完全"脱钩"(裴长洪和刘斌,2019),未来还需大量进口国外高技术含量中间投入品。因此,深入剖析上述问题能为中国补齐高技术含量中间投入品短板和走出资本要素回报率偏低困境提供一定的启示。

第一节　资本回报率的测度与分析

资本回报率既是激发资本活力的重要工具,也是资本要素高效率配置的标志(黄先海等,2012;刘慧等,2019)。因此,学界对资本回报率进行了大量而深入的分析。然而这一领域的研究一直存在一大遗憾,即跨国产业层面资本回报率研究相对较少。为弥补上述缺憾,我们基于王开科等(2020)关于资本回报率基本原理的阐述和数据的可获得性,以 WIOD 中产业资本回报额(capital compensation)与该产业资产存量总额(capital stock)之比作为资本回报率的刻画指标,从跨国层面测度各国制造业和服务业各亚产业的资本回报率。

表 6-1 报告了 2000—2014 年异质性产业和资本回报率测度结果的均值。首先,整体而言,各样本国资本回报率呈现出先上升后下降的趋势,资本回报率从 2000 年的 0.140079 逐步上升到了 2007 年的0.150423,而后又下降至 2014 年的 0.134853,即 2008 年金融危机过后资本回报率的下降趋势较为明显,这在一定程度上表明金融危机给资本回报率带来了负向的冲击。其次,服务业的资本回报率高于制造业的资本回报率,这一结果表明:提升服务业在经济中的占比和制造业服务化可以成为提升资本回报率的重要途径。再次,发达国家的资本回报率略低于发展中国家,这一现象出现的原因可能在于:发达国家的资本丰裕度往往高于发展中国家,根据边际递减规律,资本丰裕度较高的经济体,其资本回报率往往相对较低,因此发达国家资本回报率略低。值得一提的是:中国的资本回报率不仅低于发展中国家,还低于发达国家,相比发达国家,中国的资本丰裕度并不高,而中国的资本回报率却低于发达国家。由此可见,中国的资本配置效率远低于发达国家,从而导致中国出现要素丰裕度不高与资本回报率偏低共存的尴尬局面。最后,高技术含量中间投入品进口国资本回报率均值低于低技术含量中间投入品进口国的资本回报率,这在一定程度上表明:进口高技术含量中间投入品不利于资本回报率的提升,即高技术含量中间投入品进口对资本回报率所产生的抑制效应大于促进效应。当然这仅仅是无条件相关的结论,后文将借助更为细致的计量方法进行解析。

表6-1 2000—2014年异质性产业和经济体资本回报率均值①

年份	整体	制造业	服务业	中国	发达国家	发展中国家	低技术含量中间投入品进口国	高技术含量中间投入品进口国
2000	0.140079	0.125820	0.257015	0.122375	0.141604	0.145482	0.144107	0.136051
2001	0.138626	0.125211	0.252565	0.123858	0.138768	0.145407	0.143328	0.133923
2002	0.142006	0.128930	0.254993	0.123074	0.138928	0.152339	0.150130	0.133883
2003	0.143861	0.131429	0.254726	0.120019	0.139079	0.156074	0.153422	0.134299
2004	0.145885	0.132737	0.262249	0.117095	0.140464	0.158871	0.156114	0.135656
2005	0.146418	0.134526	0.258044	0.114301	0.138825	0.161711	0.158389	0.134447
2006	0.148356	0.136520	0.259960	0.112209	0.139201	0.165387	0.161195	0.135518
2007	0.150423	0.138914	0.263963	0.111817	0.140504	0.168360	0.162820	0.138027
2008	0.143477	0.134094	0.240695	0.109223	0.134882	0.159675	0.155096	0.131857
2009	0.134335	0.126641	0.207143	0.109069	0.125394	0.150439	0.145533	0.123136
2010	0.137196	0.127750	0.223780	0.105787	0.129125	0.152530	0.148678	0.125713
2011	0.138110	0.127746	0.235317	0.108324	0.129470	0.154088	0.150542	0.125678
2012	0.135814	0.126578	0.226125	0.113384	0.126804	0.152065	0.149903	0.121725
2013	0.135764	0.126796	0.226766	0.115967	0.127243	0.151499	0.149004	0.122535
2014	0.134853	0.125900	0.227195	0.118130	0.127537	0.149277	0.147370	0.122335

① 高技术含量中间投入品进口国为42个样本国中，2000—2014年服务型中间投入品进口技术含量均值排名前21的国家，而其余国家为低技术含量中间投入品进口国。此外，本书测度了WIOD中制造业（C5—C23）和服务业（C24—C56）的资本回报率，整体为所有行业的平均资本回报率。

虽然表 6-1 中高低技术含量中间投入品进口国资本回报率的差异在一定程度上刻画了高技术含量中间投入品进口与资本回报率的关系,但尚无学者对二者的机制进行经验分析,为避免缺乏长期均衡关系的伪回归现象出现,我们运用 KAO-ADF 检验对二者的长期关系进行检验。表 6-2 报告了相应的检验结果,整体层面 KAO-ADF 检验的统计量为 -4.13994,通过了 1% 的显著性检验,制造业和服务业资本回报率与中间投入品进口技术含量 KAO-ADF 检验的统计量分别为 -4.11094 和 -4.32069,均通过了 1% 的显著性检验,这表明资本回报率与中间投入品进口技术含量具有长期的均衡关系,排除了伪回归的可能性。

表 6-2　中间投入品进口技术含量与资本回报率的长期均衡关系检验结果

检验方法	整体回报率		制造业回报率		服务业回报率	
	统计量	概率	统计量	概率	统计量	概率
KAO-ADF	-4.13994	0.0000	-4.11094	0.0000	-4.32069	0.0000

第二节　高技术含量中间投入品进口对资本回报率影响的实证检验

一、计量模型的设定与控制变量的选择

本章的主要目的是刻画高技术含量中间投入品进口对资本回报率的作用机制,因此,被解释变量为各国产业的资本回报率(HBL),被解释变量细化到 WIOD 统计标准的亚产业层面。解释变量为各国中间投入品进口技术含量(PROD),实证中以前文测度结果的自然对数表示。为此,我们构建如下计量方程:

$$\mathrm{HBL}_{ijt} = \alpha_0 + \alpha_1 \mathrm{PROD}_{jt} + \gamma_m X_{ijt}^m + \lambda_t + \lambda_j + \varepsilon_{ijt} \quad (6\text{-}1)$$

其中,X 为控制变量,选取了既能反映国别特征,又可能对资本回报率产生作用的变量作为控制变量。具体有:资源禀赋(NZJ),以能源租金与 GDP 之比刻画;沿海地理优势(YH),以虚拟变量的形式刻画,当该国为沿海国家时,YH 为 1,否则为 0;税收环境(TAX),以各国总税赋收入占 GDP 的比重刻画;经济效率(XL),以每千克石油产生 GDP 的自然对数表示;高等教育(EDU),以联合国教科文组织公布的各国高等教育毛入学率表示;毗邻大进口国优势(DG),当一国拥有该优势时,DG 为 1,否则为 0;金融危机(JR),当年份大于等于 2008 时,JR 为 1,否则为 0。

二、基准模型检验结果分析

表 6-3 列(1)—(4)报告了基准模型检验的估计结果,在依次加入控制变量的情况下,中间投入品进口技术含量的估计结果均显著为负,且通过了至少 10% 的显著性检验,可见进口高技术含量中间投入品不利于资本回报率的提升,即高技术含量中间投入品进口对资本回报率所产生的抑制效应大于促进效应,进而表现出负效应,这证实了前文机理分析部分假说5 观点的正确性。由此我们可推定:

表 6-3　基准模型检验结果

变量	(1)	(2)	(3)	(4)
PROD	-0.185^* (-1.652)	-0.745^{***} (-6.104)	-0.450^{***} (-2.869)	-0.446^{***} (-2.855)
NZJ	0.269^{***} (21.69)	0.284^{***} (22.12)	0.250^{***} (15.93)	0.293^{***} (18.21)
YH	0.064^{***} (2.630)	0.135^{***} (5.564)	0.223^{***} (7.965)	0.113^{***} (3.849)
TAX		-3.092^{***} (-22.42)	-3.362^{***} (-18.61)	-2.672^{***} (-14.09)
XL		0.477^{***} (16.03)	0.516^{***} (15.38)	0.562^{***} (16.69)
EDU			0.0338^{***} (4.856)	0.0191^{***} (2.714)
DG				0.259^{***} (11.71)
JR				-0.457^{***} (-3.857)
C	1.786^* (1.708)	6.545^{***} (5.615)	3.569^{**} (2.367)	3.344^{**} (2.223)
OBS	30327	30327	26372	26372
R^2	0.045	0.066	0.071	0.076
时间	Y	Y	Y	Y
国家	Y	Y	Y	Y

注:括号内为 t 值,$*$、$**$、$***$ 分别代表在 10%、5%和 1%的显著性水平上显著。

首先,高技术含量中间投入品进口虽然推动了中国高技术含量最终品出口,但其会对资本回报率产生不利冲击,进而将中国产业锁定在低资本回报率和低利润率环节,这不仅不利于中国资本要素活力的激发,还不利于资本要素配置效率的提升,容易导致资本要素处于低效配置甚至错配状态,进而与中国的经济高质量发展任务相悖。值得一提的是:中国中间投入品进口呈现出技术含量远高于自身经济发展水平的"异常高"特征,因而中间投入品进口对中国资本回报率的抑制作用也是"异常高"的。对高端中间投入品严重依赖进口的中国而言,上述特征在一定程度上导致了中国资本回报率同时低于发展中国家和发达国家均值现象的出现。因此,快速提升国内高技术含量中间投入品的生产和供给能力显得十分的必要。

其次,高技术含量中间投入品进口容易导致后发国生产环节低端化,从而导致后发国劣势固化。一方面,高技术含量中间投入品进口是对本国高端中间投入品生产能力的替代,进而对本国高端中间投入品的市场份额和赢利能力产生较为显著的负向冲击,甚至导致本国高端中间投入品生产规模的萎缩,使本国企业转而生产中低端中间投入品;另一方面,高技术含量中间投入品进口会对后发国资本回报率产生显著的降低作用,这会挫伤资本拥有者投资的积极性,投资高端生产环节是一国实现全球价值链分工地位攀升的重要前提,投资受挫不利于后发国企业向全球价值链高端环节攀升,进而将后发国锁定在低技术含量和低回报率的低端生产环节。由此可见,高技术含量中间投入品进口会从侵蚀生产能力和挫伤投资意愿两方面削弱后发国向高端生产环节攀升的能力。

最后,高技术含量中间投入品进口所具备的降低资本回报率功能有助于先发国的先发优势的固化,高技术含量中间投入品出口不仅提升了先发国的资本回报率和全球价值链分工地位攀升能力,还抑制了后发国高技术含量中间投入品的生产能力和投资意愿,对于先发国而言可谓一举两得。先发优势的固化有助于先发国控制全球价值链,甚至成为全球价值链的链主,而使得后发国成为长期的跟随者和被俘获者。由此可见,快速提升高技术含量中间投入品生产能力是后发国打破低端锁定、实现全球价值链分工地位攀升和提升资本要素配置效率的重要途径,这也证实了中国当前"补短板、强弱项"、自立自强和构建新发展格局的科学性。

三、内生性及稳健性检验结果

为确保前文的估计结果是稳健可靠的,本部分采用两种方法进行稳健性检验:一是构建能有效克服内生性的联立方程进行稳健性检验。(6-1)式为联立方程的第一个方程,我们以 $\mathrm{PROD}_{it} = c_0 + \theta \mathrm{HBL}_{ijt} + \delta_m L_{ijt}$ 为联立方程的第二个方程,以 L 为控制变量,考虑到产品技术含量与经济发展水平密切相关,我们以经济发展水平(PGDP)及其滞后 1 期项作为第二个方程的控制变量。二是构建工具变量进行检验。参照施炳展和游安南（2021）、张杰等（2011）和 Lewbel（1997）的方法，我们以 i 国 t 年中间投入品进口技术含量减去所有样本国中间投入品技术含量均值，将所得差值取三次方并作为工具变量（IV），并采用 2SLS 进行回归。表 6-4 报告了联立方程和工具变量法的估计结果，可知：两类估计结果中，中间投入品进口技术含量均显著为负，即高技术含量中间投入品进口降低资本回报率的机制在联立方程和工具变量回归中均稳健成立，控制变量的估计结果与前文的估计检验结果在预期符号方面高度一致，并未出现严重逆化的情况，由此可见，前文结论和假说 5 是科学稳健的。结合基准模型检验和控制内生性检验的结果，我们还可以得到如下推论：一是沿海优势、毗邻大国优势有助于经济体资本回报率的提升，提高经济效率和高等教育水平也有助于资本回报率提升；二是加税会降低产业的资本回报率，因而适度降低税赋可以成为激发资本要素活力的重要手段；三是金融危机变量估计结果显著为负，这在一定程度上表明金融危机确实对资本回报率产生了一定的负向冲击，这也证实了表 6-1 描述性统计结果的科学性和可靠性。

四、动态回归结果与分析

服务型高技术含量中间投入品进口降低产业资本回报率的机制会产生巩固发达国家先发优势和固化发展中国家后发劣势的效应，这是作为先发国的发达国家所喜闻乐见的，但却令作为后发国的发展中国家伤透了脑筋，那么上述机制是否会随着时间的推移而逐步弱化，进而为发展中国家突破低端锁定困境、构建国际竞争新优势提供新的机遇或路径呢？为探索这一问题的答案，我们进一步从动态时间视角对二者的关系进行检验。表 6-5 报告了动态检验的结果。可知，中间投入品进口技术含量在滞后 1—4 期的情况下仍显著为负，且均通过了至少 1% 的显著性检验，随着滞后期数的增加，中间投入品进口技术含量的估计系数呈现出略微减小的趋势。可见虽然当期高技术含量中间投入品进口对资本回报率的边际降低作用可能会随着时间的推移而有一定的减弱，但并不会消失。因此，在制定同步优化资本回报率和中间投入品进口的长期政策时，仍需恪守上述机制。

表6-4　稳健性检验结果

变量	联立方程					工具变量(2SLS-IV)		
	(1)	(2)	(3)	(4)	(5)	(6)	(7)	(8)
PROD	−0.206* (−1.719)	−0.843*** (−6.409)	−0.496*** (−2.923)	−0.488*** (−2.884)	−0.378*** (−4.398)	−0.763*** (−7.063)	−0.436*** (−3.482)	−0.470*** (−3.792)
NZJ	0.275*** (21.12)	0.291*** (21.68)	0.251*** (15.10)	0.293*** (17.21)	0.276*** (13.22)	0.284*** (13.16)	0.250*** (12.38)	0.294*** (12.71)
YH	0.0565** (2.221)	0.1290*** (5.112)	0.2190*** (7.486)	0.1140*** (3.733)	0.0705*** (8.767)	0.1350*** (12.75)	0.2230*** (13.66)	0.1140*** (9.516)
TAX		−3.151*** (−21.70)	−3.324*** (−17.70)	−2.668*** (−13.57)		−3.099*** (−14.00)	−3.356*** (−11.82)	−2.684*** (−10.26)
XL		0.475*** (15.10)	0.495*** (13.99)	0.546*** (15.34)		0.476*** (12.77)	0.517*** (12.10)	0.562*** (12.40)
EDU			0.0476*** (6.156)	0.0303*** (3.860)			0.0340*** (5.519)	0.0187*** (3.300)
DG				0.253*** (10.97)				0.259*** (12.83)
JR				−0.386*** (−3.097)				−0.556*** (−5.026)
C	1.967* (1.752)	7.419*** (5.919)	3.894** (2.388)	3.650** (2.244)	3.591*** (4.501)	6.717*** (6.634)	3.442*** (2.870)	3.574*** (3.016)
OBS	28305	28305	24627	24627	30327	30327	26372	26372
R^2	0.045	0.065	0.071	0.075	0.045	0.066	0.071	0.076

续表

系数	联立方程				工具变量（2SLS-IV）			
	(1)	(2)	(3)	(4)	(5)	(6)	(7)	(8)
LM 检验					1838.567	2072.258	2034.907	2040.197
CD 检验					5.6e+04	4.8e+04	3.9e+04	3.9e+04
时间	Y	Y	Y	Y	Y	Y	Y	Y
国家	Y	Y	Y	Y	Y	Y	Y	Y

注：括号内为 t 值，*、**、*** 分别代表在 10%、5% 和 1% 的显著性水平上显著。

表 6-5　动态检验结果

变量	(1)	(2)	(3)	(4)
L1. PROD	−0.454*** (−4.381)			
L2. PROD		−0.453*** (−4.148)		
L3. PROD			−0.426*** (−3.749)	
L4. PROD				−0.348*** (−3.044)
NZJ	0.290*** (12.11)	0.291*** (11.81)	0.288*** (11.38)	0.288*** (10.85)
YH	0.113*** (8.554)	0.112*** (8.019)	0.113*** (7.573)	0.114*** (7.234)
TAX	−2.719*** (−9.727)	−2.740*** (−9.322)	−2.787*** (−8.954)	−2.804*** (−8.583)
XL	0.557*** (11.280)	0.566*** (10.730)	0.572*** (9.988)	0.574*** (9.270)
EDU	0.0294*** (4.003)	0.0315*** (4.077)	0.0359*** (4.375)	0.0409*** (4.854)
DG	0.253*** (11.80)	0.253*** (11.29)	0.251*** (10.75)	0.249*** (10.16)
JR	−0.510*** (−5.486)	−0.487*** (−5.282)	−0.470*** (−4.536)	−0.378*** (−3.639)
C	3.388*** (3.404)	3.359*** (3.190)	3.068*** (2.781)	2.328** (2.059)
OBS	22885	21096	19354	17662
R^2	0.076	0.076	0.076	0.076
时间	Y	Y	Y	Y
国家	Y	Y	Y	Y

注:括号内为 t 值,*、**、*** 分别代表在 10%、5% 和 1% 的显著性水平上显著。

五、异质性检验结果与分析

前文从整体和动态性视角剖析了高技术含量中间投入品进口对资本回报率的作用机制,为进一步刻画二者的关系,本部分从产业异质性、发展水平异质性和沿海地理优势异质性三个层面剖析二者的作用机制。虽然学界对资本回报率进行了大量而深入的研究(黄先海等,2012;刘慧等,2019),但服务业的资本回报率研究相对较少。因此,本部分从制造业和服务业视角研究高技术含量中间投入品进口与资本回报率的关系,在一定程度上将资本回报率的研究从制造业领域拓展到了服务业领域。

表 6-6 列(1)和(2)报告了两类产业的估计结果,可知中间投入品进口技术含量的估计系数均显著为负,表明抑制效应在两类产业中均稳健成立。列(3)和(4)报告了发达国家和发展中国家的估计结果,中间投入品进口技术含量在两类国家中的估计结果显著为负,表明抑制效应在两类国家中也稳健成立。列(5)和(6)分别报告了沿海地理优势异质性国家的估计结果,可知:中间投入品进口技术含量在两个方程中的估计结果均显著为负,即抑制效应在有无沿海优势的国家中均稳健成立。抑制效应在产业异质性、发展水平异质性和沿海地理优势异质性国家中均成立的结论,在一定程度上证实了前文整体性结论的可靠性和稳健性。

表 6-6　异质性检验结果

变量	(1)	(2)	(3)	(4)	(5)	(6)
	制造业	服务业	发达国家	发展中国家	沿海	非沿海
PROD	-1.651^{**}	-1.033^{***}	-0.738^{***}	-0.938^{***}	-0.711^{***}	-0.138^{***}
	(-2.043)	(-7.457)	(-4.377)	(-3.952)	(-5.807)	(-4.366)
NZJ	0.234^{**}	0.285^{***}	0.015^{**}	0.416^{***}	0.297^{***}	0.041^{***}
	(2.013)	(8.407)	(2.022)	(10.920)	(12.250)	(2.981)
YH	0.0212	0.1300^{***}	0.0650^{***}	-0.0006	—	—
	(0.207)	(6.796)	(4.527)	(-0.0306)		
TAX	-0.425	-3.684^{***}	-0.568^{***}	-3.216^{***}	-3.268^{***}	-0.836^{***}
	(-0.457)	(-8.586)	(-9.006)	(-5.198)	(-9.404)	(-3.762)
XL	0.0768	0.5580^{***}	0.0098	1.1830^{***}	0.6720^{***}	0.0152
	(0.729)	(7.809)	(0.530)	(11.690)	(11.730)	(0.681)
EDU	0.0965^{***}	0.0002	-0.0176^{**}	-0.0788^{***}	0.0151^{*}	0.0181^{***}
	(2.854)	(0.031)	(-1.985)	(-7.102)	(1.932)	(4.888)
DG	0.1980^{*}	0.2300^{***}	0.0110	0.5240^{***}	0.2510^{***}	0.0103
	(1.737)	(7.779)	(1.106)	(9.543)	(11.190)	(0.353)
JR	-1.315^{**}	-0.957^{***}	-0.637^{***}	-1.287^{***}	-0.774^{***}	-0.015
	(-2.045)	(-7.352)	(-4.925)	(-5.444)	(-6.375)	(-1.087)
C	15.130^{**}	8.877^{***}	7.292^{***}	7.157^{***}	5.823^{***}	1.445^{***}
	(1.979)	(6.883)	(4.603)	(3.126)	(5.012)	(4.904)
OBS	9492	14626	12189	12438	21147	3480
R^2	0.277	0.071	0.128	0.106	0.080	0.195
时间	Y	Y	Y	Y	Y	Y
国家	Y	Y	Y	Y	Y	Y

注:括号内为 t 值,*、**、*** 分别代表在 10%、5% 和 1% 的显著性水平上显著。

六、中国的检验结果与分析

为了刻画高技术含量中间投入品进口与资本回报率在中国的作用机制,本部分进一步对中国层面的样本进行实证分析。表 6-7 报告了相应的实证结果,可知在依次加入控制变量的情况下,中间投入品进口技术含量的估计系数均为负,且通过了至少 1% 的显著性检验。可见高技术含量中间投入品进口降低资本回报率的机制在中国也成立,即假说 5 在中国也成立,中国在制定优化高技术含量中间投入品进口和资本回报率方面的政策时,仍需遵循上述机制。打破该机制的关键在于突破高技术含量中间投入品进口依赖的瓶颈。因此,对于具有显著外力依赖型技术赶超特征的中国而言,动态优化技术赶超模式和提升高技术含量中间投入品生产能力显得尤为迫切,而本土高技术含量中间投入品生产能力的提升,不仅有助于打破上述机制,还有助于推动资本回报率的提升,实现本土高技术含量中间投入品生产能力和国内资本回报率的协同提升与高效互动。

表 6-7　中国层面的实证结果(2SLS)

变量	(1)	(2)	(3)	(4)
PROD	-0.263^{***} (-13.17)	-0.251^{***} (-12.09)	-0.453^{***} (-4.34)	-0.514^{***} (-4.27)
NZJ	-0.0348 (-1.627)	-0.0159 (-0.622)	-0.0842^{*} (-1.885)	-0.0859^{*} (-1.906)
TAX		-0.752 (-1.432)	-1.962^{**} (-2.544)	-2.073^{***} (-2.592)
XL			-0.328^{**} (-2.070)	-0.343^{**} (-2.139)
EDU				0.0827 (1.044)
C	2.645^{***} (14.090)	2.645^{***} (14.110)	5.342^{***} (3.933)	5.728^{***} (4.027)
OBS	700	700	700	700
R^2	0.955	0.955	0.954	0.953
时间	Y	Y	Y	Y
国家	Y	Y	Y	Y

注:括号内为 t 值,*、**、*** 分别代表在 10%、5% 和 1% 的显著性水平上显著。

第三节　本章小结

本章基于中国高技术含量中间投入品供给能力偏弱的特征事实,细致检验了高技术含量中间投入品进口对资本回报率的作用机制。得到的结论主要有:一是高技术含量中间投入品进口会抑制一国产业资本回报率的提升,该结论在基准模型检验、内生性检验、稳健性检验、滞后 1—4 期的动态检验、异质性检验和中国层面的检验中均成立,而以高技术含量中间投入品进口提升最终品出口技术含量的行为在中国企业中长期存在,因此,中国迫切需要扭转这一被动模式,以减小其对资本回报率和资本活力的冲击。二是抑制机制的存在表明高技术含量中间投入品进口不仅会加剧进口国中间投入品进口依赖和被"卡脖子"的风险,还会挫伤资本投资的积极性和活力,不利于进口国中间投入品技术含量提升和国际分工地位攀升,因而抑制机制不仅有助于先发国巩固先发优势,使其成为全球价值链的链主和控制者,还容易导致后发国出现生产环节低端锁定和后发劣势固化,而后发国打破这一不利局面的关键在于提升自身高技术含量中间投入品的生产能力。三是中国中间投入品进口技术含量远高于自身经济发展水平,这不仅表明中国具有"为出口高技术含量最终产品而进口高技术含量中间投入品"的外力依赖型技术赶超特征,还表明中国资本回报率承受的抑制效应远高于自身经济发展水平,这在一定程度上导致了中国资本回报率同时低于发展中国家和发达国家均值现象的出现。上述结论也证实了我国构建新发展格局的科学性和正确性,提高国内高技术含量中间投入品的自立自强水平,不仅有助于服务业基础高级化、产业链现代化和先进制造业与现代服务业深度融合,还有助于经济增长质量提升,更有助于资本和劳动力要素的活力协同提升,可谓一举多得。

第七章 逆比较优势进口高技术含量中间投入品与生产技术革新

高技术含量中间投入品蕴含着前沿技术,是一国技术水平和比较优势水平的缩影(黄先海等,2016),而进口高技术含量中间投入品不仅能有效弥补自身比较优势的不足,还能快速提升自身产品的技术水平和国际竞争力(Grossman and Helpman,1991;陈爱贞和刘志彪,2015),因而逆比较优势进口高技术含量中间投入品成为制造业实现技术赶超的重要"捷径"①。因此,长期依赖国外高技术含量中间投入品的中国难免存在逆比较优势进口高技术含量中间投入品的行为。高技术含量中间投入品的进口实际上是本国高技术环节的缺失和被替代(马述忠等,2017),不仅会使本国制造业的生产环节被"锁定"于低技术、低附加值和技术革新速度较慢的生产环节(黄先海等,2016),还不利于经济增长质量提升和发展方式科学转变。

技术革新既是经济持续增长的核心动力来源(罗德明等,2015;Acemoglu and Zilibotti,2001),也是经济体从远离前沿经济体和准前沿经济体跃升至前沿经济体的重要支撑(黄先海和宋学印,2017)。然而中国在逆比较优势进口高技术含量中间投入品的同时,企业技术水平和技术革新能力并不高(陈晓华和刘慧,2018;黄先海和宋学印,2017),由此我们自然就产生如下疑惑:逆比较优势进口高技术含量中间投入品会对生产技术革新产生什么样的影响? 其是否抑制了生产技术革新? 中国制造业嵌入全球价值链分工体系由来已久(吕越等,2018),很难与国外高技术含量中间投入品完全"脱钩"(马述忠等,2017),逆比较优势进口高技术含量中间投入品在未来依然是个常态(陈晓华等,2019;裴长洪和刘斌,2019)。生产技术革新是制造业培育新竞争优势和转变经济增长方式的重要引擎(王俊,

① 逆比较优势进口高技术含量中间投入品是指:一国进口技术含量高于自身比较优势所应进口的中间投入品,如一国按照自身比较优势应进口的中间投入品技术含量为 A,而实际进口的中间投入品技术含量为 B,当 A<B 时,则可以称之为逆比较优势进口高技术含量中间投入品,因为其进口了高于自身比较优势水平的中间投入品来推动最终品的非顺比较优势发展。当 A>B 时,则称之为顺比较优势。

2013;林毅夫。2002),也是后发国家突破"卡脖子"困境、实现经济可持续增长的核心动力(陈晓华和刘慧,2018;刘志彪和吴福象,2018),更是解释各国经济发展差异的关键因素(罗德明等,2015;Acemoglu and Zilibotti,2001)。因此,探索上述问题的答案具有重要的现实价值,所得结论既能为中国逐步走出中间投入品被"卡脖子"和生产技术革新能力偏低困境提供一定的启示,也能为中国制定产业基础高级化和产业链现代化方面的政策提供有益的参考。

有鉴于此,本章基于前文测度所得制造业和服务业中间投入品进口技术含量逆比较优势指数,细致剖析逆比较优势进口高技术含量中间投入品对生产技术革新的影响效应,并从多维度刻画外部冲击对上述机制的作用效应,以期在弥补已有研究缺憾的基础上,为中国制定合理利用进口中间投入品、破解"卡脖子"难题和提升生产技术革新水平方面的政策提供全新的经验证据。

第一节　异质性产业层面生产技术革新的测度与分析

林毅夫(2002)和康志勇(2013)认为企业的技术水平由其产业的要素禀赋内生决定,因而可以通过企业的资本密集度与产业要素禀赋之比来判断企业的生产技术水平(陈晓华和刘慧,2018)。林毅夫(2002)和康志勇(2013)认为,完全符合比较优势水平的生产技术可以表示为:

$$TCI^* = (K_i/L_i)^* /(K/L) \tag{7-1}$$

其中,TCI^* 为比较优势条件下的生产技术,K_i、L_i、K 和 L 分别代表特定国家层面和世界加总层面的资本与劳动力。根据林毅夫(2002)和康志勇(2013)的研究,TCI^* 可以通过大样本回归的方式获得。结合林毅夫(2002)、康志勇(2013)的研究,此时特定国家 i 的实际生产技术(TCI)可以表示为:

$$TCI = (K_i/L_i)/(K/L) \tag{7-2}$$

由于制造产业间要素禀赋差异较大[①],如在比较优势零值水平上,机械制造业的资本密集度大于纺织制造业,所以简单地以世界加总层面的资本和劳动力进行测算可能会产生一定的偏误,因此,我们将(7-2)式修正如下:

---

① 以世界的资本与劳动力之比作为分母,实际上是降低了资本密集类产业的比较优势水平,提高了劳动密集类产业的比较优势水平。以本产业的要素禀赋作为分母,能在很大程度上消除产业本身要素禀赋差异给评估结果带来的不良影响。

$$\mathrm{TCI}_{ij} = (K_{ij}/L_{ij})/(\sum_{j=1}^{n} K_{ij}/\sum_{j=1}^{n} L_{ij}) \tag{7-3}$$

其中,TCI_{ij}为 i 国 j 产业的实际生产技术,分母为世界各国 j 产业资本加总与劳动力加总之比。为了提高 TCI 测度结果在年度上的可比性,我们将(7-3)式分母值固定为基准年份 2000 年的值,TCI 上升则说明该产业进行了生产技术革新(陈晓华和刘慧,2018)。

　　根据(7-3)式和 WIOD 中社会经济账户数据,我们测度了样本国各产业的生产技术革新指数,表 7-1 报告了两类中间投入品进口技术含量逆比较优势指数与生产技术革新指数的关系。首先,整体而言,TCI 呈现出一定的上升趋势,2000—2014 年间增长了 147.27%,这表明世界各国的生产技术均呈现出大幅度的改进,且技术革新速度较快。其次,中间投入品进口技术含量中度逆比较优势国家的 TCI 明显大于高度逆比较优势和无逆比较优势国家,可见进口中间投入品技术含量适度高于自身发展水平的国家,其制造业生产过程往往拥有更高的技术水平。上述现象出现的原因可能在于:中间投入品技术含量逆比较优势程度过高会使得所进口的技术"高不可攀",而无逆比较优势则使得所进口的中间投入品"学习价值"有限,从而导致中间投入品进口的技术溢出效应较弱;而当逆比较优势水平适中时,进口的中间投入品多为该国有"学习价值"和"够得着"的技术,产生的技术溢出效应较为明显,使得其对生产技术革新产生较大的促进效应。最后,无逆比较优势国家的 TCI 略大于高度逆比较优势国家,这在一定程度上表明:相比于进口低"学习价值"中间投入品而言,逆比较优势进口技术含量"高不可攀"中间投入品对生产技术革新的抑制效应更大。可见中间投入品进口技术含量逆比较优势对生产技术革新的作用力可能具有非线性特征,当然这仅仅是无条件相关的描述性统计结论,后文将运用多层面实证进行细致分析。

表 7-1 区分不同程度逆比较优势进口中间投入品的生产技术革新指数（TCI）①

年份	整体	制造业中间投入品进口			服务业中间投入品进口		
		无逆比较优势	中度逆比较优势	高度逆比较优势	无逆比较优势	中度逆比较优势	高度逆比较优势
2000	1.0992	1.1251	1.3147	0.9977	1.1109	1.2367	1.0226
2001	1.1394	1.1940	1.3252	1.0204	1.1665	1.4702	1.0062
2002	1.1327	1.2007	1.2699	1.0087	1.1804	1.1890	1.0271
2003	1.1652	1.2469	1.3061	1.0271	1.2309	1.2959	0.9739
2004	1.2495	1.3175	1.4832	1.1024	1.3000	1.4006	1.0610
2005	1.2813	1.3909	1.4388	1.1210	1.3583	1.3758	1.1198
2006	1.4937	1.5201	1.9359	1.2844	1.3698	1.7326	1.2294
2007	1.6418	1.5423	2.1215	1.4143	1.5022	1.8772	1.3827
2008	1.9444	1.8754	2.4140	1.6629	1.8574	2.2168	1.5452
2009	2.2386	2.2915	2.7807	1.9358	2.2719	2.5741	1.7360
2010	2.5381	2.4474	2.7146	2.1376	2.1228	3.0935	1.9975
2011	2.6928	2.4762	3.3113	2.4166	2.4762	2.9965	2.3252
2012	2.7965	2.7898	3.2808	2.4536	2.5478	3.0586	2.4559
2013	2.7712	3.0734	3.0154	2.3938	2.4366	3.1026	2.3494
2014	2.7180	2.5246	3.2470	2.4393	2.6147	2.8968	2.4320
增幅/%	147.27	124.39	146.98	144.49	135.37	134.24	137.83

① 借鉴陈晓华等（2022）的研究，我们以 1.3 为中度逆比较优势和高度逆比较优势的分界点，无逆比较优势为 PROI≤1。

第二节　逆比较优势进口高技术含量中间投入品与生产技术革新

一、计量模型的设定与控制变量的选择

本章的主要目的是揭示逆比较优势进口高技术含量中间投入品对生产技术革新的影响效应。被解释变量为前文测度所得 TCI,被解释变量细化到各国制造业亚产业层面,解释变量为制造业和服务业中间投入品的进口技术含量逆比较优势指数。考虑到二者可能存在非线性关系,我们在实证中加入了解释变量的平方项,构建了如下方程:

$$\mathrm{TCI}_{ijt} = \alpha_0 + \alpha_1 \mathrm{PROI}_{jt} + \alpha_2 \mathrm{PROI}_{jt}^2 + \gamma_m X_{ijt}^m + \lambda_j + \lambda_t + \varepsilon_{ijt}$$

$$(7\text{-}4)$$

其中,λ_j 和 λ_t 分别为国家和时间固定效应,ε_{ijt} 为随机扰动项,X 为控制变量。为提高计量结果的可靠性,我们选取如下变量作为控制变量:员工工资(WAGE),以 WIOD 社会经济账户数据中各国制造业亚产业层面员工平均工资的自然对数表示;高等教育(EDU),以联合国教科文组织公布的各国高等教育毛入学率表示;资源禀赋(NZJ),以世界银行数据库中各国石油等能源租金收入占 GDP 的比重刻画;税收环境(TAX),以世界银行数据库中各国税收收入占 GDP 的比重刻画;经济危机冲击(JR),以虚拟变量表示,当年份大于 2008 时,令其为 1,否则为 0;地理优势(YH),以沿海优势表示,当该国为沿海国家时,令其为 1,否则为 0。

二、基准回归结果与分析

基于(7-4)式和 40 个样本国 2000—2014 年 17 个制造业数据,我们对中间投入品进口技术含量逆比较优势指数与生产技术革新间的关系进行了实证分析。表 7-2 报告了基准模型的估计结果(OLS),两类中间投入品进口技术含量逆比较优势指数平方项的估计系数显著为负,而水平项则显著为正。由此可见,两类中间投入品进口技术含量逆比较优势指数对生产技术革新的作用机制均呈现倒 U 形,该结论证实了前文假说 6 的正确性。结合前文逆比较优势指数的测度结果,我们可以得到如下推论。

第一,引进技术含量过高于或过低于自身比较优势水平的中间投入品均不利于生产技术革新。因此,中间投入品进口需考虑"适宜"、有"学习价值"和"够得着"的技术,进而更好地发挥中间投入品进口的干中学效应,这一结论也从经验分析视角证实了中间投入品进口潜在负效应的存在。第二,制造业中间投入品进口技术含量逆比较优势指数最优值在 2.300 和2.629

表 7-2 基准模型回归结果（OLS）

变量	制造业中间投入品进口				服务业中间投入品进口			
	(1)	(2)	(3)	(4)	(5)	(6)	(7)	(8)
PROI	3.984*** (15.77)	3.761*** (14.92)	4.359*** (16.61)	4.540*** (17.26)	4.201*** (16.99)	3.973*** (16.10)	4.434*** (17.41)	4.612*** (18.06)
$PROI^2$	-0.866*** (-13.15)	-0.770*** (-11.65)	-0.829*** (-12.46)	-0.873*** (-13.09)	-0.885*** (-14.22)	-0.792*** (-12.66)	-0.821*** (-13.09)	-0.863*** (-13.73)
WAGE	0.935*** (69.40)	0.937*** (69.93)	0.962*** (70.35)	0.965*** (70.66)	0.941*** (69.77)	0.942*** (70.28)	0.967*** (70.66)	0.969*** (70.97)
EDU		1.514*** (10.53)	1.618*** (11.00)	1.431*** (9.60)		1.530*** (10.65)	1.631*** (11.11)	1.443*** (9.70)
NZJ			-0.686*** (-15.74)	-0.750*** (-16.89)			-0.670*** (-15.61)	-0.733*** (-16.75)
TAX			-1.865*** (-3.569)	-1.584*** (-3.030)			-1.772*** (-3.409)	-1.502*** (-2.888)
JR				-0.831*** (-5.526)				-0.971*** (-6.476)
YH				0.551*** (7.043)				0.550*** (7.046)
C	-12.88*** (-41.68)	-13.28*** (-42.89)	-13.47*** (-38.23)	-14.04*** (-38.91)	-13.23*** (-42.38)	-13.62*** (-43.57)	-13.71*** (-38.88)	-14.29*** (-39.56)
OBS	10144	10144	10144	10144	10144	10144	10144	10144
R^2	0.353	0.360	0.376	0.379	0.356	0.363	0.379	0.382

续表

变量	制造业中间投入品进口				服务业中间投入品进口			
	(1)	(2)	(3)	(4)	(5)	(6)	(7)	(8)
时间	Y	Y	Y	Y	Y	Y	Y	Y
国家	Y	Y	Y	Y	Y	Y	Y	Y
最优值	2.300	2.442	2.629	2.600	2.373	2.508	2.700	2.672

注：括号内为 t 值，*、**、***分别表示该系数在 10%、5%、1% 的显著性水平上显著。

之间,服务业中间投入品进口技术含量逆比较优势指数的最优值在 2.373 和 2.700 之间,即当一国进口中间投入品技术含量是自己比较优势水平约 2.5 倍时,其对制造业技术革新的促进作用最大,当逆比较优势指数过大时,将抑制生产技术革新。发展中国家中间投入品进口逆比较优势指数比发达国家更接近于最优值,这在一定程度上表明:逆比较优势进口高技术含量中间投入品对发展中国家制造业技术革新的促进作用大于发达国家,发达国家可进一步提升自身的逆比较优势指数,以更好地发挥中间投入品进口对生产技术革新的促进作用。

中国两类中间投入品的逆比较优势指数均已从负效应区间(2000 年的 2.8439 和 2.8052)进入正效应区间(2014 年的 1.7391 和 1.9096),目前进口高技术含量中间投入品能在一定程度上促进中国生产技术革新,但中国的逆比较优势指数正持续下降,即向比较优势零值持续收敛。因此,对于中国而言,要更好地发挥中间投入品进口的技术革新功能,需处理好进口技术含量逆比较优势指数和"卡脖子"之间的关系:一方面,可多元化高端中间投入品进口来源地,以适度规避单一国家高端中间投入品断供带来的经营冲击;另一方面,可适当提升部分产业中间投入品进口的技术含量,以放慢中间投入品进口技术含量向比较优势零值收敛的步伐,以使得"适度逆比较优势"在更长时间内发挥其促进生产技术革新的功能。

综合控制变量的估计结果,我们还能得到如下推论。首先,员工工资的增长将有助于制造业的生产技术革新。这一现象出现的原因可能在于,工资是员工技术素质的重要刻画变量,员工工资的增长能吸引更多的高素质员工加盟,从而提升员工队伍的技术水平,此外员工工资增长还有助于激发员工的积极性和潜能,技术水平的整体性提升和潜能的激发将对生产技术革新产生显著的促进作用。其次,高等教育和地理优势均对生产技术革新表现出显著的正效应。高等教育对制造业具有人才输送和知识创造功能(刘慧等,2020),因此,适度扩大高等教育规模和提升高等教育质量可以成为推动生产技术革新的重要手段。地理优势是贸易便利性的重要体现(陈晓华等,2019),持续降低一国的贸易壁垒并提升贸易便利性,不仅有助于贸易量的提升,还有助于一国制造业生产技术的革新。再次,税收环境和资源禀赋的估计系数均显著为负,这在一定程度上表明二者增加均会对生产技术革新产生负效应。由此可见:一方面,适度降低税费可以成为提升生产技术革新水平的重要途径;另一方面,资源禀赋的负效应证实了"资源诅咒"的存在性,即资源禀赋越具优势的国家越懒得进行生产技术革新。由此可以推定:打破"资源诅咒",激发一国内部资源丰富区域创新的积极性,能在很大程度上提升制造业的技术水平。最后,经济危机冲击的估计系数显著为负,可见负向经济冲击不利于生产技术革新。由此可以推定:经济的不良外部冲击不仅会对经济产生负向冲击,还可能会对生产技术革新产生不利影响。

三、稳健性检验结果与分析

基准模型检验中并未考虑解释变量和被解释变量间潜在的内生性风险,为确保基准模型检验结果是稳健可靠的,我们采用两种能克服内生性的计量模型进行稳健性检验:一是采用两阶段最小二乘法(2SLS)进行稳健性分析,借鉴綦建红和蔡震坤(2022)的做法,以样本国中除本国外,其他国家逆比较优势赶超系数的均值作为工具变量;二是采用能克服内生性的联立方程进行检验,以(7-4)式为联立方程的第一个方程,以 $PROI_{jt} = c_0 + \theta TCI_{ijt} + \beta M_{it} + \xi_{it}$ 为联立方程的第二个方程,其中 M 为控制变量,借鉴刘慧等(2020)的做法,M 以各国人均 GDP 的水平项和滞后项表示。表 7-3 和表 7-4 分别报告了两阶段最小二乘法和联立方程的估计结果。可知:两阶段最小二乘法估计结果的 LM 检验、CD 检验均表明工具变量是稳健可靠的,从各变量的估计系数看,两类稳健性检验的逆比较优势指数水平项显著为正,平方项显著为负,可见在考虑内生性条件下,倒 U 形关系依然稳健成立。值得一提的是:控制变量估计结果在预期符号和显著性方面并未出现重大变化。由此可以推定:基准模型检验所得结论和假说 6 的观点是科学可靠的。

为进一步确保倒 U 形关系是科学可靠的,我们采用分段回归的形式进行再次检验,具体为:以基准模型检验中核算所得倒 U 形顶点为依据,将逆比较优势指数小于顶点值设定为倒 U 形曲线左侧样本,大于顶点值设定为倒 U 形曲线右侧样本值进行回归。表 7-5 报告了相应的估计结果,可知两类中间投入品的逆比较优势指数的估计值在倒 U 形曲线左侧样本中均显著为正,而在倒 U 形曲线右侧样本中则显著为负,可知两类指数在越过顶点前发挥正向效应,而在越过顶点后则表现出显著的负效应。由此,倒 U 形关系再次得到了证实。这不仅表明前文倒 U 形关系的稳健性,也再一次证实了前文假说 6 观点的正确性。由此可以推定:在制定制造型和服务型高技术含量中间投入品进口政策时,需遵循倒 U 形机制,以使得中间投入品进口更好地发挥技术革新功能,也使得国际循环更好地服务国内循环,推动国内国际双循环的良好互动。

表 7-3 考虑内生性的稳健性检验结果（2SLS）

变量	制造业中间投入品进口				服务业中间投入品进口			
	(1)	(2)	(3)	(4)	(5)	(6)	(7)	(8)
PROI	1.100*** (14.07)	1.228*** (15.61)	1.460*** (17.58)	1.460*** (17.61)	1.094*** (14.76)	1.219*** (16.35)	1.419*** (18.10)	1.414*** (18.06)
PROI^2	-0.119*** (-13.99)	-0.128*** (-14.99)	-0.150*** (-17.00)	-0.150*** (-17.11)	-0.111*** (-14.61)	-0.119*** (-15.66)	-0.136*** (-17.43)	-0.136*** (-17.47)
WAGE	0.854*** (59.05)	0.854*** (59.44)	0.850*** (59.19)	0.850*** (59.28)	0.846*** (58.26)	0.846*** (58.62)	0.843*** (58.46)	0.843*** (58.56)
EDU		1.583*** (10.78)	1.848*** (12.33)	1.715*** (11.30)		1.618*** (11.02)	1.877*** (12.53)	1.748*** (11.52)
NZJ			-0.521*** (-12.13)	-0.564*** (-12.92)			-0.521*** (-12.19)	-0.561*** (-12.93)
TAX			-4.395*** (-8.566)	-4.288*** (-8.363)			-4.331*** (-8.453)	-4.232*** (-8.265)
JR				-0.839*** (-5.594)				-0.831*** (-5.547)
YH				0.423*** (5.245)				0.408*** (5.065)
C	-8.595*** (-38.69)	-9.130*** (-40.34)	-8.093*** (-33.14)	-8.392*** (-33.50)	-8.540*** (-38.42)	-9.081*** (-40.14)	-8.062*** (-33.05)	-8.353*** (-33.37)
OBS	9470	9470	9470	9470	9470	9470	9470	9470
R^2	0.344	0.351	0.365	0.366	0.345	0.353	0.366	0.368

续表

变量	制造业中间投入品进口				服务业中间投入品进口			
	(1)	(2)	(3)	(4)	(5)	(6)	(7)	(8)
LM 检验	7762.807	7755.074	7656.003	7656.045	7364.028	7356.296	7259.514	7259.509
CD 检验	2.1e+04	2.1e+04	2.0e+04	2.0e+04	1.6e+04	1.6e+04	1.5e+04	1.5e+04

注：括号内为 t 值，*、**、*** 分别代表在 10%、5% 和 1% 的显著性水平上显著。

表 7-4 联立方程的稳健性检验结果

变量	制造业中间投入品进口				服务业中间投入品进口			
	(1)	(2)	(3)	(4)	(5)	(6)	(7)	(8)
PROI	5.184***	5.032***	5.122***	4.571***	4.989***	4.840***	4.981***	4.328***
	(16.97)	(16.46)	(16.14)	(15.03)	(16.22)	(15.71)	(15.54)	(14.32)
PROI^2	−1.165***	−1.093***	−1.009***	−0.881***	−1.074***	−1.006***	−0.948***	−0.798***
	(−14.70)	(−13.69)	(−12.60)	(−11.46)	(−13.98)	(−12.98)	(−12.12)	(−10.79)
WAGE	0.913***	0.912***	0.941***	0.941***	0.915***	0.914***	0.942***	0.942***
	(65.61)	(65.84)	(66.25)	(66.60)	(65.69)	(65.91)	(66.16)	(66.52)
EDU		1.185***	1.251***	1.275***		1.185***	1.244***	1.302***
		(8.064)	(8.328)	(8.316)		(8.075)	(8.278)	(8.495)
NZJ			−0.723***	−0.753***			−0.694***	−0.724***
			(−15.95)	(−16.35)			(−15.51)	(−15.94)
TAX			−0.955*	−1.257**			−1.001*	−1.359**
			(−1.739)	(−2.297)			(−1.825)	(−2.494)
JR				−0.356***				−0.397***
				(−6.116)				(−6.846)
YH				0.562***				0.552***
				(6.909)				(6.797)
C	−14.12***	−14.54***	−14.49***	−14.30***	−14.19***	−14.60***	−14.59***	−14.27***
	(−45.48)	(−46.64)	(−39.81)	(−39.39)	(−43.77)	(−43.77)	(−38.63)	(−38.40)
OBS	9470	9470	9470	9470	9470	9470	9470	9470
R^2	0.330	0.335	0.354	0.360	0.334	0.339	0.356	0.363

续表

变量	制造业中间投入品进口				服务业中间投入品进口			
	(1)	(2)	(3)	(4)	(5)	(6)	(7)	(8)
时间	Y	Y	Y	Y	Y	Y	Y	Y
国家	Y	Y	Y	Y	Y	Y	Y	Y

注:括号内为 t 值, * 、 ** 、 *** 分别代表在 10%、5% 和 1% 的显著性水平上显著。

表 7-5　倒 U 形的稳健性检验结果

变量	制造业中间投入品进口		服务业中间投入品进口	
	（1）	（2）	（3）	（4）
PROI	1.7608*** (21.149)	−2.2609** (−2.189)	1.7461*** (20.865)	−1.6509* (−1.962)
WAGE	0.8401*** (75.646)	1.3256*** (10.056)	0.8492*** (75.771)	1.3948*** (12.270)
EDU	1.6642*** (16.016)	−3.4898 (−0.658)	1.6954*** (16.119)	−0.4237 (−0.098)
NZJ	−0.8660*** (−27.021)	−0.5862 (−0.833)	−0.8541*** (−26.539)	−0.9610 (−1.530)
TAX	−2.1226*** (−5.764)	−2.4937 (−0.274)	−2.1197*** (−5.702)	−0.9157 (−0.108)
JR	−0.6753*** (−6.201)	−3.0158** (−2.243)	−0.7984*** (−7.308)	−3.0035** (−2.267)
YH	0.5865*** (10.461)	−0.2002 (−0.225)	0.5841*** (10.301)	−0.3620 (−0.446)
C	−10.7924*** (−45.535)	−3.6334 (−0.780)	−10.9276*** (−45.569)	−6.1157 (−1.507)
OBS	9365	779	9307	837
R^2	0.4326	0.5290	0.4366	0.5114
时间	Y	Y	Y	Y
国家	Y	Y	Y	Y
样本	倒 U 形曲线左侧，PROI<2.6	倒 U 形曲线右侧，PROI>2.6	倒 U 形曲线左侧，PROI<2.67	倒 U 形曲线右侧，PROI>2.67

注：括号内为 t 值，*、**、*** 分别代表在 10%、5% 和 1% 的显著性水平上显著。

四、异质性检验与分析

为进一步分析异质性条件下逆比较优势进口高技术含量中间投入品对生产技术革新的影响效应，此处从技术水平异质性、贸易地理优势异质性和产业异质性三个层面进行分析。

林毅夫（2002）、康志勇（2013）、陈晓华和刘慧（2018）指出，当产业 TCI 大于 TCI* 时[①]，可以认定该产业为高技术产业，否则为低技术产业。我们根据林毅夫（2002）、康志勇（2013）、陈晓华和刘慧（2018），在划分出高技术

---

① 在测算 TCI* 时，为确保测度结果稳健可靠，我们参照陈晓华和刘慧（2018）的处理方法，以（7-3）式的分母替代（7-1）式的分母计算，以消除产业要素禀赋差异给核算结果带来的有偏影响。

产业和低技术产业的基础上,对两类产业分别进行计量分析,表 7-6 的列
(1)—(4)报告了相应的结果。可知在技术水平异质性条件下,两类中间投
入品进口技术含量逆比较优势指数平方项的估计系数均为负,且通过了至
少 1%的显著性水平检验,这表明倒 U 形关系在异质性技术水平产业中均
成立。从最优值估计结果来看,两类中间投入品在高技术产业的逆比较优
势指数最优值(2.675 和 2.755)明显大于低技术产业(2.222和2.284),这
在一定程度上表明:高技术产业能够支撑更大的正效应区间。因此,高技
术产业在进口高技术含量中间投入品时,可以执行力度更大的逆比较优势
赶超行为。表 7-6 的列(5)—(8)报告了沿海和非沿海国家的估计结果,可
知沿海和非沿海国家中间投入品进口技术含量逆比较优势指数平方项的
估计系数均为负,且通过了至少 1%的显著性检验,这表明倒 U 形关系在
沿海和非沿海国家中均成立。从最优值估计结果来看,两类中间投入品在
非沿海地区的逆比较优势指数最优值(2.637 和 2.726)大于沿海地区
(2.451和2.531),这一现象出现的原因可能在于:非沿海地区经济对外源
动力的依赖性小于沿海地区,且经济发展水平往往低于沿海地区,从而使
得其能够支撑起超越自身经济发展水平更高幅度的逆比较优势正效应区
间。技术水平和贸易地理优势异质性的计量结果不仅证明了前文基准分
析结论的稳健性,还表明:基于自身比较优势水平,选取"适宜"技术含量中
间投入品进口是具有不同技术水平、不同贸易地理优势国家的共同选择,
盲目追求过高技术含量的中间投入品并非技术追赶的最优选择。

　　为进一步检验倒 U 形机制在异质性产业中的存在性,我们根据
WIOD 提供的产业分类,对 17 个制造业亚产业分别进行了实证分析,表
7-7报告了相应的计量结果,可知:在 17 个亚产业中两类中间投入品进口
技术含量逆比较优势指数的水平项和平方项的预期符号与基准模型检验
一致,可见倒 U 形效应在制造业各亚产业层面均显著成立。虽然在产业
异质性回归中,各产业单独回归的样本数量少于整体回归的数量,但其可
决系数(R^2)多大于整体层面,这在一定程度上表明:倒 U 形效应在产业层
面的解释力度和稳固性大于整体层面。因此,在制定产业层面生产技术革
新和中间投入品进口优化政策时,更需遵循倒 U 形规律。值得一提的是:
同一产业中服务型中间投入品逆比较优势指数的最优值明显大于制造型
中间投入品,即服务型中间投入品的正效应区间大于制造型中间投入品。
这在一定程度上表明:进口高技术含量中间投入品时,服务型中间投入品
领域可执行更大幅度的逆比较优势赶超。

表 7-6 技术水平与贸易地理优势异质性检验结果①

变量	(1) 高技术	(2) 高技术△	(3) 低技术	(4) 低技术△	(5) 沿海	(6) 沿海△	(7) 非沿海	(8) 非沿海△
PROI	4.692*** (7.82)	4.755*** (8.19)	4.213*** (14.59)	4.335*** (15.50)	6.489*** (19.61)	6.510*** (20.38)	1.118*** (6.77)	1.145*** (7.77)
PROI²	-0.877*** (-6.14)	-0.863*** (-6.45)	-0.948*** (-6.45)	-0.949*** (-13.00)	-1.324*** (-16.13)	-1.286*** (-16.13)	-0.212*** (-3.19)	-0.210*** (-3.67)
WAGE	1.304*** (44.11)	1.307*** (44.29)	0.794*** (59.07)	0.799*** (59.07)	1.100*** (59.07)	1.108*** (69.78)	0.155*** (69.78)	0.156*** (35.62)
EDU	1.377*** (4.126)	1.378*** (4.133)	1.598*** (4.133)	1.596*** (4.133)	2.036*** (11.830)	2.024*** (11.780)	0.031 (0.511)	-0.005 (-0.085)
NZJ	-0.445*** (-4.397)	-0.428*** (-4.294)	-0.899*** (-20.790)	-0.882*** (-20.720)	-0.845*** (-17.550)	-0.816*** (-17.210)	-0.287*** (-4.718)	-0.324*** (-5.473)
TAX	-0.380 (-0.309)	-0.210 (-0.172)	-1.976*** (-3.983)	-1.924*** (-3.904)	0.063 (0.102)	0.298 (0.482)	0.834*** (0.482)	0.975*** (5.669)
JR	-1.028*** (-3.296)	-1.153*** (-3.710)	-0.644*** (-4.556)	-0.737*** (-4.556)	-0.907*** (-5.392)	-1.065*** (-5.392)	-0.133*** (-5.392)	-0.092** (-2.386)
YH	0.316* (1.794)	0.313* (1.783)	0.616*** (8.185)	0.617*** (8.213)				

① 加△号列是以服务型中间投入品进口技术含量逆比较优势指数为解释变量的估计结果。无△号列是以制造型中间投入品进口技术含量逆比较优势指数为解释变量的估计结果。

续表

变量	(1)高技术	(2)高技术△	(3)低技术	(4)低技术△	(5)沿海	(6)沿海△	(7)非沿海	(8)非沿海△
C	−17.98*** (−20.73)	−18.26*** (−21.06)	−11.58*** (−21.06)	−11.87*** (−33.12)	−17.14*** (−39.28)	−17.48*** (−39.98)	−2.51*** (−24.13)	−2.55*** (−26.18)
OBS	3199	3199	6271	6271	8014	8014	1456	1456
R^2	0.461	0.464	0.410	0.413	0.424	0.428	0.647	0.647
LM检验	2903.033	2902.525	5924.971	5932.474	7379.209	7385.517	1442.888	1448.213
CD检验	1.5e+04	1.5e+04	5.3e+04	5.5e+04	4.6e+04	4.7e+04	7.8e+04	1.3e+05
时间	Y	Y	Y	Y	Y	Y	Y	Y
国家	Y	Y	Y	Y	Y	Y	Y	Y
最优值	2.675	2.755	2.222	2.284	2.451	2.531	2.637	2.726

注:括号内为 t 值。*、**、***分别代表在10%、5%和1%的显著性水平上显著。

表 7-7 异质性产业检验结果①

产业	制造业中间投入品						服务业中间投入品					
	PROI	PROI²	C	OBS	R²	最优值	PROI	PROI²	C	OBS	R²	最优值
C5	4.070*** (6.647)	-0.743*** (-4.772)	-13.270*** (-17.12)	521	0.674	2.739	4.079*** (6.927)	-0.721*** (-4.970)	-13.450*** (-17.44)	521	0.680	2.829
C6	4.278*** (7.735)	-0.846*** (-6.045)	-12.010*** (-17.00)	520	0.664	2.528	4.237*** (8.014)	-0.812*** (-6.255)	-12.140*** (-17.34)	520	0.669	2.609
C7	4.027*** (5.842)	-0.881*** (-5.042)	-11.600*** (-13.00)	519	0.536	2.286	4.098*** (6.157)	-0.868*** (-5.306)	-11.850*** (-13.30)	519	0.541	2.361
C8	2.211*** (5.602)	-0.332*** (-3.323)	-8.205*** (-16.08)	520	0.645	3.329	2.178*** (5.766)	-0.319*** (-3.433)	-8.254*** (-16.30)	520	0.650	3.414
C9	12.120*** (4.749)	-1.695*** (-2.599)	-43.280*** (-13.28)	517	0.580	3.575	11.500*** (4.664)	-1.518** (-2.485)	-43.090*** (-13.24)	517	0.584	3.788
C10	2.509*** (6.612)	-0.441*** (-4.663)	-8.379*** (-17.77)	478	0.764	2.845	2.313*** (6.415)	-0.388*** (-4.449)	-8.227*** (-17.73)	478	0.765	2.981
C11	4.765*** (5.694)	-0.728*** (-3.417)	-17.650*** (-16.46)	535	0.648	3.273	4.691*** (5.827)	-0.691*** (-3.477)	-17.770*** (-16.65)	535	0.653	3.394
C12	4.624*** (5.224)	-0.726*** (-3.235)	-15.530*** (-14.51)	495	0.627	3.185	4.654*** (5.466)	-0.717*** (-3.429)	-15.700*** (-14.74)	495	0.632	3.245
C13	3.811*** (6.205)	-0.808*** (-5.164)	-11.820*** (-14.69)	560	0.563	2.358	3.932*** (6.644)	-0.812*** (-5.556)	-12.110*** (-15.08)	560	0.568	2.421

① 限于篇幅，此处仅给出解释变量和常数项等估计结果。

续表

产业	制造业中间投入品						服务业中间投入品					
---	PROI	PROI²	C	OBS	R²	最优值	PROI	PROI²	C	OBS	R²	最优值
C14	5.232*** (5.292)	-0.950*** (-3.841)	-17.590*** (-14.18)	519	0.585	2.754	5.451*** (5.754)	-0.971*** (-4.229)	-18.030*** (-14.64)	519	0.591	2.807
C15	3.828*** (6.123)	-0.693*** (-4.377)	-12.460*** (-15.25)	552	0.580	2.762	3.870*** (6.417)	-0.683*** (-4.615)	-12.660*** (-15.54)	552	0.586	2.833
C16	3.241*** (4.760)	-0.463*** (-2.682)	-9.384*** (-10.88)	514	0.507	3.500	3.133*** (4.778)	-0.432*** (-2.675)	-9.390*** (-10.92)	514	0.512	3.626
C17	2.700*** (4.582)	-0.668*** (-4.442)	-7.683*** (-10.12)	560	0.421	2.021	2.814*** (4.941)	-0.671*** (-4.762)	-7.919*** (-10.43)	560	0.424	2.097
C18	3.261*** (7.011)	-0.764*** (-6.483)	-9.270*** (-15.87)	510	0.646	2.134	3.344*** (7.418)	-0.754*** (-6.811)	-9.496*** (-16.24)	510	0.649	2.218
C19	6.048*** (5.400)	-1.474*** (-5.152)	-17.150*** (-11.90)	560	0.470	2.052	6.177*** (5.707)	-1.452*** (-5.416)	-17.540*** (-12.17)	560	0.473	2.127
C20	3.162*** (3.697)	-0.772*** (-3.570)	-10.880*** (-10.14)	526	0.481	2.048	3.405*** (4.130)	-0.803*** (-3.977)	-11.250*** (-10.50)	526	0.484	2.120
C21	2.982*** (4.122)	-0.737*** (-3.980)	-8.269*** (-8.947)	543	0.381	2.023	3.153*** (4.497)	-0.751*** (-4.315)	-8.575*** (-9.26)	543	0.384	2.099

注：括号内为 t 值，*、**、*** 分别代表在 10%、5% 和 1% 的显著性水平上显著。

第三节 倒 U 形效应的稳态性检验

经济增长是推动一国比较优势水平提升、逆比较优势程度降低和高技术含量中间投入品进口技术溢出效应增强的核心途径。因此,确保经济稳步增长对逆比较优势进口高技术含量中间投入品和生产技术革新都具有非常重要的现实意义。然而在经济增长内外部环境日益严峻的今天,经济增长速度始终面临巨大的不确定性。由此,我们自然会产生如下疑惑:当经济增长遭受巨大的冲击时,如金融危机,逆比较优势进口高技术含量中间投入品对生产技术革新的影响效应是否会发生改变? 经济增速波动是否会改变上述作用效应? 此外,进入 21 世纪以来,以减轻企业负担为导向的税收政策一直受到中国政府推崇,而提高中间投入品技术含量和高技术含量中间投入品生产能力一直是中国企业努力的方向。那么这种以增强企业赢利能力和激发企业活力为目的的政府行为与以降低高技术含量中间投入品进口依赖程度为目标的企业行为,是否会对逆比较优势进口高技术含量中间投入品对生产技术革新的影响效应产生影响,从而为同时优化中间投入品进口和生产技术革新提供更多路径呢?

本部分将对上述问题进行剖析,以为中国制定优化高技术含量中间投入品进口和生产技术革新方面的政策提供科学的经验证据。考虑到 2008 年的金融危机为外向经济冲击提供了良好的自然实验,我们以 JR 变量刻画负向经济冲击,经济增速(ZZL)则以世界银行数据库中各国 GDP 增长率表示,税赋冲击以 TAX 表示,进口国"补中间投入品短板"策略则以各国制造业中间投入品进口额占其消耗中间投入品总额的比重(IMPD)表示。借鉴刘慧等(2020),实证中以各变量与中间投入品进口技术含量逆比较优势指数的交互项进行分析,以判断四类冲击对倒 U 形效应的影响机理。

表 7-8 列(1)和(2)报告了负向经济冲击与两类中间投入品进口技术含量逆比较优势指数交互项的实证结果,两类逆比较优势指数交互项的平方项显著为负,水平项显著为正,可见外部负向经济冲击虽会对生产技术革新产生不利影响,但无法改变中间投入品进口技术含量逆比较优势程度对生产技术革新影响的倒 U 形效应。由此可见,经济的不确定冲击不会撼动逆比较优势进口高技术含量中间投入品对生产技术革新的影响效应。表 7-8 列(3)和(4)报告了经济增速与两类指数交互项的估计结果,交互项的平方项和水平项分别显著为负和正,可见经济增速的波动亦无法改变倒 U 形效应。在经济相对低迷的今天,中国已经采取了一定的刺激政策以达到"稳增长"的目的,在新时代背景下,这些刺激政策势必包含更多的技术

革新内涵(如呼声很高的"新基建"),以更好地服务于经济增长质量提升目标,而列(3)和(4)的结论表明:若要发挥刺激政策的生产技术革新功能,仍需遵循倒 U 形效应。表 7-8 列(5)和(6)报告了税赋冲击与两类指数交互项的估计结果,交互项估计结果与前文一致,可见税收减少虽能在一定程度上加快制造业生产技术变革,但无法改变前文所述的倒 U 形效应。表 7-8 列(7)和(8)报告了中间投入品进口占比与中间投入品进口技术含量逆比较优势指数间交互项的计量结果,交互项的估计结果与其他冲击相似,可见"补短板、强弱项"策略、自立自强策略和本土企业的"备胎"计划虽能降低高端中间投入品的外部依赖程度,但无法改变倒 U 形效应。

　　倒 U 形效应表明:进口过高技术含量的中间投入品不仅会加大一国被"卡脖子"的风险,还会对一国生产技术革新产生抑制作用。那么这种倒 U 形效应是否会随着时间的推移而逐渐减弱甚至消失呢? 为此,我们进一步对倒 U 形效应进行动态分析,以考察时间冲击的影响。表 7-9 报告了中间投入品进口技术含量逆比较优势指数水平项和平方项分别滞后 1—4 期的计量结果。可知在滞后 1—4 期的情况下,逆比较优势指数平方项的估计系数均显著为负,水平项均显著为正,可见在滞后 1—4 期的条件下,倒 U 形效应依然稳健成立。因此,倒 U 形效应不会因时间冲击而自我淡化。由此可见,制定二者长期动态优化政策时仍需遵循倒 U 形效应。

　　综上可知:一方面,负向经济冲击、经济增速、税赋冲击、中间投入品进口占比和时间冲击等事实特征均无法撼动倒 U 形效应,因而在复杂多变的国内外经济环境下,中国在处理中间投入品进口技术含量与国内生产技术革新问题上仍需遵循倒 U 形效应,即应持续引进"适宜"技术含量的中间投入品,使中间投入品进口更好地发挥推动生产技术革新功能,助力中国经济高质量发展;另一方面,上述结论也证实了检验结果和假说 6 观点的稳健性,在基准模型检验、内生性检验、联立方程和外部冲击条件下倒 U 形效应均稳健成立。

表 7-8 负向经济冲击、经济增速、税赋冲击和中间投入品进口占比对倒 U 形效应的冲击①

变量	(1) 负向经济冲击	(2) 负向经济冲击△	(3) 经济增速	(4) 经济增速△	(5) 税赋冲击	(6) 税赋冲击△	(7) 中间投入品进口占比	(8) 中间投入品进口占比△
PROI * M	4.201*** (7.503)	3.960*** (7.470)	0.915*** (9.774)	1.087*** (12.460)	13.490*** (6.689)	11.950*** (6.550)	13.870*** (8.948)	13.830*** (8.948)
(PROI * M)²	−1.174*** (−7.761)	−1.063*** (−7.781)	−0.014*** (−4.026)	−0.011*** (−3.535)	−8.295*** (−10.660)	−7.318*** (−10.990)	−1.862*** (−10.770)	−1.800*** (−11.160)
PROI	1.207*** (15.600)	1.204*** (16.030)	−1.491** (−2.115)	−2.959*** (−4.954)	2.386*** (9.496)	2.439*** (9.821)	−5.094*** (−6.118)	−5.058*** (−6.310)
WAGE	0.933*** (67.69)	0.935*** (67.87)	0.953*** (66.92)	0.959*** (67.46)	0.925*** (65.04)	0.927*** (65.37)	0.958*** (68.25)	0.936*** (66.53)
EDU	1.579*** (10.510)	1.609*** (10.710)	1.407*** (9.200)	1.465*** (9.608)	1.342*** (8.757)	1.359*** (8.894)	1.589*** (10.590)	1.477*** (9.782)
NZJ	−0.708*** (−15.58)	−0.694*** (−15.46)	−0.742*** (−15.11)	−0.713*** (−15.09)	−0.804*** (−16.93)	−0.795*** (−16.97)	−0.794*** (−16.98)	−0.799*** (−16.98)
TAX	−2.107*** (−3.972)	−2.066*** (−3.908)	−1.486*** (−3.908)	−1.431*** (−2.627)	−1.011 (−1.267)	−0.804 (−0.966)	−1.822*** (−3.196)	−0.981* (−1.732)
JR	−3.907*** (−8.377)	−3.962*** (−8.485)	−1.229*** (−6.699)	−1.784*** (−9.422)	−0.565*** (−3.900)	−0.659*** (−4.568)	−0.770*** (−9.422)	−0.380*** (−6.530)

① 加△号列是以服务型中间投入品进口技术含量比较优势指数为解释变量的估计结果，无△号列是以制造型中间投入品进口技术含量逆比较优势指数为解释变量的估计结果。

变量	(1) 负向经济冲击	(2) 负向经济冲击△	(3) 经济增速	(4) 经济增速△	(5) 税赋冲击	(6) 税赋冲击△	(7) 中间投入品进口占比	(8) 中间投入品进口占比△
YH	0.501*** (6.262)	0.492*** (6.148)	0.617*** (7.012)	0.597*** (6.840)	0.583*** (7.136)	0.583*** (7.145)	0.642*** (7.677)	0.531*** (6.342)
ZZL			-8.274 (-1.008)	-2.612 (-0.319)				
IMPD							12.43*** (8.247)	11.88*** (7.750)
C	-11.12*** (-39.70)	-11.20*** (-40.03)	-16.19*** (-20.61)	-17.22*** (-21.85)	-18.11*** (-19.18)	-17.75*** (-20.80)	-17.85*** (-24.07)	-18.03*** (-24.56)
OBS	9470	9470	9470	9470	8795	8795	9470	9470
R^2	0.375	0.377	0.379	0.385	0.389	0.392	0.390	0.373
LM检验	6748.288	6741.690	8602.719	8661.822	5291.910	5139.313	3600.216	3693.198
CD检验	1.2e+04	1.2e+04	4.7e+04	5.1e+04	6613.584	6154.770	2891.626	3023.322
时间	Y	Y	Y	Y	Y	Y	Y	Y
国家	Y	Y	Y	Y	Y	Y	Y	Y

注：括号内为t值，*、**、***分别代表在10%、5%和1%的显著性水平上显著。

表 7-9　时间冲击与倒 U 形效应的稳态性

系数	制造业中间投入品				服务业中间投入品			
	滞后 1 期	滞后 2 期	滞后 3 期	滞后 4 期	滞后 1 期	滞后 2 期	滞后 3 期	滞后 4 期
Lt.PROI	4.502*** (15.55)	4.538*** (15.22)	4.546*** (14.76)	4.538*** (14.76)	4.537*** (16.21)	4.598*** (15.92)	4.625*** (15.49)	4.614*** (14.81)
Lt.PROI^2	-0.859*** (-11.76)	-0.860*** (-11.48)	-0.854*** (-11.09)	-0.846*** (-10.59)	-0.842*** (-12.29)	-0.848*** (-12.05)	-0.848*** (-11.70)	-0.840*** (-11.16)
WAGE	0.965*** (66.72)	0.971*** (64.54)	0.975*** (62.08)	0.979*** (59.06)	0.969*** (67.03)	0.975*** (64.88)	0.979*** (62.45)	0.983*** (59.44)
EDU	1.378*** (8.789)	1.396*** (8.563)	1.373*** (8.105)	1.362*** (7.628)	1.392*** (8.895)	1.411*** (8.674)	1.387*** (8.208)	1.376*** (7.728)
NZJ	-0.767*** (-16.30)	-0.784*** (-16.04)	-0.798*** (-15.64)	-0.810*** (-14.99)	-0.747*** (-16.14)	-0.765*** (-15.92)	-0.779*** (-15.53)	-0.790*** (-14.87)
TAX	-1.187*** (-2.156)	-1.142** (-2.016)	-0.981* (-1.684)	-0.912 (-1.512)	-1.132** (-2.069)	-1.079* (-1.919)	-0.911 (-1.575)	-0.848 (-1.416)
JR	-0.649*** (-4.386)	-0.585*** (-3.959)	-0.539*** (-3.654)	-0.550*** (-3.729)	-0.768*** (-5.209)	-0.679*** (-4.618)	-0.624*** (-4.248)	-0.611*** (-4.160)
YH	0.581*** (7.037)	0.592*** (6.914)	0.594*** (6.664)	0.597*** (6.364)	0.578*** (7.017)	0.590*** (6.905)	0.592*** (6.660)	0.596*** (6.367)
C	-14.17*** (-36.64)	-14.28*** (-35.66)	-14.34*** (-34.50)	-14.39*** (-32.95)	-14.38*** (-37.20)	-14.52*** (-36.26)	-14.60*** (-35.11)	-14.64*** (-33.52)
OBS	8793	8116	7438	6763	8793	8116	7438	6763
R^2	0.385	0.389	0.392	0.392	0.388	0.392	0.396	0.396

续表

系数	制造业中间投入品				服务业中间投入品			
	滞后1期	滞后2期	滞后3期	滞后4期	滞后1期	滞后2期	滞后3期	滞后4期
LM检验	8216.285	7581.243	6941.597	6306.960	8218.951	7588.767	6946.222	6310.358
CD检验	6.2e+04	5.7e+04	5.2e+04	4.7e+04	6.3e+04	5.8e+04	5.2e+04	4.7e+04
时间	Y	Y	Y	Y	Y	Y	Y	Y
国家	Y	Y	Y	Y	Y	Y	Y	Y

注：括号内为 t 值，*、**、*** 分别代表在 10%、5% 和 1% 的显著性水平上显著。

第四节　本章小结

降低高技术含量中间投入品进口依赖程度、提高高技术含量中间投入品自立自强水平和提升生产技术革新速度既是中国实现产业基础高级化和产业链现代化的关键所在,也是中国实现经济增长质量提升的重要途径。因此,厘清逆比较优势进口高技术含量中间投入品对生产技术革新的影响效应具有重要的现实价值。有鉴于此,本章从多维细致层面剖析了前者对后者的影响效应。得到的结论主要有:一是制造业和服务业中间投入品进口技术含量逆比较优势指数对生产技术革新的影响效应呈现倒 U 形,即进口技术含量过高或过低的中间投入品均不利于生产技术革新,进口约 2.5 倍于自身比较优势水平技术含量的中间投入品能最大化中间投入品进口的生产技术革新功能。倒 U 形效应在基准模型检验、考虑内生性检验和异质性检验中均稳健成立。二是中国中间投入品进口技术含量逆比较优势指数呈现持续下降趋势,该指数处于倒 U 形顶点的左侧正效应区间,中间投入品进口技术含量逆比较优势程度并未抑制中国的生产技术革新,对中国生产技术革新的作用力正逐渐减小。因此,对动态比较优势持续提升的中国而言,在处理好“卡脖子”风险的基础上,可适度提升中间投入品进口技术含量,以更好地发挥中间投入品进口的生产技术革新功能。三是中间投入品进口技术含量逆比较优势指数对生产技术革新的倒 U 形效应非常稳定。负向经济冲击、经济增速、税赋冲击、中间投入品进口占比和时间冲击等均无法撼动倒 U 形效应。因此,在复杂多变的环境中,遵循倒 U 形效应来协调中间投入品进口和生产技术革新间的关系是政策制定者难以违背的“铁律”。

第八章 最终品技术含量"瘸腿"型 深化与经济增长质量

改革开放以来,中国制造业为在国际市场上赢得更多的竞争优势,走了"捷径"型技术含量提高之路,即通过大量进口发达国家高技术含量中间投入品来快速提升最终品出口技术含量和增强国际竞争优势(Rodrik,2006;陈晓华等,2021;马述忠等,2017),这也使中国企业频频遭受国外核心中间投入品断供的威胁和冲击。[①] 因此,学界将中国制造业最终品技术含量升级之路称为"瘸腿"型深化之路(陈晓华等,2021;黄先海等,2018)。出口技术含量"瘸腿"型深化的主要表现是制造业大量使用国外高技术含量中间投入品,本质却是本国高技术含量中间投入品生产能力偏弱。这一模式不仅使中国制造业成为全球价值链领头羊企业的长期尾随者,在关键节点型中间投入品领域长期缺乏竞争力,还使得中国制造业容易陷入低端被同水平发展中国家蚕食、高端回流发达国家的比较优势真空窘境(黄先海等,2018;诸竹君等,2018),更有将中国制造业局限于低技术和低创新能力生产环节的风险,甚至陷入远离帕累托最优的低效均衡状态(黄先海和宋学印,2017;诸竹君等,2020)。

最终品技术含量"瘸腿"程度不仅体现了最终品对国外高技术含量中间投入品的依赖程度,也体现了国内制造业对该产品的技术贡献度和贡献能力,更体现了国内制造业的自我造血能力。也就是说,出口品技术含量"瘸腿"程度越高,不仅表明其对国外中间投入品依赖程度越高,也表明其国内造血能力越弱。值得一提的是:依托高技术含量中间投入品进口来提升最终品技术含量,不仅成为中国制造业实现技术赶超的"捷径",还成为备受中国企业欢迎的技术赶超模式,更成为中国高技术含量中间投入品进口依赖之痛的重要根源。为此,有必要深入分析最终品技术含量"瘸腿"型

---

① 如美国将华为、科大讯飞、海康威视、大华科技和旷视科技等中国高科技公司列入其所谓的"实体清单",给这些公司的正常经营带来了非常大的负向冲击。以华为为例,美国在核心中间投入品领域的断供行为,不仅使得华为被迫出售其荣耀手机业务,还使得其高端旗舰芯片(麒麟芯片)的生产难以为继,对其正常经营造成了巨大的负向冲击。

深化的经济效应,从而更清晰地理解最终品技术含量"瘸腿"型深化对中国经济发展的作用机理。有鉴于此,本章以最终品技术含量"瘸腿"型深化对经济高质量增长的作用机理为研究对象,在细致分析其作用机理的基础上,进一步分析最终品技术含量"瘸腿"型深化的低端锁定效应。提升高技术含量中间投入品生产能力与克服国外跨国公司"卡脖子"威胁是实现产业链和供应链自主可控、安全高效,以及产业基础高级化、产业链现代化的核心内容和关键途径,而提高经济增长质量是中国当前发展经济的主要任务。为此,相关研究结论不仅能为中国走出核心中间投入品受制于外力之窘境提供一定的参考,还能为中国制定经济高质量增长和中国式现代化方面的政策提供有益参考,更能为中国制定优化技术升级模式、提升经济增长质量、提高生产率和释放要素活力方面的政策提供更为科学的经验证据。

第一节 经济增长质量的测度与分析

经济增长质量的提升往往意味着经济运行状态更接近帕累托最优,其本质上是投入产出效率的提升(杨耀武和张平,2021)。有鉴于此,我们借鉴陈晓华等(2021),以各国投入产出效率作为衡量经济增长质量的指标,具体以 WIOD 投入产出表的总产出(output at basic prices)与中间投入品总投入之比表示。[①] 基于上述方法和数据,我们测度了 41 个样本国2000—2014 年各制造业的投入产出效率。

图 8-1 报告了 2000—2014 年各国经济增长质量指数均值,可知,一方面,经济增长质量排名前十的国家中,有 8 个是发达国家,而经济增长质量排名后十的国家中,有 9 个是发展中国家,由此我们可以推定,发达国家经济增长质量往往高于发展中国家,这在一定程度上证实了 Jorgenson et al.(2008)等推论的正确性。这一现象出现的原因可能在于:经济发展水平越高的国家,其生产过程所采用的技术水平往往越高(Rodrik,2006),进而产生的无效率损耗越少,从而使得其经济增长质量高于经济发展水平相对较低的国家。另一方面,2000—2014 年中国经济增长质量指数均值在 41 个样本国中最小,即中国的投入产出效率和经济增长质量低于其他样本国。这一现象出现的原因可能有两个:一是改革开放初期,中国以劳动力成本优势嵌入全球价值链低技术、低附加值的劳动密集型环节(马述忠等,

---

① 根据 WIOD 提供的投入产出表,制造业主要有 C5—C22 等 18 类,具体产业名称可见于 WIOD 官方网站。

2017），从而使得自身的增长模式呈现出显著的"高投入、低产出"特征，虽然历经 40 多年，中国制造业得到了长足的发展，但多数产业仍局限于全球价值链相对低端环节，未能有效介入高技术含量、高增长质量的高端环节，从而使得制造业投入产出效率偏低。二是中国制造业长期缺乏国际市场势力，进而使得中国企业在国际市场中陷入"买什么，什么贵；卖什么，什么便宜"的被动局面，使中国即使在原本处于高价位的高端产品中实现突破，也不得不卖出"白菜价"，进而导致中国的投入产出效率偏低。为此，增强在国际市场中的势力也可以成为中国实现经济增长质量提升的重要突破口。

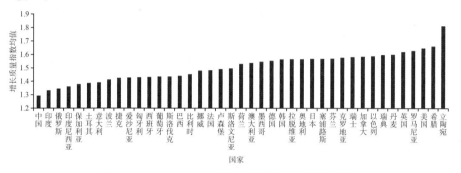

图 8-1　2000—2014 年各国经济增长质量指数均值

　　图 8-2 进一步报告了 2000—2014 年制造业出口技术含量高度"瘸腿"型国家和低度"瘸腿"型国家经济增长质量指数的均值。[①] 可知：一方面，两类国家的经济增长质量指数均值呈现出一定的上升趋势，这表明世界经济增长质量正日益提高，可见随着科学技术的进步，世界经济增长中的无效率损耗正在逐渐减少，从而推动经济增长质量逐步提升。另一方面，出口技术含量高度"瘸腿"型国家经济增长质量指数均值明显低于低度"瘸腿"型国家，这在一定程度上表明：出口技术含量"瘸腿"程度提高不利于经济增长质量的攀升，表 1-6 和图 8-1 中的印度和中国同属于"瘸腿"指数较高、经济增长质量较低的经济体也印证了这一观点。当然这仅仅是无条件相关的描述性统计和推理，后文将运用更细致严谨的方法进行检验。

　　考虑到目前并无文献就出口技术含量"瘸腿"型深化对经济增长质量的作用机理进行计量检验，为避免出现无长期均衡关系的伪回归，我们运用误差修正方程对二者的协整关系进行检验，以提高后文估计结果的可靠性。表 8-1 报告了相应的检验结果，可知四类协整检验统计量在滞后 1 期

---

① 高度"瘸腿"型国家是指表 1-6 中 2014 年出口技术含量"瘸腿"指数位居样本国前 20 的国家，其余国家设定为低度"瘸腿"型国家。

和滞后 2 期的情况下,均在至少 1% 的显著性水平上拒绝了伪回归的存在性。因此,后文的计量结果是相对科学可靠的。

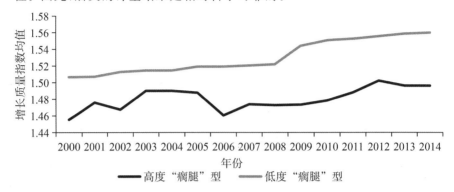

图 8-2　2000—2014 年高度和低度"瘸腿"型国家经济增长质量指数均值

表 8-1　出口技术含量"瘸腿"与经济增长质量长期均衡关系检验结果

检验类型	滞后 1 期	滞后 2 期	检验类型	滞后 1 期	滞后 2 期
Gt	−3.628(0.000)	−5.821(0.000)	Pt	−21.348(0.000)	−22.071(0.000)
Ga	−19.312(0.000)	−16.379(0.000)	Pa	−16.802(0.000)	−13.482(0.000)

注:括号内为概率值。

第二节　出口技术含量"瘸腿"型深化对经济增长质量的作用机制检验

一、计量模型的设定与控制变量的选择

本章主要目的是刻画出口技术含量"瘸腿"型深化对经济增长质量的作用机制。被解释变量为经济增长质量(ZL),以前文基于 WIOD 数据测度所得各国制造业亚产业层面投入产出效率的自然对数表示,解释变量为各国制造业出口技术含量的"瘸腿"指数(QT),由前文(1-8)式测算而得。我们构建如下方程进行计量分析:

$$ZL_{ijt} = \alpha_0 + \alpha_1 QT_{jt} + \gamma_m X_{ijt}^m + \lambda_j + \lambda_t + \varepsilon_{ijt} \tag{8-1}$$

其中,X 为控制变量。为提高估计结果的可靠性,本章进一步选取了既能刻画国别特征,又可能会对经济增长质量产生影响的因素作为控制变量。具体有:高等教育(EDU),以联合国教科文组织公布的各国高等教育毛入学率表示;资源禀赋(NZJ),以各国石油等能源租金收入占 GDP 的比重刻画;税收环境(TAX),以总税赋收入占 GDP 的比重刻画;研发投入(RD),以 ln(1+研发支出/GDP)表示;地理优势(YH),以沿海地理优势刻画,当经济体具有沿海优势时,设定为 1,否则为 0;外部经济冲击(JR),以 2008

年金融危机冲击进行刻画,当年份大于 2008 时,令 JR 为 1,否则为 0。表 8-2 报告了变量的描述性统计结果。

表 8-2　变量描述性统计结果

变量	观测值	均值	标准差	最小值	最大值
ZL	10959	0.39947	0.15952	−0.09309	1.79175
QT	10959	0.79913	0.04309	0.67263	0.95207
EDU	10959	0.31610	0.15854	0.00231	0.58741
NZJ	10959	0.02817	0.03010	0.00996	0.20449
TAX	10959	0.15291	0.05358	0.00128	0.33349
RD	10959	0.02380	0.00931	0.00995	0.05153
YH	10959	0.85354	0.35357	0	1
JR	10959	0.46664	0.49891	0	1

二、基准模型检验与内生性检验

表 8-3 报告了基准模型(OLS)的检验结果,在依次加入控制变量的情况下,制造业出口技术含量"瘸腿"指数的估计结果均为负,且通过了 1% 的显著性检验。可知:制造业出口技术含量"瘸腿"型深化会对经济增长质量产生显著的负效应,即抑制经济增长质量的提升。这证实了前文描述性统计结论的科学性和可靠性。基于这一检验结果,我们可以得到如下推论:首先,中国较高的"瘸腿"指数在很大程度上导致了中国经济增长质量指数均值在样本国中最小的尴尬局面,印度尼西亚、印度和中国 2014 年的"瘸腿"指数位居样本国前三(见第一章第二节),可见抑制效应对这三国的冲击力远大于其他国家,即三国遭遇先发国家设置的"天花板"和"卡脖子"风险高于其他样本国,更容易成为全球价值链的长期追随者和被俘获者,甚至陷入只赶不超的窘境。为此,提升中国国内高技术含量中间投入品生产能力具有非常重要的现实意义,其可以成为中国降低出口技术含量"瘸腿"程度和提升经济增长质量的重要途径。其次,发达国家的技术含量提升模式优于发展中国家,表 1-6 中"瘸腿"指数的测度结果显示,发达国家的"瘸腿"指数多小于发展中国家,因而出口技术含量"瘸腿"型深化给发展中国家经济增长质量带来的下行压力大于发达国家。为此,发展中国家可学习和模仿发达国家的制造业发展方式,将技术创新资源、资本资源和人力资源向全球价值链关键节点型中间投入品适度倾斜,以实现高技术含量中间投入品生产能力提升和"瘸腿"指数降低并举,助力经济增长质量提

升。最后,高技术含量中间投入品是后发国摆脱先发国约束、进入全球价值链高端环节的关键突破口。"瘸腿"对经济增长质量产生负效应的本质原因可能在于:高技术含量中间投入品生产往往是制造业高增长质量、高附加值和高技术含量环节,"瘸腿"在一定程度上意味着国外高技术含量、高质量环节对本国相应环节的替代,使得本国企业不得不转而从事价值链的低技术含量、低质量环节,这不仅不利于经济增长质量的提升,还使得先发国的先发优势得以巩固、后发国的后发劣势被进一步锁定,从而导致"先发国受益、后发国受损"现象的出现。因此,对处于从制造业大国向制造业强国转型关键期的中国而言,在中间投入品领域赢得竞争优势和先发优势具有非常重要的现实价值。

表 8-3　基准模型检验结果

变量	(1)	(2)	(3)	(4)	(5)	(6)
QT	-0.1380^{***} (-4.412)	-0.1290^{***} (-4.108)	-0.1250^{***} (-3.850)	-0.0850^{**} (-2.568)	-0.0818^{**} (-2.469)	-0.0779^{**} (-2.350)
EDU		0.0448^{***} (5.463)	0.0445^{***} (5.379)	0.0269^{***} (3.095)	0.0252^{***} (2.890)	0.0287^{***} (3.263)
NZJ			-0.0160 (-0.358)	0.0132 (0.293)	0.0358 (0.786)	0.0620 (1.334)
TAX				0.166^{***} (6.389)	0.162^{***} (6.215)	0.156^{***} (5.971)
RD					0.394^{***} (2.754)	0.469^{***} (3.231)
YH						-0.0108^{***} (-2.866)
JR						-0.0287^{***} (-4.041)
C	0.449^{***} (16.58)	0.429^{***} (15.74)	0.427^{***} (15.30)	0.372^{***} (12.74)	0.361^{***} (12.28)	0.365^{***} (12.39)
OBS	10959	10959	10959	10959	10959	10959
R^2	0.302	0.304	0.304	0.306	0.307	0.307
国家	Y	Y	Y	Y	Y	Y
时间	Y	Y	Y	Y	Y	Y

注:括号内为 t 值,*、**、*** 分别代表在10%、5%和1%的显著性水平上显著。

考虑到出口技术含量"瘸腿"型深化和经济增长质量可能具有互为因果关系的内生性特征,本章进一步采用两种方式进行内生性检验,以确保基准模型检验结果是科学稳健的。一是以能克服内生性的两阶段最小二乘法(2SLS)进行实证检验,为提高两阶段最小二乘法估计结果的可靠性,我们构建了两个工具变量依次进行分析。考虑到初始阶段进口的中间投入品技术含量越高,"瘸腿"程度也越高,且"瘸腿"程度具有较强的前期依赖特征(见第一章第二节),我们参照施炳展和游安南(2021)、张杰等(2011)和 Lewbel(1997)的处理方法,以中间投入品进口技术含量与均值之差的三次方作为工具变量(IV)。二是构建能有效克服内生性的联立方程进行实证分析,将(8-1)式作为联立方程的第一个方程,以 $QT_{it} = c_0 + \theta ZL_{ijt} + \delta_m L_{ijt}$ 为联立方程的第二个方程,L 为控制变量,实证中以能有效体现国家经济发展水平的人均 GDP 及其 1 期滞后项作为第二个方程的控制变量。表8-4报告了两类检验结果,列(1)—(3)的 LM 检验和 CD 检验结果均表明两阶段最小二乘法的工具变量是有效的。从内生性检验结果的

表 8-4　内生性检验结果

变量	2SLS-IV			联立方程		
	(1)	(2)	(3)	(3)	(4)	(5)
QT	−1.266*** (12.390)	−1.086*** (−3.826)	−0.627*** (−2.902)	−0.160*** (−4.806)	−0.140*** (−4.039)	−0.102*** (−2.912)
EDU		0.0464*** (−2.912)	0.0162 (1.489)		0.0457*** (5.351)	0.0304*** (3.353)
NZJ		−0.559*** (−4.674)	−0.242*** (−2.772)		−0.063 (−1.352)	0.015 (0.315)
TAX			0.275*** (6.252)			0.152*** (5.587)
RD			0.566*** (3.145)			0.539*** (3.596)
YH			−0.0149*** (−3.217)			−0.0105*** (−2.691)
JR			0.0025 (0.176)			−0.0502*** (−7.011)
C	−0.639** (−7.01)	−0.486** (−2.075)	−0.145 (−0.80)	0.473*** (16.69)	0.447*** (15.31)	0.395*** (12.91)
OBS	10959	10959	10959	10227	10227	10227
R^2	0.169	0.165	0.160	0.301	0.302	0.305
LM 检验	164.339	222.254	376.046			
CD 检验	166.597	226.482	388.662			
国家	Y	Y	Y	Y	Y	Y
时间	Y	Y	Y	Y	Y	Y

注:括号内为 t 值,*、**、*** 分别代表在 10%、5% 和 1% 的显著性水平上显著。

估计系数上看,出口技术含量"瘸腿"型深化的系数均在较高的显著性水平上为负(通过 1% 的显著性检验),与基准模型检验所得结果一致,可见出口技术含量"瘸腿"型深化对经济增长质量的抑制效应在考虑内生性的情况下依然成立,这也从内生性视角证实了基准模型检验所得结论的可靠性。基准模型检验和内生性检验中研发投入的估计结果均显著为正,这在一定程度上表明研发投入可能会减小出口技术含量"瘸腿"型深化对国际分工地位的抑制效应。

三、稳健性检验结果与分析

为进一步确保前文的估计结果是稳健可靠的,我们采用两种方法进行稳健性检验。一是考虑到能源投入产出效率也是衡量经济增长质量的重要指标,我们以替换被解释变量的形式进行稳健性检验,即以经济效率(XL)作为被解释变量,具体以世界银行数据库中各国每千克当量石油所产生 GDP 的自然对数表示;二是出口技术含量"瘸腿"型深化的本质是对国外中间投入品的进口依赖,因此,我们以中间投入品进口依赖(IMPD)替代出口技术含量"瘸腿"指数的方式进行稳健性检验,以(3-1)式核算中间投入品进口依赖。

表 8-5 报告了相应的稳健性检验结果。一方面,在经济效率作为被解释变量的估计结果中,出口技术含量"瘸腿"型深化变量的估计结果依然为负,且通过了 1% 的显著性检验,即"瘸腿"型深化不利于经济效率的提升;另一方面,中间投入品进口依赖作为解释变量的估计结果显著为负,即中间投入品进口依赖不利于经济增长质量的提升。上述结论的经济学内涵与前文基准模型检验和内生性检验所得结论高度一致,由此我们可以推定:前文的估计结果是稳健可靠的。综合表 8-5 的估计结果,我们还可以得到如下推论:一是高技术含量中间投入品生产环节的经济效率高于其他生产环节,为此,降低"瘸腿"程度、提升本土高技术含量中间投入品生产能力有助于"碳达峰、碳中和"目标的实现;二是减少中间投入品进口的数量和技术含量均有助于经济增长质量提升。因此,对中间投入品进口的数量和技术含量进行同步优化可以更为有效地提升经济增长质量。

表 8-5 两类稳健性检验结果

系数	替换被解释变量(XL)			替换解释变量(IMPD)		
	(1)	(2)	(3)	(4)	(5)	(6)
QT	−1.313*** (−18.62)	−0.662*** (−9.39)	−0.316*** (−4.72)	−0.932*** (−15.37)	−1.242*** (−19.07)	−1.539*** (−21.75)
EDU		−0.311*** (−16.11)	−0.347*** (−18.82)		0.038*** (4.38)	0.055*** (6.35)
NZJ		−2.572*** (−25.60)	−3.135*** (−32.28)		−0.302*** (−6.67)	−0.262*** (−5.65)
TAX		1.114*** (19.03)	1.265*** (23.09)		0.229*** (9.08)	0.215*** (8.54)
RD			−7.683*** (−25.11)			0.247* (1.73)
YH			−0.0592*** (−7.47)			−0.0442*** (−11.10)
JR			0.1880*** (33.43)			−0.0314*** (−4.57)
C	3.195*** (55.28)	2.677*** (45.05)	2.551*** (44.43)	0.474*** (40.95)	0.484*** (38.16)	0.558*** (37.47)
OBS	10959	10959	10959	10959	10959	10959
R^2	0.031	0.127	0.246	0.315	0.328	0.336
国家	Y	Y	Y	Y	Y	Y
时间	Y	Y	Y	Y	Y	Y

注:括号内为 t 值,*、**、*** 分别代表在 10%、5% 和 1% 的显著性水平上显著。

四、动态检验和异质性检验结果与分析

出口技术含量"瘸腿"对经济增长质量的抑制效应,不仅能赋予技术领先国更多的高质量增长机会,还有助于其成为全球价值链链主。对于技术后发国而言,则容易被局限在低质量生产环节,难以突破先发国设置的技术与质量方面的"天花板"。因此,这一影响机制对后发国较为不利。那么,这一机制是否会随着时间的推移而逐渐弱化,进而为后发国的经济增长质量提升和产品技术含量提高模式优化提供更多的方向和路径?为揭示这一问题的答案,我们进一步对出口技术含量"瘸腿"型深化对经济增长质量的作用机制进行动态分析。表 8-6 报告了出口技术含量"瘸腿"指数滞后 1—4 期情况下的估计结果,可知:出口技术含量"瘸腿"指数在滞后 1—4 期条件下的估计结果均显著为负,可见在滞后 1—4 期的条件下,抑制效应仍稳健成立,即抑制效应并不会随着时间的推移而消失。因此,寄

表 8-6 滞后 1—4 期的动态检验结果

变量	(1)	(2)	(3)	(4)	(5)	(6)	(7)	(8)
L1. QT	−0.154*** (−4.747)							
L2. QT		−0.096*** (−2.778)						
L3. QT			−0.155*** (−4.562)					
L4. QT				−0.101*** (−2.804)				
EDU					−0.157*** (−4.405)			
NZJ						−0.108*** (−2.835)		
TAX							−0.151*** (−4.034)	
RD								−0.109*** (−2.691)
		0.0311*** (3.419)		0.0345*** (3.644)		0.0350*** (3.524)		0.0364*** (3.491)
		0.0331 (0.679)		0.0163 (0.319)		0.0016 (0.030)		−0.0173 (−0.308)
		0.136*** (4.992)		0.126*** (4.342)		0.112*** (3.637)		0.094*** (2.872)
		0.415*** (2.755)		0.317** (2.013)		0.260 (1.573)		0.134 (0.769)
YH		−0.0104*** (−2.661)		−0.0093** (−2.273)		−0.0084** (−1.964)		−0.0077* (−1.693)
JR		−0.0306*** (−4.249)		−0.0343*** (−4.745)		−0.0339*** (−4.605)		−0.0239*** (−3.269)
C	0.459*** (16.37)	0.380*** (12.44)	0.464*** (15.83)	0.392*** (12.23)	0.466*** (15.14)	0.400*** (11.78)	0.453*** (14.04)	0.397*** (11.02)

续表

变量	(1)	(2)	(3)	(4)	(5)	(6)	(7)	(8)
OBS	10227	10227	9495	9495	8763	8763	8031	8031
R^2	0.302	0.307	0.300	0.304	0.298	0.302	0.299	0.302
国家	Y	Y	Y	Y	Y	Y	Y	Y
时间	Y	Y	Y	Y	Y	Y	Y	Y

注：括号内为 t 值，$*$、$**$、$***$ 分别代表在 10%、5% 和 1% 的显著性水平上显著。

希望于时间来弱化抑制效应似乎并不可行,在制定技术含量提高模式与经济增长质量同步优化的策略时,仍需考虑和遵循上述作用机制,这也进一步凸显了提高本土高技术含量中间投入品生产能力这一途径的重要性。

考虑到贸易地理优势既为中间投入品贸易规模的扩大提供了便利,也为经济体接触世界先进技术提供了便利,进而会对经济增长质量产生影响,我们进一步从异质性贸易地理优势视角剖析出口技术含量"瘸腿"型深化对经济增长质量的作用机制。我们选取了三类贸易地理优势:一是沿海地理优势;二是毗邻大进口国优势,我们将 2014 年进口量排名前五的国家认定为大进口国①,与一个或一个以上大进口国毗邻时,设定该国具有相应的优势;三是考虑到近些年各国签署了大量的自贸区协议,契约型贸易地理优势在国际贸易和技术进步中发挥的作用日益重要,我们选取是否为世界贸易组织(WTO)成员作为契约型贸易地理优势的代理变量,当年为WTO 成员时,认定其具有该优势。

表 8-7 列(1)—(6)报告了相应的估计结果。可知在有沿海优势、无沿海优势、有毗邻大进口国优势、无毗邻大进口国优势和有契约型贸易地理优势(WTO 成员)条件下,出口技术含量"瘸腿"型深化抑制经济增长质量提升的机制均稳健成立。出口技术含量"瘸腿"指数在非 WTO 成员的估计结果中并不显著,该现象出现的原因可能在于:当一国非 WTO 成员时,其融入全球价值链分工体系的程度较低。一方面,其整合国际生产资源的能力相对较弱,并未形成借力国外高端中间投入品丰富最终品技术含量的生产模式;另一方面,其生产资源被跨国公司整合的机会相对较少,从而使得抑制效应不明显。这在一定程度上表明:融入全球价值链分工体系是抑制效应存在的重要诱因。因此,以产业基础高级化和产业链现代化为支撑,构建科学高效的国内价值链可以成为削弱出口技术含量"瘸腿"型深化抑制效应的重要方向。表 8-7 列(7)和(8)报告了发展中国家和发达国家的实证结果,可知出口技术含量"瘸腿"指数在两类国家的估计结果中均显著为负,可见抑制机制在不同发展水平的国家中均显著成立。对于不同发展水平的地区而言,制定经济增长质量和技术含量提高模式协同优化政策时,仍需遵循上述规律。

---

① 2014 年货物进口额排名前五的国家分别为美国、中国、德国、日本和英国。

表 8-7 贸易地理优势和发展水平异质性层面的检验结果

变量	沿海优势		毗邻大进口国优势		WTO成员		发展水平	
	有	无	有	无	是	否	发展中国家	发达国家
	(1)	(2)	(3)	(4)	(5)	(6)	(7)	(8)
QT	-0.112*** (-3.063)	-0.356*** (-2.741)	-0.392*** (-6.698)	-0.637*** (-4.132)	-0.176*** (-4.422)	-0.068 (-0.403)	-1.260*** (-8.933)	-0.299*** (-4.726)
EDU	0.0194* (1.938)	-0.1250*** (-4.246)	-0.0861*** (-6.347)	0.0050 (0.164)	0.0491*** (5.305)	0.0291 (0.151)	0.1810*** (9.314)	-0.0163 (-1.593)
NZJ	0.0144 (0.293)	3.8580*** (7.766)	0.6190*** (4.894)	0.9330*** (3.101)	-0.0248 (-0.504)	0.1810 (0.215)	0.3300*** (4.626)	0.2130*** (2.676)
TAX	0.2010*** (6.819)	-0.9590*** (-8.190)	0.2850*** (5.491)	-0.2170** (-2.477)	0.1260*** (4.602)	-0.6360 (-1.204)	-0.0538 (-0.926)	-0.0995*** (-2.652)
RD	0.515*** (3.205)	3.439*** (6.121)	0.971*** (3.836)	-0.252 (-0.624)	-0.280* (-1.747)	-1.603 (-0.885)	-7.753*** (-16.740)	0.316* (1.668)
YH			-0.0223** (-2.490)	0.0378* (1.694)	-0.0127*** (-2.986)	-0.0317 (-1.622)	0.0101 (1.756)	-0.0137** (-2.557)
JR	-0.0265*** (-3.447)	-0.0352* (-1.795)	-0.0357*** (-3.526)	-0.0372*** (-3.409)	-0.0305*** (-4.000)	-0.0069 (-0.215)	-0.0515*** (-3.523)	0.0298*** (-3.326)
C	0.366*** (11.38)	0.721*** (6.40)	0.622*** (11.63)	0.809*** (6.04)	0.466*** (13.55)	0.433*** (2.72)	1.433*** (11.99)	0.591*** (11.25)
OBS	8729	1498	4284	5943	8967	1260	4697	5530
R^2	0.311	0.353	0.351	0.445	0.326	0.401	0.151	0.410

续表

变量	沿海优势		毗邻大进口国优势		WTO 成员		发展水平	
	有	无	有	无	是	否	发展中国家	发达国家
	(1)	(2)	(3)	(4)	(5)	(6)	(7)	(8)
国家	Y	Y	Y	Y	Y	Y	Y	Y
时间	Y	Y	Y	Y	Y	Y	Y	Y

注：括号内为 t 值，*、**、***分别代表在 10%、5%和 1%的显著性水平上显著。

从估计系数来看,发达国家估计系数的绝对值明显小于发展中国家,这在一定程度上表明抑制效应对发展中国家产生的负向冲击大于发达国家。这一现象出现的原因可能在于:在高技术含量中间投入品生产方面,发达国家比发展中国家更具比较优势,进而使得发达国家抵御出口技术含量"瘸腿"型深化抑制效应的能力大于发展中国家,从而使抑制效应对发达国家的负向冲击相对较小。由此可得出以下推论:一是一国嵌入全球价值链程度越深,抑制效应的负向冲击越明显〔表 8-7 列(5)和(6)〕;二是一国经济发展水平越高,其抵御抑制效应负向冲击的能力越强〔表 8-7 列(7)和(8)〕。而有沿海优势和毗邻大进口国优势国家估计系数的绝对值明显小于无相应优势的国家,结合上述推论可知这一现象出现的原因可能是:沿海优势和毗邻大进口国优势会同时加快一国嵌入全球价值链的步伐和经济增长速度,而该优势推动经济增长所引致的抵御能力提升效果大于该优势推动全球价值链嵌入程度提升所引致的负向冲击,进而导致拥有两类优势国家估计系数的绝对值小于无该优势的国家。

第三节　"瘸腿"型深化会导致低端锁定吗?

出口技术含量"瘸腿"型深化虽然推动了中国制造业最终品竞争优势的增强,但这一模式会使得国内高技术含量中间投入品生产企业受到不良冲击,导致国内高技术含量中间投入品生产环节的发展之路变得更加坎坷。为此,学界纷纷猜测以高技术含量中间投入品进口为特征的"瘸腿"型深化模式可能会将中国制造业局限于低质量、低生产率、低回报率生产环节,第二章的理论分析也得到类似的推论与假说(假说 5)。然而令人遗憾的是:由于"瘸腿"型深化识别方法的缺失,上述结论多局限于推测层面,科学经验分析的缺乏使得学界未能有效掌握出口技术含量"瘸腿"型深化与低端锁定之间的真实关系。有鉴于此,本节基于前文测度结果,细致分析出口技术含量"瘸腿"型深化对生产率和要素回报率的作用机制,以期在验证前文假说的基础上,弥补出口技术含量"瘸腿"型深化与低端锁定交叉领域经验研究缺乏之憾。

一、"瘸腿"型深化与制造业产业生产率

基于 WIOD 中的社会经济账户数据,本部分测度了各国制造业亚产业 2000—2014 年的生产率,进而以生产率为被解释变量,刻画出口技术含量"瘸腿"型深化对生产率的作用机制。表 8-8 报告了出口技术含量"瘸腿"型深化对生产率作用机制的实证结果,出口技术含量"瘸腿"型深化对生产率表现出显著的负效应,即出口技术含量"瘸腿"型深化会抑制制造业生产率的提升,进而将后发国制造业局限于低生产率环节。

表 8-8　出口技术含量"瘸腿"型深化对生产率影响的检验结果

变量	(1)	(2)	(3)
QT	−3.922*** (−12.47)	−3.689*** (−11.43)	−3.682*** (−11.37)
EDU		−0.222** (−1.989)	−0.222** (−1.988)
NZJ		−4.243*** (−4.062)	−4.235*** (−4.053)
TAX		0.698* (1.850)	0.700* (1.855)
RD			−0.463 (−0.232)
YH			1.458*** (15.16)
JR			0.533*** (11.63)
C	8.775*** (32.13)	8.738*** (29.11)	7.282*** (24.98)
OBS	10959	10959	10959
R^2	0.899	0.899	0.899
国家	Y	Y	Y
时间	Y	Y	Y

注:括号内为 t 值,*、**、*** 分别代表在 10%、5% 和 1% 的显著性水平上显著。

二、"瘸腿"型深化与要素回报率

全球价值链分工体系低端环节往往具有低回报率的特点(刘维林,2021;黄先海和杨高举,2010),为了更科学详细地刻画出口技术含量"瘸腿"型深化与低端锁定的关系,我们进一步分析"瘸腿"型深化对工资和资本回报率的作用机制。其中,工资以 WIOD 中产业人均工资的自然对数表示,资本回报率基于王开科和曾五一(2020)关于资本回报率基本原理的阐述,以 WIOD 中产业资本回报率(capital compensation)与资产存量总额(capital stock)之比表示。

表 8-9 报告了相应的估计结果,可知出口技术含量"瘸腿"指数在两种生产要素的估计结果中均为负,且通过了至少 1% 的显著性检验,即"瘸腿"型深化不利于工资和资本回报率的提升。考虑到工资增长也是劳动力技能水平提升的重要体现(赵伟等,2011),这在一定程度上印证了第二章理论分析中假说 5 的科学性,即技术含量"瘸腿"型深化对要素回报率具有

抑制效应,这一现象出现的原因可能在于:高技术含量中间投入品往往具有较高的价格,因而高技术含量中间投入品的大量进口会对本国生产要素的收益产生侵蚀效应,不利于要素回报率的提升。提升要素回报率是激发要素活力、提高要素使用效率和促进要素积累的重要途径,因而抑制效应的存在可能会产生如下不良后果:一方面挫伤要素的积极性,使得资本积累和人力资本流入速度变慢,容易导致企业在高技术生产环节的追赶能力降低,进一步拉大后发国与先发国的差距;另一方面使要素处于低效使用状态,不仅使生产要素未能有效发挥推动制造业技术含量提高和经济增长质量提升的功能,还造成了要素资源低效使用型浪费。

表 8-9　"瘸腿"型深化对要素回报率影响的检验结果

变量	工资			资本回报率		
	(1)	(2)	(3)	(4)	(5)	(6)
QT	-5.469^{***} (-36.03)	-5.064^{***} (-32.10)	-3.859^{***} (-24.81)	-0.146^{***} (-17.19)	-0.140^{***} (-16.06)	-0.139^{***} (-15.92)
EDU		0.65200^{***} (11.290)	0.06660 (1.145)		-0.00812^{***} (-2.698)	-0.00811^{***} (-2.694)
NZJ		0.013 (0.024)	-2.245^{***} (-4.353)		-0.156^{***} (-5.552)	-0.155^{***} (-5.517)
TAX		0.15700 (0.750)	0.06450 (0.323)		0.00868 (0.854)	0.00894 (0.879)
RD			2.180^{**} (2.079)			-0.058 (-1.080)
YH			1.8420^{***} (36.89)			0.0744^{***} (28.70)
JR			0.2760^{***} (29.90)			0.0204^{***} (16.50)
C	8.716^{***} (68.76)	8.354^{***} (57.54)	5.534^{***} (39.83)	0.268^{***} (36.45)	0.273^{***} (33.69)	0.198^{***} (25.26)
OBS	10959	10959	10959	10959	10959	10959
R^2	0.960	0.960	0.964	0.940	0.940	0.940
国家	Y	Y	Y	Y	Y	Y
时间	Y	Y	Y	Y	Y	Y

注:括号内为 t 值,*、**、*** 分别代表在 10%、5% 和 1% 的显著性水平上显著。

综上可知:出口技术含量"瘸腿"型深化不仅会对经济增长质量产生抑制作用,还会对制造业国际分工地位、生产率和要素回报率产生负向冲击,即"瘸腿"型深化容易将制造业锁定于低质量、低分工地位、低生产率和低要素回报率的生产环节。这一结论很好地验证了前文第二章假说 5 的科学性和准确性。由此我们可以推定:"瘸腿"型深化对后发国具有低端锁定效应。可见,"瘸腿"型深化所带来的竞争优势增强效应仅仅是短期效应,长期而言,会给后发国带来非常严重的不良冲击。因此,通过进口高技术含量中间投入品来增强最终品国际竞争优势实际上是一种类似饮鸩止渴的得不偿失的行为。

第四节　本章小结

本章细致剖析了出口技术含量"瘸腿"型深化对经济增长质量的作用机制,并从多维视角检验了"瘸腿"型深化与低端锁定的关系。得到的结论主要有:一是出口技术含量"瘸腿"型深化会对经济增长质量产生抑制效应,这一效应在基准模型检验、内生性检验、稳健性检验、动态检验和异质性检验中均稳健成立。可见高技术含量中间投入品不仅是一国控制全球价值链的重要工具,也是决定一国经济增长质量高低的重要因素。因此,在高技术含量中间投入品领域赢得先发优势对一国经济发展具有非常重要的现实价值,这也印证了中国当前实施的产业基础高级化和产业链现代化策略的科学性。二是出口技术含量"瘸腿"型深化具有低端锁定功能,会将后发国锁定于低质量、低国际分工地位、低生产率和低回报率的低端生产环节,因而通过进口高技术含量中间投入品来增强最终品国际竞争优势只能作为权宜之计,长期而言,逐步降低出口技术含量的"瘸腿"程度和减少高技术含量中间投入品进口的负向冲击才是最优选择。三是中国出口技术含量"瘸腿"指数一直位居样本国前列,这既表明中国制造业增长质量、国际分工地位、生产率和要素回报率遭受的负向冲击位居样本国前列,也表明中国制造业对国外高技术含量中间投入品具有较高的依赖性,产业链、供应链自主可控能力和全球价值链关键节点型中间投入品的生产能力相对较弱。因此,对于注重经济高质量增长的中国而言,提升高技术含量中间投入品本土生产能力具有非常强的紧迫性。四是综合基准模型检验、稳健性检验和机制检验的结论可知:研发投入、高等教育变量和资本密集度变量会对经济增长质量产生正效应。其可能会在一定程度上缓解出口技术含量的"瘸腿"型深化对经济增长质量的负向作用效应。五是中国经济具有"高投入、低产出"的低效率和低质量增长特征。中国的投入产出效率处于样本国较低位置,这不仅表明中国经济增长具有粗放型特征和"高买低卖"特征,国际获利能力和边际加成能力相对较弱,还在一定程度上表明出口技术含量"瘸腿"型深化会削弱中国产品的国际定价能力,从而不利于中国产品价格加成水平的提升,也凸显了高技术含量中间投入品由进口依赖向自立自强转变的重要性。

第九章 最终品技术含量"瘸腿"型深化与国际分工地位

　　高技术含量中间投入品具有生产工艺复杂、创新活跃度高和附加值高等特征(刘慧,2021),是一国生产技术前沿性、产品国际竞争力和比较优势水平的真实写照(陈晓华等,2022a;黄先海和杨高举,2010),因而高技术含量中间投入品进口实际上相当于将全球价值链的高端分工环节外包给国外技术领先企业(薛军等,2021)。由此,我们自然就产生了如下疑惑:出口技术含量"瘸腿"型深化会对中国的国际分工地位产生什么样的影响? 是否会不利于制造业分工地位的攀升? 进口高技术含量中间投入品是实现最终品技术含量快速提高的"捷径",备受国内企业欢迎(陈晓华等,2022;黄先海等,2021),因而在本土高端中间投入品生产能力偏弱的情况下,中国制造业很难与国外高端中间投入品完全"脱钩"(裴长洪和刘斌,2019),出口技术含量"瘸腿"型深化模式在中国制造业的未来发展中将长期存在。而改变出口技术含量"瘸腿"现状和推动国际分工地位攀升是我国实施经济增长质量提升与产业链关键环节自主可控策略的核心内容和关键途径。为此,深入剖析上述问题不仅有助于中国制造业走出高技术含量中间投入品受制于人的困境,还能为中国制定全球价值链分工地位攀升、建设现代化产业体系和产业安全等方面的政策提供有益参考。有鉴于此,本章以第一章所构建的出口技术含量"瘸腿"程度科学度量工具及其测度结果为依托,细致分析出口技术含量"瘸腿"型深化对国际分工地位的作用机制和作用渠道,并进一步检验出口技术含量"瘸腿"型深化对服务业的作用效应,以为中国制定产业链关键环节自主可控、全球价值链分工地位攀升和经济增长动能优化等方面的政策提供全新的经验依据。

第一节 技术含量"瘸腿"型深化与国际分工地位的关系初判

　　国际分工地位是一国产业技术创新能力和获利能力高低的重要体现(吕越等,2018;凌永辉和刘志彪,2021),技术创新能力和获利能力能从产品的增加值率中得到体现(黄先海和杨高举,2010),因此,基于增加值率的方法备受学界欢迎。有鉴于此,我们基于 WIOD 投入产出数据,运用 Koopman et al.(2014)和王直等(2015),识别各国的国际分工地位,图 9-1

报告了 2000—2014 年高度依赖国外高技术含量中间投入品国家和低度依赖国外高技术含量中间投入品国家的国际分工地位均值。可知：一方面，高度依赖国外高技术含量中间投入品国家的国际分工地位值一直略低于低度依赖国外高技术含量中间投入品国家，这在一定程度上表明出口技术含量"瘸腿"型深化不利于国际分工地位的提升，容易导致一国产业在全球价值链分工体系中处于更不利的地位。另一方面，两类国家的国际分工地位均值呈现出持续下降的趋势，这一现象出现的原因在于随着全球化的演进，整合全球资源来实现利润最大化和成本最小化已深得跨国企业青睐，从而使得 Koopman et al.(2014)和王直等(2015)的方法中 FVA 值持续提升，进而导致国际分工地位均值呈现整体性下降趋势。

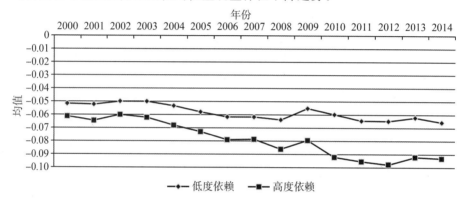

图 9-1　国外高技术含量中间投入品依赖程度高低国的国际分工地位[①]

为规避无协整关系的伪回归，我们用误差修正面板协整检验（ECM panel cointegration tests）进一步判断二者的长期均衡关系，以确保二者协整关系的存在性。表 9-1 报告了协整检验结果，可知：协整检验的四个统计量在滞后 1 期和 2 期条件下，在 1‰ 的显著性水平上证实了二者长期均衡关系的存在性，因此，二者关系的计量分析不会有伪回归分析，基于二者关系的计量分析结论是相对可靠的。

表 9-1　出口技术含量"瘸腿"型深化与国际分工地位协整关系检验结果

检验类型	滞后 1 期	滞后 2 期	检验类型	滞后 1 期	滞后 2 期
Gt	−3.114 (0.000)	−3.988 (0.000)	Pt	−85.705 (0.000)	−71.144 (0.000)
Ga	−16.340 (0.000)	−16.415 (0.000)	Pa	−20.648 (0.000)	−21.432 (0.000)

注：括号内为概率。

[①] 本部分高度依赖国外高技术含量中间投入品国家为图 1-6 中出口技术含量"瘸腿"指数位居前 20 的国家，其余为低度依赖国外高技术含量中间投入品国家。

第二节　技术含量"瘸腿"型深化对国际分工地位影响的实证检验

一、计量模型的设定与控制变量的选择

本章的核心目标和内容是剖析出口技术含量"瘸腿"型深化对国际分工地位的作用机制。为此,被解释变量为各国制造业国际分工地位(GVC_PO),解释变量为各国制造业出口技术含量"瘸腿"指数(QT)。我们构建以下方程进行计量检验:

$$\text{GVC\_PO}_{ijt} = \alpha_0 + \alpha_1 \text{WL}_{jt} + \gamma_m X_{ijt}^m + \lambda_j + \lambda_t + \varepsilon_{ijt} \qquad (9\text{-}1)$$

其中,ε_{ijt}为随机扰动项,λ_j和λ_t分别为国家和时间的固定效应,X为控制变量,为了提高估计结果的可靠性,选择了既能刻画国别和产业异质性特征,又可能对国际分工地位产生影响的变量作为控制变量,主要有:产业资本密度(PK),以各产业资本存量与就业人数之比的自然对数表示;产业人均工资(WAGE),以各产业人均工资的自然对数表示;税收环境(TAX),以各国总税赋收入占GDP的比重刻画;贸易地理优势(YH),以是否为沿海国家进行刻画,当一国拥有沿海优势时,设定为1,否则为0;经济运行效率(XL),以每千克当量石油产生GDP的自然对数表示;能源禀赋(NY),以各国石油等能源租金收入占GDP的比重刻画。控制变量中产业人均工资和产业资本密度数据来自WIOD社会经济账户数据库,其余变量数据来自世界银行数据库。

二、基准模型检验结果与分析

基于WIOD中各国2000—2014年数据和(9-1)式,我们就出口技术含量"瘸腿"型深化对产业国际分工地位的作用机制进行了实证分析。表9-2报告了基准模型检验结果,可知在控制国家、产业和时间固定效应及依次加入控制变量条件下,出口技术含量"瘸腿"指数的系数均显著为负,且通过了1‰的显著性检验,可见出口技术含量"瘸腿"型深化会抑制产业国际分工地位的提升。这表明:首先,出口技术含量"瘸腿"型深化对国际分工地位攀升的负向效应大于正向效应,可见高技术含量中间投入品等外力虽能在短期内快速提升本国最终产品的国际竞争力,推动本国出口和经济增长,但长期内其容易将本国制造业锁定于低增加值、低获利能力的生产环节,进而抑制国际分工地位攀升。因此,以"内力不够外力凑"为特征的出

口技术含量"瘸腿"型深化实际上是一种饮鸩止渴的行为,容易使高技术含量中间投入品的长期利益受到损害,而应对这一长期潜在风险的核心途径是推动内力提升,进而降低本国制造业对外力的依赖程度。

表 9-2 基准模型检验结果(OLS)

系数	(1)	(2)	(3)	(4)	(5)	(6)
QT	−0.361*** (−12.570)	−0.288*** (−11.700)	−0.188*** (−8.643)	−0.188*** (−8.639)	−0.104*** (−4.620)	−0.106*** (−4.675)
PK		0.0763*** (60.73)	0.0470*** (38.20)	0.0469*** (38.10)	0.0464*** (37.96)	0.0464*** (37.96)
WAGE			0.118*** (55.19)	0.118*** (55.14)	0.115*** (53.93)	0.115*** (53.90)
TAX				0.0072 (0.229)	0.0642** (2.038)	0.0632** (2.005)
YH					0.281*** (20.57)	0.280*** (20.29)
XL					0.158*** (14.04)	0.158*** (14.02)
NY						−0.00579 (−0.729)
C	−0.382*** (−23.86)	−0.760*** (−50.47)	−1.115*** (−75.59)	−1.116*** (−71.26)	−1.726*** (−56.41)	−1.723*** (−55.96)
OBS	10687	10675	10675	10675	10675	10675
R^2	0.931	0.950	0.961	0.961	0.962	0.962
国家	Y	Y	Y	Y	Y	Y
年份	Y	Y	Y	Y	Y	Y

注:括号内为 t 值,*、**、*** 分别代表在 10%、5%和 1%的显著性水平上显著。

其次,进口高技术含量中间投入品是外力的典型代表,而出口技术含量"瘸腿"型深化抑制国际分工地位攀升的机制既会使得高技术含量中间投入品供应国处于国际分工体系的有利地位(甚至地位持续攀升),也会使高技术含量中间投入品进口国处于国际分工的劣势地位(甚至地位持续下降),助力高技术含量中间投入品生产国逐步成为全球价值链分工体系的链主和控制者,将高技术含量中间投入品进口国变成被俘获者和被"卡脖子"者。为此,提升高技术含量中间投入品生产能力至关重要。

最后,中国出口技术含量"瘸腿"指数在样本国中位居前列,因而面临的被俘获和被"卡脖子"风险相对较大,这不仅使中国制造业容易遭受断供威胁,给经济健康可持续发展和增长质量提升埋下隐患,还使得制造业全球价值链分工地位攀升进程持续受到国外跨国公司的"狙击",甚至导致关键核心环节自主可控成为空谈。为此,改变出口技术含量"瘸腿"现状显得十分必要。值得一提的是,上述结论还证实了前文描述性统计所得结论是科学可靠的。

三、内生性检验结果与分析

考虑到出口技术含量"瘸腿"型深化和制造业国际分工地位可能存在互为因果关系的内生性风险,为确保前文估计结果的科学性和稳健性,我们进一步采用两种方法进行内生性分析。一是包含工具变量的两阶段最小二乘法(2SLS),我们借鉴施炳展和游安南(2021)、张杰等(2011)和Lewbel(1997)的做法,以出口技术含量"瘸腿"指数与所有样本国均值之差的三次方作为工具变量。二是采用能克服内生性的联立方程进行检验,以(9-1)式为联立方程的第一个方程,以 $\mathrm{WL}_{it} = c_0 + \theta \mathrm{GVC\_PO}_{ijt} + \delta_m M_{ijt}$ 为联立方程的第二个方程,M 为控制变量,考虑到经济发展水平是衡量一国特征的重要变量,实证中以人均 GDP 的当期项和滞后 1 期项作为第二个方程的控制变量。表 9-3 报告了两类内生性检验的结果。从 LM 检验和 CD 检验的结果来看,表 9-3 中列(1)—(2)的工具变量是科学有效的,出口技术含量"瘸腿"指数在 2SLS 和联立方程的估计结果中均为负,且通过了至少 1% 的显著性检验,即出口技术含量"瘸腿"型深化抑制国际分工地位提升的机制在考虑内生性条件下也显著成立。此外,与基准模型检验相比,控制变量的预期符号方向也未发生明显逆转,由此我们可以推定基准模型检验所得结论是科学可靠的。基准模型检验和内生性检验中产业资本密度、产业人均工资和贸易地理优势等变量的估计结果均显著为正,这在一定程度上表明这些因素可能会削弱出口技术含量"瘸腿"型深化对国际分工地位的抑制效应。

表 9-3　内生性检验结果(2SLS 和联立方程)

变量	2SLS-IV		联立方程	
	(1)	(2)	(3)	(4)
QT	−0.484*** (−10.97)	−0.183*** (−5.03)	−3.825*** (−18.74)	−1.909*** (−8.58)
PK		0.0457*** (36.83)		0.0450*** (28.55)
WAGE		0.113*** (51.80)		0.105*** (35.84)
TAX		0.0868*** (2.706)		0.1430*** (3.473)

续表

变量	2SLS-IV		联立方程	
	（1）	（2）	（3）	（4）
YH		0.477*** (28.74)		1.176*** (12.98)
XL		0.1350*** (10.950)		−0.0801** (−2.564)
NY		−0.0140* (−1.735)		−0.0905*** (−6.429)
C	−0.303*** (−13.05)	−1.828*** (−72.03)	1.359*** (13.30)	−1.261*** (−16.10)
OBS	9975	9963	9975	9963
R^2	0.933	0.962	0.841	0.940
LM 检验	4680.7*** (0.0000)	4249.7*** (0.0000)		
CD 检验	8756.367	7354.226		
国家	Y	Y	Y	Y
年份	Y	Y	Y	Y

注:括号内为 t 值, *、**、*** 分别代表在 10%、5% 和 1% 的显著性水平上显著。

四、稳健性检验结果与分析

为进一步确保前文估计结果的可靠性,我们通过变更被解释变量和解释变量的形式进行稳健性检验。国际分工地位是一国产业技术创新能力和获利能力高低的重要体现(吕越等,2018;凌永辉和刘志彪,2021),而获利能力能在产品的国内增加值率中得到体现,技术创新能力则会体现于产业的生产率中(黄先海和杨高举,2010)。为此,黄先海和杨高举(2010)、杨高举和黄先海(2013)构建了基于国内增加值率和产业生产率的国际分工地位测度方法,借鉴上述做法,我们以(9-2)式对产业国际分工地位(NGVC_PO)进行重新测算:

$$\text{NGVC\_PO}_{ijt} = \frac{\text{DVA}_{ijt}}{E_{ijt}}\text{SCL}_{ijt} \qquad (9-2)$$

其中,DVA 为产业出口的国内增加值率,根据王直等(2015)的分解结果测算而得,SCL 为产业的生产率,基于 WIOD 社会经济账户数据库的产业增加值和就业人数核算而得,最终以(9-2)式中测算结果为被解释变量进行稳健性检验。同时考虑到出口技术含量"瘸腿"型深化的实际表现是进口国外高技术含量中间投入品,因此,外力依赖程度越高的国家对国外中间投入品的进口依赖程度可能也会越高。我们以 WIOD 中的中间投入品进口占比(IMPD)替代出口技术含量"瘸腿"指数进行稳健性检验。

表 9-4 列(1)—(4)报告了替换被解释变量的稳健性检验结果,在控制国家、产业和时间固定效应及依次加入控制变量条件下,出口技术含量"瘸腿"指数对基于生产率和国内增加值率的国际分工地位指标,依然表现出显著为负的特征,即出口技术含量"瘸腿"型深化抑制国际分工地位攀升的机制在替换被解释变量的条件下依然成立。结合(9-2)式的结构,我们还可以得到如下推论:一方面,出口技术含量"瘸腿"型深化可能会对产业出口的国内增加值率产生不良冲击,进而缩小国内企业和产业链的受益面,也会对国内企业的获利能力产生挤压效应,不利于国内企业提质增效;另一方面,出口技术含量"瘸腿"型深化可能会对产业的生产率产生不良冲击[1],高生产率是一国增长潜力发挥和国民生活水平提升的关键所在,为此,出口技术含量"瘸腿"型深化不仅会将中国制造业锁定于低生产率环节,还会对中国的经济增长和社会发展产生一定的侵蚀效应。表 9-4 列(5)—(8)报告了替换解释变量的稳健性检验结果,中间投入品进口依赖变量的估计结果显著为负,均通过了 1% 的显著性检验,可见国外中间投入品占比越高的产业,其国际分工地位越低,即过度依赖国外中间投入品会对产业国际分工地位产生不利影响,结合(9-2)式的结构我们可以得到如下推论:提升国内中间投入品使用比例可以成为推动国际分工地位攀升的重要手段。因此,鼓励和引导企业优先购买国内高技术含量中间投入品可以成为摆脱出口技术含量"瘸腿"型深化与国际分工地位偏低共存窘境的重要途径。

---

[1] 该推论的内涵与第八章的实证结论相似,这进一步证实了该结论的准确性和科学性。

表 9-4 稳健性检验结果

变量	替换被解释变量				变量	替换解释变量			
	(1)	(2)	(3)	(4)		(5)	(6)	(7)	(8)
QT	-0.771*** (-5.847)	-0.257*** (-4.139)	-0.264*** (-4.242)	-0.161** (-2.487)	IMPD	-0.161*** (-12.41)	-0.147*** (-14.92)	-0.147*** (-14.93)	-0.138*** (-14.07)
PK		0.112*** (32.05)	0.112*** (31.87)	0.111*** (31.69)	PK		0.0457*** (37.37)	0.0458*** (37.33)	0.0452*** (37.21)
WAGE		0.461*** (75.42)	0.461*** (75.32)	0.456*** (74.36)	WAGE		0.122*** (57.42)	0.122*** (57.41)	0.118*** (55.66)
TAX			0.154* (1.713)	0.225** (2.489)	TAX			-0.019 (-0.620)	0.048 (1.532)
YH			1.810*** (53.23)	0.616*** (15.55)	YH			0.564*** (57.43)	0.425*** (55.51)
XL				0.216*** (6.666)	XL				0.162*** (15.050)
NY				-0.040100* (-1.759)	NY				0.000344 (0.044)
C	3.914*** (52.74)	1.408*** (33.49)	-0.427*** (-8.79)	0.324*** (3.67)	C	-0.402*** (-27.14)	-1.071*** (-80.65)	-1.631*** (-91.08)	-1.794*** (-78.75)
OBS	11070	10675	10675	10675	OBS	10687	10675	10675	10675
R^2	0.904	0.978	0.978	0.978	R^2	0.931	0.961	0.961	0.962
国家	Y	Y	Y	Y	国家	Y	Y	Y	Y
年份	Y	Y	Y	Y	年份	Y	Y	Y	Y

注：括号内为 t 值，*、**、*** 分别代表在 10%、5% 和 1% 的显著性水平上显著。

五、动态性和异质性分析

前文实证结果表明出口技术含量"瘸腿"型深化抑制制造业国际分工地位攀升的机制在基准模型检验、内生性检验和稳健性检验中均稳健成立,那么这种抑制机制是否会随着时间的推移而逐步弱化呢? 这一机制若能随着时间的推移而弱化,则会在一定程度上减轻技术后发国突破高技术含量中间投入品依赖的瓶颈和国际分工地位攀升障碍的压力。为探究上述问题的答案,我们构建以下方程进行计量分析:

$$\text{GVC\_PO}_{ijt} = \alpha_0 + \alpha_1 \text{WL}_{jt-l} + \gamma_m X_{ijt}^m + \lambda_i + \lambda_j + \lambda_t + \varepsilon_{ijt} \qquad (9\text{-}3)$$

其中,WL_{jt-l} 为滞后 l 期的出口技术含量"瘸腿"指数,实证中将 l 取值设定为 1—4 。表 9-5 报告了滞后 1—4 期的动态检验结果,可知在包含控制变量和不包含控制变量条件下,出口技术含量"瘸腿"指数在滞后 1—4 期情况下均显著为负,可见出口技术含量"瘸腿"型深化抑制国际分工地位攀升的机制在滞后 1—4 期的情况下依然显著成立,即抑制机制并未随时间的推移而逐渐弱化,而是继续稳健存在的。因此,后发国不能将出口技术含量"瘸腿"型深化与制造业国际分工地位协同优化寄希望于抑制机制自我弱化,在制定长期经济发展战略时,依然需遵循和慎重考虑这一机制的作用效应。

为进一步考察异质性条件下,出口技术含量"瘸腿"型深化对国际分工地位的作用机制,我们从产业异质性出发进行异质性分析。表 9-6 报告了异质性产业的估计结果,产业 C5—C21 中出口技术含量"瘸腿"指数的估计系数均显著为负,且至少通过了 5% 的显著性检验,仅有产业 C22(家具制造和其他制造业)中出口技术含量"瘸腿"指数的估计结果不显著,这表明:外力依赖型技术赶超对国际分工地位的抑制效应在多数产业中稳健成立。为此,制定亚产业层面的优化政策时,仍需慎重考虑抑制效应的不利影响,以使优化政策更具针对性和作用效果。而产业 C22 估计结果不显著的原因可能在于:该产业具有"兜底"特征,一些难以区分的产业均归类于该产业,使得该产业构成比较杂,进而使得该产业内部差异较大,难以凝聚成统一的作用方向,进而表现出不显著特征。值得一提的是:17 个亚产业的拟合系数明显优于基准模型检验的拟合系数,这或许表明抑制效应在亚产业层面更加显著。

表9-5 滞后1—4期的动态检验结果

变量	滞后1期		滞后2期		滞后3期		滞后4期	
	(1)	(2)	(3)	(4)	(5)	(6)	(7)	(8)
L. QT	-0.634*** (-4.637)	-0.125* (-1.870)	-0.586*** (-4.145)	-0.188*** (-2.800)	-0.611*** (-4.180)	-0.268*** (-3.950)	-0.503*** (-3.264)	-0.242*** (-3.466)
PK		0.112*** (30.82)		0.109*** (29.03)		0.108*** (27.66)		0.106*** (26.07)
WAGE		0.456*** (71.48)		0.454*** (68.89)		0.453*** (66.33)		0.452*** (63.52)
TAX		0.244*** (2.597)		0.312*** (3.244)		0.399*** (4.030)		0.418*** (4.083)
YH		0.609*** (14.87)		0.952*** (27.27)		0.686*** (14.56)		0.981*** (26.80)
XL		0.222*** (6.412)		0.208*** (5.598)		0.233*** (5.728)		0.219*** (4.936)
NY		-0.0410* (-1.755)		-0.0523** (-2.201)		-0.0369 (-1.530)		-0.0487* (-1.954)
C	4.21200*** (54.740)	0.30600*** (3.225)	3.95800*** (50.570)	0.05580 (0.742)	4.22800*** (49.200)	0.22700 (1.829)	4.15600*** (47.970)	-0.00135 (-0.015)
OBS	10332	9963	9594	9250	8856	8537	8118	7824
R^2	0.904	0.978	0.903	0.979	0.902	0.979	0.901	0.979
国家	Y	Y	Y	Y	Y	Y	Y	Y
年份	Y	Y	Y	Y	Y	Y	Y	Y

注:括号内为 t 值,*、**、*** 分别代表在10%、5%和1%的显著性水平上显著。

表 9-6 异质性产业层面的检验结果

产业	QT	C	OBS	R^2	产业	QT	C	OBS	R^2
C5	-0.173*** (-4.045)	-1.667*** (-51.81)	600	0.988	C14	-0.292*** (-6.704)	-1.481*** (-35.16)	600	0.987
C6	-0.247*** (-5.013)	-1.454*** (-30.78)	600	0.988	C15	-0.246*** (-5.360)	-1.416*** (-30.81)	600	0.988
C7	-0.280*** (-6.305)	-1.432*** (-32.82)	600	0.987	C16	-0.238*** (-4.918)	-1.839*** (-52.70)	585	0.987
C8	-0.219*** (-4.602)	-1.760*** (-43.84)	600	0.984	C17	-0.358*** (-4.324)	-1.327*** (-16.83)	600	0.960
C9	-0.237*** (-4.527)	-1.699*** (-45.82)	585	0.983	C18	-0.207*** (-4.036)	-1.834*** (-48.31)	585	0.985
C10	-0.164** (-2.362)	-1.540*** (-22.96)	567	0.972	C19	-0.282*** (-5.422)	-1.675*** (-31.76)	600	0.985
C11	-0.203*** (-4.335)	-1.494*** (-33.64)	600	0.985	C20	-0.234*** (-4.299)	-1.561*** (-30.24)	600	0.982
C12	-0.267*** (-5.529)	-1.301*** (-26.85)	569	0.987	C21	-0.232*** (-3.979)	-1.834*** (-43.37)	584	0.982
C13	-0.147*** (-3.525)	-1.456*** (-37.35)	600	0.988	C22	-0.048 (-0.975)	-1.592*** (-34.22)	600	0.984

注:括号内为 t 值,*、**、***分别代表在 10%、5%和 1%的显著性水平上显著。

第三节 抑制效应会延伸到服务业吗?

改革开放以来,中国服务业得到了长足的发展,不仅超越制造业成为国内第一大产业(凌永辉和刘志彪,2021),还成为制造业做大做强的重要助推器和基石(孙正等,2022)。为此,促进服务业高质量发展和构建现代化服务体系成为当前中国经济发展的重要策略。如:2019 年国家发展改革委等 15 部门联合印发了《关于推动先进制造业和现代服务业深度融合发展的实施意见》,以促进现代服务业和先进制造业融合协调发展;《中华人民共和国国民经济和社会发展第十四个五年规划和 2035 年远景目标纲要》也明确提出要构建优质高效、结构优化、竞争力强的服务产业新体系,以服务制造业高质量发展为导向,推动服务业向专业化和价值链高端延伸。服务业对制造业发展的推动作用往往通过嵌入制造业生产过程实现(凌永辉和刘志彪,2021),因而服务业与制造业在价格、技术、劳动等生产要素等方面均存在密切的动态相关关系(孙正等,2022)。为此,制造业的出口技术含量"瘸腿"型深化特征难免会对服务业国际分工地位产生影响。令人遗憾的是:目前尚无学者涉足出口技术含量"瘸腿"型深化与服务业国际分工地位关系的探究,也无法获悉前者对后者的实际作用机制。有鉴于此,本节进一步剖析出口技术含量"瘸腿"型深化对服务业国际分工地位的作用机制及其动态效应,并刻画出口技术含量"瘸腿"型深化对服务业中间投入品的作用机制,以为政府制定服务业高质量增长及服务业与制造业高效融合方面的政策提供科学依据。

一、出口技术含量"瘸腿"型深化与服务业国际分工地位:静态分析

基于王直等(2015)对投入产出数据的分解结果和研究方法,我们测度了各国各类服务业的国际分工地位。为科学刻画出口技术含量"瘸腿"型深化对服务业国际分工地位的作用机制,我们运用 OLS、2SLS 和联立方程同时进行分析,表9-7 报告了相应的估计结果。在控制国家产业和年份固定效应条件下三类估计方法的估计结果中,出口技术含量"瘸腿"指数的估计结果均为负,且通过了至少 10% 的显著性检验,这表明抑制效应在服务业中也成立。因此,出口技术含量"瘸腿"型深化不仅会对制造业国际分工地位产生不利影响,还会抑制服务业国际分工地位的攀升,因而出口技术含量"瘸腿"型深化会对服务业做大做强、构建现代化服务业体系和两业融合等产生不利冲击。这一现象出现的原因可能在于:服务业特别是生产性服务业植根于制造业(孙正等,2022),制造业高端中间投入品依赖于进

口是国外高端生产环节对国内的直接替代,使得服务业难以获得高端环节的服务和融合对象,进而使服务业在高端环节、高效率环节和高技术环节"历练机会"较少,进而导致服务业的高端环节服务水平偏低,最终不利于服务业国际分工地位的提升。由此可见,摆脱出口技术含量"瘸腿"型深化窘境不仅有助于制造业分工地位的攀升,还对服务业具有异曲同工的功效,更能助力中国服务业高质量发展和构建现代化服务体系。

表 9-7 出口技术含量"瘸腿"型深化对服务业国际分工地位作用机制的检验结果①

变量	OLS	工具变量	联立方程
	(1)	(2)	(3)
QT	−0.288* (−1.905)	−0.356* (−1.874)	−8.802*** (−7.173)
PK	0.0980*** (17.190)	0.0980*** (6.717)	0.0852*** (13.780)
WAGE	−0.322*** (−27.160)	−0.322*** (−4.715)	−0.388*** (−27.580)
TAX	0.508** (2.355)	0.510 (0.759)	0.492** (2.087)
YH	0.603*** (7.700)	0.630*** (4.267)	4.100*** (8.207)
XL	0.251*** (3.379)	0.242*** (3.085)	−0.801*** (−4.792)
NY	−0.00721 (−0.137)	−0.00994 (−0.163)	−0.36700*** (−4.832)
C	0.0399 (0.267)	0.0627 (0.415)	2.9470*** (6.977)
OBS	18201	18201	16986
R^2	0.279	0.279	0.170
LM 检验		1577.610	
CD 检验		7674.364	
国家	Y	Y	Y
年份	Y	Y	Y

注:括号内为 t 值,*、**、*** 分别代表在 10%、5% 和 1% 的显著性水平上显著。

---

① 服务业的产业代码为 WIOD 投入产出表中的 C23—C54,虽然 C55 和 C56 也属于服务产业,但因数据缺失过多,实证中剔除了这两个产业。控制变量中产业资本密度和产业人均工资为服务业层面的值,测算方法和数据来源与前文相同。工具变量的设置和选择方式与前文相同。

二、出口技术含量"瘸腿"型深化与服务业国际分工地位：动态分析

前文实证结果表明：出口技术含量"瘸腿"型深化对制造业国际分工地位的作用机制在滞后1—4期的情况下均稳健成立，那么其对服务业国际分工地位的抑制效应的动态机制是怎么样的呢？是否会随着时间的推移而逐步弱化呢？表9-8列（1）—（4）报告了出口技术含量"瘸腿"型深化对服务业国际分工地位滞后1—4期的估计结果，可知出口技术含量"瘸腿"指数在滞后1期和2期的估计结果中显著为负，且通过了至少10％的显著性检验，滞后3期和4期的估计结果虽为负，但并未通过10％的显著性检验，因而抑制效应在滞后3期和4期中已经不明显。该现象出现的原因可能在于：一方面，出口技术含量"瘸腿"型深化对制造业国际分工地位的作用是替代产业链关键环节的直接效应，而对服务业国际地位的作用机制是依托服务业的嵌入和服务对象而产生的间接效应，从而使得出口技术含量"瘸腿"型深化对服务业国际分工地位抑制效应的持久性弱于制造业；另一方面，服务业是制造业高质量发展的衔接器和润滑剂（唐晓华等，2018），出口技术含量"瘸腿"型深化虽使得服务业能够嵌入和服务的高质量对象减少，进而抑制服务业当期国际分工地位的攀升，但长期情况下会逐步形成为国外高端中间投入品与本国生产环节提供衔接支撑的相对高端服务业[①]，进而减少出口技术含量"瘸腿"型深化的抑制效果，从而使得抑制效应显著性存续时间相对较短。

由此可以推定：一是出口技术含量"瘸腿"型深化对制造业关键环节的"定点狙击"型直接效应和对服务业的间接效应，使其对制造业国际分工地位抑制效应的持续性高于服务业，因而制定制造业方面的政策时，更应遵循抑制效应。二是动态条件下，出口技术含量"瘸腿"型深化并无助于服务产业国际分工地位的攀升，虽然滞后3期和4期情况下出口技术含量"瘸腿"型深化的作用力不显著。值得一提的是，其系数仍为负，并未出现显著为正的情况，因而长期而言出口技术含量"瘸腿"型深化对服务业国际分工地位的抑制作用仅有显著与不显著的情况，并未逆转为国际分工地位攀升的正向推动力量。

[①] 如光刻机依赖进口会抑制集成电路产业国际分工地位的攀升，短期内也会抑制为光刻机提供服务的服务业（如光刻机的设计产业、光刻机的技术服务产业）分工地位攀升，但长期而言，光刻机进口会对为光刻机和本国芯片产业提供衔接支撑的芯片设计产业产生正向促进作用，进而在一定程度上减少其对服务业的抑制效应。

表9-8　动态效应和对服务业中间投入品技术含量作用效应的检验结果

动态效应

变量	滞后1期 (1)	滞后2期 (2)	滞后3期 (3)	滞后4期 (4)
L. QT	-0.237** (-2.514)	-0.167* (-1.705)	-0.102 (-0.972)	-0.038 (-0.370)
PK	0.0887*** (7.916)	0.0866*** (7.603)	0.0866*** (7.147)	0.0855*** (6.836)
WAGE	-0.350*** (-4.600)	-0.379*** (-4.530)	-0.393*** (-4.375)	-0.407*** (-4.216)
TAX	0.2490 (0.3550)	0.0715 (0.0986)	0.0018 (0.0024)	-0.0580 (-0.0777)
YH	0.630*** (4.556)	0.154 (1.239)	0.653*** (4.229)	0.647*** (4.060)
XL	0.220*** (2.778)	0.205** (2.344)	0.165* (1.715)	0.096 (0.916)
NY	-0.010500 (-0.1720)	-0.000588 (-0.0092)	-0.000699 (-0.0104)	0.002330 (0.0324)
C	0.354* (1.882)	0.858*** (2.966)	0.619** (2.342)	0.677** (2.512)
OBS	16986	15772	14558	13344
R^2	0.295	0.296	0.298	0.301

对服务业中间投入品出口技术含量作用效应

变量	(5)	(6)	(7)	(8)
QT	-0.0576*** (-14.64)	-0.0498*** (-11.90)	-0.0454*** (-10.92)	-0.0382*** (-8.84)
PK		0.000217 (1.316)	0.000274* (1.674)	0.000271* (1.667)
WAGE		0.00222*** (6.532)	0.00252*** (7.487)	0.00207*** (6.107)
TAX			-0.109*** (-17.84)	-0.104*** (-16.87)
YH			0.0919*** (42.83)	0.0833*** (37.25)
XL				0.0212*** (9.988)
NY				-0.0127*** (-8.424)
C	9.624*** (4.161)	9.612*** (3.398)	9.540*** (5.484)	9.506*** (2.225)
OBS	18599	18206	18206	18206
R^2	0.996	0.996	0.996	0.996

续表

对服务业中间投入品出口技术含量作用效应

变量	(5)	(6)	(7)	(8)
国家	Y	Y	Y	Y
年份	Y	Y	Y	Y

动态效应

| 变量 | 滞后1期 | 滞后2期 | 滞后3期 | 滞后4期 |
	(1)	(2)	(3)	(4)
国家	Y	Y	Y	Y
年份	Y	Y	Y	Y

注:括号内为 t 值,*、**、*** 分别代表在 10%,5% 和 1% 的显著性水平上显著。

三、出口技术含量"瘸腿"型深化与服务业中间投入品出口技术含量

考虑到本国中间投入品技术含量提升是应对出口技术含量"瘸腿"型深化被动局面的关键所在,那么出口技术含量"瘸腿"型深化是否会对服务业中间投入品技术含量产生不利冲击呢? 为探寻这一问题的答案,本部分基于前文方法测度出服务业中间投入品出口技术含量,进而就出口技术含量"瘸腿"型深化对中间投入品出口技术含量的作用机制进行计量检验。表 9-8 列(5)—(8)报告了相应的计量结果。可知出口技术含量"瘸腿"指数在四个方程中的估计结果均为负,且通过了至少 1% 的显著性检验,因此,外力依赖型深化不利于本土服务业中间投入品出口技术含量的提升。由此可以得到如下推论:一是出口技术含量"瘸腿"型深化通过抑制本国中间投入品技术含量提升而抑制国际分工地位攀升的机制,在服务业中可能也成立。因此,出口技术含量"瘸腿"型深化模式实际上能同时锁定制造业和服务业的国际分工地位。二是出口技术含量"瘸腿"型深化会同时加剧制造业和服务业对国外高技术含量中间投入品的依赖。出口技术含量"瘸腿"型深化会放缓中间投入品的技术升级步伐,这不仅容易将技术后发国锁定于低技术含量环节,不利于技术后发国获利能力、创新能力和全球价值链控制能力的提升,使本国产业更加依赖于国外高技术含量制造型和服务型中间投入品,还会加剧技术后发国关键核心环节遭遇"卡脖子"的风险,见出口技术含量"瘸腿"型深化对服务业中间投入品进口依赖也具有持续循环加剧的特征。

第四节　本章小结

本章细致刻画了出口技术含量"瘸腿"型深化对制造业国际分工地位的作用机理,并在基准模型检验、内生性检验、稳健性检验、动态性和异质性分析的基础上,进一步刻画了出口技术含量"瘸腿"型深化对服务业国际分工地位的作用机理。得到的结论主要有:

一是出口技术含量"瘸腿"型深化会抑制制造业国际分工地位的攀升,这一结论在基准模型检验、四种内生性检验、两种稳健性检验、滞后 1—4 期动态检验和多维异质性检验中均稳健成立,抑制效应还通过持续循环加剧出口技术含量"瘸腿"型深化提高本国对国外高技术含量中间投入品的依赖程度。二是出口技术含量"瘸腿"型深化也会抑制服务业国际分工地位的攀升,但其动态抑制期数少于制造业,因而出口技术含量"瘸腿"型深化对制造业国际分工地位攀升的持续抑制力大于服务业。为此,制定制造

业方面的政策时更应恪守抑制规律,以最大化政策的边际促进效果。此外,出口技术含量"瘸腿"型深化也会抑制服务业中间投入品的出口技术含量提升,而提升本土高技术含量中间投入品生产能力是摆脱出口技术含量"瘸腿"型深化窘境的核心途径,因而持续循环加剧机制在服务业也存在。三是中国出口技术含量"瘸腿"指数不仅位居样本国前列,还呈现出持续增大的趋势,这不仅表明中国对国外高技术含量中间投入品具有较高的依赖性,还表明中国制造业和服务业国际分工地位攀升面临的抑制压力较大,且这一压力呈现持续增大的趋势。因而对于中国而言,摆脱出口技术含量"瘸腿"型深化和国际分工地位偏低共存窘境的压力较大、迫切性较强。上述研究结论还证实了构建新发展格局的正确性和科学性,大力推进本国高技术含量中间投入品自立自强,不仅有助于技术升级的外力依赖程度持续循环降低,还有助于全球产业链关键环节自主可控程度提升,也有助于中国从全球价值链的被俘获者和跟随者向链主和主导者转变,更有助于中国经济高质量增长,可谓一举多得。

第十章　摆脱高技术含量中间投入品进口依赖的国际经验

在世界经济和工业发展的历史长河中,日本、韩国的工业均属于后起之秀,其工业的发展都曾有过最终品或核心中间投入品依赖国外进口,遭受国外"卡脖子"威胁的经历。但这些国家在发展过程中有效地整合了各种资源,使得自身成为部分工业的佼佼者甚至领头羊。韩国的汽车业和日本的机床产业是从依赖进口逆袭为世界领头羊的典型案例。因此,其发展经历对亟待减少高技术含量中间投入品进口依赖的中国而言,具有较强的参考价值。有鉴于此,本章细致梳理韩国汽车业和日本机床产业的发展经历与经验,以期为中国走出高技术含量中间投入品进口依赖窘境提供一定的经验与启示。

第一节　韩国汽车产业摆脱高技术含量中间投入品进口依赖的经验分析

纵观韩国汽车产业发展历史可以发现,其汽车产业的正式起步始于1962年韩国政府对于汽车产业的强力支持与保护,其发展历史可以分为工业起步的保护阶段、产品和技术的国产化与创新阶段及国际扩张阶段(李莲花,2010)。处于初期工业萌芽阶段的汽车产业,在韩国政府的积极引导与政策干预下,集中专业化力量,促进大型汽车企业规模经济效应充分发挥,为进一步实现技术与产品的本土化奠定了坚实基础。以汽车零部件为例,韩国稳定在低位的进口水平,其汽车零部件出口额占比以绝对的领先优势位居高位(见图10-1),而中国汽车零部件进、出口额占GDP比重十分接近,由此可以推定:一方面,相比于韩国汽车产业,中国汽车产业对国外高技术含量中间投入品的依赖程度较高,且自主研发和生产能力不强;另一方面,韩国在汽车关键零部件产品和技术方面拥有较高水平,始终将汽车产业的关键牢牢掌握在自己手中。随着国内企业技术研发进程的不断加快,韩国进一步将汽车产业推向国际市场,并逐步实现其在全球市场中的规模化与技术先进化,成功走出其发展初始阶段高技术含量中间投入品及关键核心技术受制于人的困境。韩国整车出口额占 GDP 比重始终以较大差距遥遥领先于中国(见图 10-2),可见作为汽车产业强国,韩国的海外汽车生产体系与全球化营销网络始终居于举世瞩目的地位。

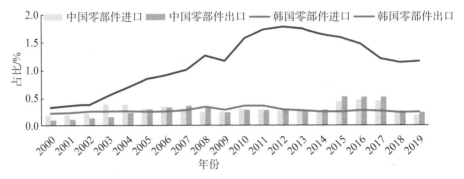

图 10-1　2000—2019 年中国及韩国汽车零部件进口和出口贸易额占 GDP 比重

资料来源:UN Comtrade 数据库、世界银行数据库。

注:基于 HS 码的解释,参照郑宰运(2011),将汽车产业分为整车产业和零部件产业。其中,零部件产业选取 UN Comtrade 数据库中 HS2017 标准码下的 8706(装有发动机的机动车辆底盘)、8707(机动车辆的车身)及 8708(机动车辆的零件和附件)。

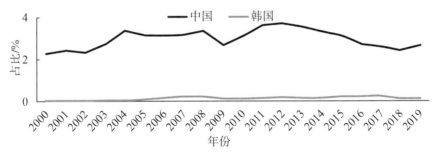

图 10-2　2000—2019 年中国及韩国整车出口贸易额占 GDP 比重

资料来源:UN Comtrade 数据库、世界银行数据库。

注:整车产业选取 UN Comtrade 数据库中 HS2017 标准码下的 8701(牵引车、拖拉机)、8702(客运机动车辆)、8703(载人的机动车辆)、8704(货运机动车辆)、8705(特殊用途的机动车辆)及 8709(短距离运输货物的机动车辆)。

由 OICA(国际汽车制造商协会)数据可知,2021 年世界汽车产量在 8000 万辆以上,其中,韩国现代起亚集团汽车的全球销量达到 667 万辆,仅次于日本丰田、德国大众和雷诺日产联盟,跃升为全球第四大汽车集团。[①] 作为"汉江奇迹"创造者的韩国,其汽车产业有过与中国目前高技术含量中间投入品进口依赖窘境相似的经历。因此,韩国汽车产业从弱到

---

① 资料来源:https://www.qianzhan.com/analyst/detail/220/220408-169d86e5.html。

强、从受制于人到领先全球的经历,对中国各产业摆脱此类困境,提升国际竞争力具有重要的借鉴价值。综合梳理韩国汽车产业的发展历程,我们认为以下经验值得中国制造业参考。

一、国产化与外向型并举,掌控高端中间投入品环节话语权

1962 年 5 月韩国颁布的《汽车工业保护法》成为韩国本土汽车工业成长的起点,提出了"汽车工业培育五年计划",为韩国汽车产业的发展奠定了扎实的基础。此外,1963 年提出的《汽车组装工厂一元化方案》和 1964 年公布的"汽车工业综合扶植计划"均为萌芽状态下的韩国汽车产业给予强有力的政策保护,也明确了国产化的方向和要求。随着国产化计划的逐步推进,汽车零部件国产化在韩国政府发布的"零部件国产化三年计划"中得以明确。为充分支援零部件国产化,韩国政府于 1967 年进一步制定《机械工业培育法》,为机械工业提供了大量培育基金。1969 年进一步出台的"零部件完全国产化计划"使得韩国国产汽车及其零部件产品进一步受益。1970 年,"汽车工业基本育成计划"出台并扎实推进,汽车企业全部门奋力实现 1974 年末的韩国汽车产业国产化目标。可见,韩国政府通过步步为营的计划和立法,从初期的将汽车进口关税设置在较高水平,到后期的增设包括提高对国外汽车消费者的税务审查要求、限制汽车进口销售渠道、严禁广泛宣传国外汽车产品、规定进口配额等方式在内的其他非关税壁垒,并与适当减少关税限制相结合,精准把控本土企业对国外整车及高技术含量零部件的进口程度,从而为国内高技术汽车企业营造充分的销售市场和技术上升空间,实现汽车及其零部件的高度国产化。

1976 年,韩国汽车国产率超过 85%,且汽车生产能力,尤其是汽车高技术含量核心零部件生产能力随之提升。1976 年,韩国开始将政策向龙头企业倾斜,推动国内企业合作与做大做强,以低内耗的形式推动本土汽车走向国际市场。此外,韩国还将汽车出口定为基本国策,出台了一系列的政策来支持汽车出口,如"长期汽车工业振兴计划"中有明确的出口目标,1977 年出台《振兴出口综合政策》,1981 年出台了旨在推进汽车零部件出口产业化的"机械工业振兴基本计划"。韩国政府的一系列举措,不仅极大限度保护了处于初期发展阶段相对"稚嫩"的汽车产业,更是从根源上为汽车产业高技术含量中间投入品和技术双重国产化提供了支撑,进而免受国外企业"卡脖子"及断供影响,奠定并培育了坚实的产业基础,使得韩国实现了汽车产业的飞速赶超。1986 年,韩国汽车产量的五成出口至国外,此时韩国汽车产业在国际市场上已经初露头角,其全面市场化的步伐也得以进一步加快。最终,韩国汽车产业彻底摆脱了高技术含量关键核心中间投入品依赖于人的不利地位,甚至摇身一变成为高端中间投入品的缔造者和输出国。

韩国汽车产业核心关键产品和技术实现高质量本土化与高水平国际化,并最终获得国际话语权的发展模式得益于当地政府决定性的政策导向,可见政府有效的支持措施和正确的引导是产业从进口依赖向全球产业链前沿转变的重要桥梁,也能使得企业将高端中间投入品环节的话语权牢牢掌握在自己手中。中国汽车产业在发展初期与韩国十分相似,然而得益于中国人口和汽车市场的红利优势,国外先进技术的逐步引进使得中国汽车产业迅速实现利润的接连攀升,中国汽车企业仅满足于当下的盆满钵满,对国际化的诉求并不明显。为此,可积极引导中国汽车产业走出国门,与同产业高端环节的国外供给者同台竞争,进而推动中国汽车企业在国际市场上不断获得话语权。

二、重视人才培养,以自主研发掌控技术命脉

在汽车产业发展之初,韩国政府陆续推行了《韩国科技研究所援助法》《科技成就法》和《工程技术人员晋升法》等法令,使得他国留学人员及海外才俊纷纷就业于韩国企业,这在很大程度上弥补了本土汽车人才的缺失。此外,在增大海外人才吸引力度的同时,韩国政府积极培养汽车等高技术制造业领域的关键人才。如延世大学、汉阳大学、启明大学、亚洲汽车大学和国民大学等韩国知名的高等学府,均设置了针对性人才培养专业,将人才培育重点放在以汽车制造、半导体和造船为主的各大高水准应用类学科上,且不断为学生打造良好舒适的学习、生活环境,吸引了一大批国内外高水平人才于此学习和进修。此外,韩国积极引导关键核心产品企业建立技术研修院,从而向高技术产业输送源源不断的人才,使得韩国汽车产业逐步摆脱高端核心中间投入品受制于人的危机。

尽管韩国政府在汽车产业发展的初期阶段便建立了民族汽车产业保护模式,但由于韩国在汽车产业萌芽阶段缺乏汽车制造技术,只能选择建立与美国和意大利等国的合资汽车公司,加工组装他国高技术含量关键核心零部件并销往本土市场。依靠组装赢得的产业利润难以满足本土企业的需求,进而倒逼韩国本土企业进行独立的汽车技术研发、产品设计和具有本土特色的汽车生产,促进韩国实现汽车产业自主研发与生产,推动韩国汽车产业形成自主可控的本土品牌,从而充分替代其与国外的合资产品。如在 1986 年,现代汽车和大宇汽车的科研投入占韩国国内汽车总销售额的比重高达 4%,已经完全达到先进国家(3%—5%)的水平,二者分别拥有 2000 名和 500 名以上的研发人员。现代汽车为避免对国外高端核心技术和产品的过度依赖,拒绝引进成套汽车技术,在引进多渠道非成套技术的同时,不断对其进行研究与转化。为提升企业高技术含量中间产品的创新和研发能力,现代汽车为内部研发人员提供海外五国多企业的深造学习机会,为韩国高素质人才培养提供支撑。通过上述途径,韩国汽车产业先后自主开发了包括车辆底盘、车身和发动机在内的多项汽车零部件,进而逐步降低对国外产品的依赖程度。

三、提升龙头企业全球竞争力,带动产业链生产技术与工艺进入前沿

韩国汽车产业发展的初期阶段,先后形成了新国、新进、亚细亚和现代等多家汽车公司。随着本土汽车生产能力的提升,为进一步将汽车销向海外,韩国政府运用行政命令手段,在主导国内企业进行合理化整合与兼容并购的同时,对各企业的主营业务进行专业化分工,如现代和大宇从事小轿车生产,起亚和东亚主要生产消防车与 5 吨以下的货车,亚细亚则专注于吉普车领域的研发生产。对汽车企业的针对性引导和专业化业务划分,使得韩国汽车产业成功转向了大企业之于小企业、优势产业之于劣势产业的联合并购和分工替代模式,大大降低了汽车制造企业的内耗与试错成本,促进汽车产业快速形成垂直化、规模化和批量化生产能力,为韩国本土龙头企业在汽车领域实现高技术含量中间投入品后来居上的赶超之路奠定坚实的基础。

2000 年,起亚与现代的合并造就了汽车领域的世界顶级强企,韩国也形成了现代、起亚、雷诺三星、双龙及韩国通用五大龙头车企,在全球汽车市场具有举足轻重的地位。韩国通过推进实力强劲的大型汽车企业的发展,不仅实现了汽车产业从 0 到 1 和从弱到强的历史性转变,还将韩国汽车变成了韩国工业的标志性代名词。不仅如此,韩国的汽车产业非常重视生产工艺的前沿化,如韩国现代汽车工厂的机械化程度非常高,在冲压与焊接工序上,生产车间里几乎看不到工人,均由工业机器人和机械手臂操作,节约了大量的劳动力,使冲压与焊接环节的中间品技术含量和良品率均大大提升,成为现代汽车占领全球市场的重要支撑力量。

在汽车产业电动化趋势的带动下,电动汽车成为国际汽车产业发展的新热点,动力锂电池占据重要的位置。韩国各大龙头企业对锂电池产业也进行了持续性深耕,高工产业研究院(GGII)公布的数据显示,2020—2021年,韩国锂电池产业各大领头羊企业(如 LG 新能源、SK Innovation 和三星 SDI 等)的装机量达到了世界市场的 30%。具有全球竞争实力的韩国锂电池企业凭借其多项专利和高技术产品,不仅赢得了国际市场中汽车及锂电池等多项前沿领域的合作伙伴,还搭建了完整可靠的供应链网络,实现了具有国际竞争力的全球化分工布局,也为韩国在汽车领域新方向(新能源汽车)赢得世界主导地位提供了有力支撑。

相比于中国领头羊企业在国际市场中的微弱优势和高技术含量中间投入品的"卡脖子"处境,韩国汽车工业拥有完善的工业体系。韩国自主掌握纯电和混动系统、轻燃动力、底盘、变速箱与车规级芯片等全产业制造工艺,在动力电池和芯片领域拥有自主研发的国际前沿技术。韩国汽车产业始终将各项命脉产品和技术牢牢把控在本国高技术龙头企业手中。可见提高生产集中度,打造龙头企业,并带动国内企业进入技术前沿,可以成为摆脱高技术含量中间投入品进口依赖的重要路径。

四、挖掘与激发内需潜力,打造高质量本土品牌

纵观具有较大全球影响力的产业以及历久弥新、百年不衰的国际知名品牌,无一不是企业文化与一国民族精神浑然天成的完美结晶,韩国消费者"身土不二"的爱国意识充斥在以国产汽车为代表的国货领域。相比于美、德、日等国,韩国汽车产业在发展的初始阶段,对高技术含量中间投入品的进口依赖程度较高,而其性价比与技术含量则相对较低,但从韩国消费者到汽车企业,再到韩国政府,从未因此而丧失对本土技术及品牌的信心。如韩国政府官员及各企业老板积极引导并身体力行购买国内汽车品牌和零部件,韩国民间组织自主开展"身土不二"的爱国消费运动,从上至下、从内而外地激发并不断强化韩国的本土消费热情,使得"韩式内循环"理念深入人心。韩国消费者对本土产业的热爱及保护之情,不仅提升了国内汽车产业等高技术产业的发展水平,从而加强核心关键技术创新及自主可控能力,还在提升本土高技术含量中间投入品需求的同时,降低了企业对国外高技术含量中间投入品的进口依赖程度,进而成为韩国汽车产业实现高水平中间投入品高质量、高效率自给自足,并进一步摆脱高技术含量中间投入品过度依赖于他国困境的重要法宝。

高科技企业国际品牌地位的竞争本质上是一场"品质战",韩国汽车产业始终以其精益求精的品质追求,不断提高其在世界汽车市场中的知名度和美誉度。如现代汽车组建质量任务小组,为探寻道路状况、天气和驾驶员习惯而不远万里前往美国,并进一步凭借在美、德、日及本国内部建立的八个技术研发中心,实现前沿汽车技术的追踪。对高技术产品质量的苛求和严控,使得韩国接连问世的高品质汽车能与国际知名品牌的汽车媲美。质量是品牌的关键,品牌决定市场,市场影响产业发展。纵观韩国汽车产业成为其支柱产业的发展之路,不难发现韩国政府及消费者所具备的坚定的对本土品牌的支持之心,以及关键高技术产品核心品质的提升举措,是降低其对国外高技术含量中间投入品依赖程度的关键支撑。

五、把握新兴技术窗口期,紧跟国际市场新需求

随着全球电动汽车技术的推进与深化,新能源汽车逐渐成为全球汽车市场的新宠。为进一步抢占电动汽车产业的市场主导地位,稳固汽车强国地位,韩国现代汽车积极推进新能源汽车的技术开发。2017—2020年,全球汽车市场低迷状态并未对电动汽车及其电机销量产生负向冲击,全球纯电动汽车(battery electric vehicle,BEV)与插电式混合动力汽车(plug-in hybrid electric vehicle,PHEV)销量反而表现出逆势上升态势,由2017年的115万辆迅速攀升至2020年的200万辆[①],电动汽车市场发展迎来了前所未有的机遇。由此可见,全球汽车产业的电动化浪潮已然迫近,而动力锂电池作为电动汽车的核心关键零部件,凭借其低污染特征逐渐成为解决全球绿色转型发展难题的一剂良方。为此,锂电池产业领域逐渐成为汽车强国的必争之地。

世界范围内,锂电池产业主要集中于中、日、韩三国,四成以上产品为电动汽车产业所用,且凭借19%的年均复合增速逐步扩大规模,并于2019年达到450亿美元的产业规模。其中,韩国锂电池产业规模高达146亿美元;美国《国家锂电蓝图2021—2030》公布的数据显示,韩国位居全球锂电池产能第三位、亚洲第二位。2014年,韩国推行了以发展电动汽车(electric vehicle,EV;PHEV)、混合动力汽车(hybrid electric vehicle,HEV)和燃料电池汽车(fuel cell vehicle,FCV)为主的环保型汽车计划。2018年,韩国电池产业协会指定的动力电池路线图和关键材料路线图,将韩国洞悉全球发展大势,以技术创新驱动和引导汽车动力电池产业发展的智慧展现得淋漓尽致。尽管韩国动力锂电池领域规划起步较晚,但凭借其对市场趋势的精准把控、对核心零部件产品的开发与对高端技术自主可控能力的培养,其在该产业技术创新方面依旧遥遥领先。目前,韩国依旧在汽车电池领域保持着高度敏锐的市场嗅觉,并不断激发其国内企业创新活力。《经济日报》显示,2022年,韩国政府计划在汽车产业增加30%的相关投入,其中大部分用于新能源领域。可以推定,韩国正是因为进一步认识到了电动汽车及锂电池将在未来受到更多产业的追捧和欢迎,从而充分抓住锂电池发展的窗口期,基于其多年以来的锂电池产业优势,促进国内高技术产业核心关键环节的技术创新再跃一个台阶。

综合分析韩国汽车产业的发展经验可以发现,以市场需求和热度为方

---

① 资料来源:https://www.qianzhan.com/analyst/detail/220/211021-90940b56.html。

向的关键核心技术自主创新是一国摆脱对国外高技术含量中间投入品依赖的重要举措。为此,中国高端企业应遵循市场所需,着眼长期发展大势,从而精准制定及时的、符合企业自身及产业发展水平的、审时度势的核心技术赶超决策,把握新兴技术的窗口期,不断激发企业的技术创新活力,减小其被国外高技术企业断供的风险,助力经济健康可持续发展。

第二节　日本摆脱机床产品进口依赖并领先全球的成长经验

制造业是国民经济的根基,而机床产业则是制造业的根基,其有着"工业母机"和"制造机器的机器"的美誉,不仅广泛应用于民营制造业领域,在航空航天、军事等领域也有广泛的应用,缺乏机床会使得很多制造业陷入难以前行的被动局面。因此,机床实际上是制造业的命脉产品,是一国制造业健康、高质量和可持续发展的根本性支撑。

早期性能出众、技术含量高和稳定性强的工业机床多产自德国。日本的机床产业起步于19世纪50年代,明显晚于德国,但目前日本已经成为闻名世界的机床强国,日本的机床产业出口市场份额长期居于主要出口国第一的位置,日本的出口额也高于德国和美国。日本的机床产业在世界市场中除德国外,难有敌手,其国内的马扎克、发那科、大隈、天田等都是全球机床产业的佼佼者,可以说日本已经成为机床产业的领头羊。那么日本是如何从一个机床小国跃迁成为机床强国,进而摆脱机床进口依赖窘境的呢? 在细致梳理日本机床产业的成长历程后,我们认为以下几点值得中国企业参考借鉴。

一、高度重视创新,紧跟科技前沿

德国和美国是机床产业的先发国,日本在20世纪60年代起通过大量引进美、德机床的形式为自己的工业提供"母机",主要通过引进技术和合资的方式来获得美、德的技术(如东芝引进 K&T 机床技术)。与美德企业顺比较优势发展机床产业不同的是,日本选择集中优势资源进行逆比较优势发展与赶超,日本政府和企业均高度重视机床产业,并将机床产业作为经济发展的重中之重,因此,极度重视机床产业的创新。日本机床领域对先进技术的创新可谓达到了疯狂的地步,每年投入大量的资本、人力和其他资源进行创新。不仅如此,日本机床领域的科研人员一方面非常重视机床领域最先进技术的研发,另一方面非常重视其认为可以成为未来主流的技术的研发,如机床的 NC 技术(数值控制技术)最早在美国开发,然而日本科研人员认为该技术可能成为未来的主流技术,进而进行了大量的研发,在 NC 技术领域建立了巨大的优势。类似案例还有日本对 3C (communication、computer、control，即通信、计算机、控制技术)机床的重视，日本机床制造企业致力于该技术的开发与应用，并推广普及。经过日本企业和科研人员的努力，该技术得以风靡全球，这也使得日本在该领域获得了非常明显的优势，使得自己从该产品的进口依赖国逐渐成为该产品的出口国和技术领先国。可见，重视研发创新的同时，还应科学准确地把握产业的发展方向和趋势，这不仅有利于本国在未来发展中建立先发优势，还能为本国节约大量的沉没成本。

二、高度重视产品质量，创造国际市场需求和良好的口碑

日本进军机床产业初期，其产品质量低下，在稳定性和功能方面与美、德产品相去甚远，这也使得机床领域的日本货声誉扫地。为此，日本政府和机床产业痛定思痛，开始想办法提升机床产品的质量。第一，日本在学习德国工业标准(DIN)的基础上，制定了日本工业标准(JIS)，并采用德国施莱辛格博士制定的"机床检验书"对机床产品进行细致检验，对机床的静态进度和运转进度均进行检验，以提高机床的质量。第二，政府对质量高度重视，对产品质量提出了极其苛刻的要求，机床工厂的工人自发形成质量小组，保障自己的生产环节质量过硬。第三，1958年，日本机床产业和政府明确规定每五年对机床拥有量、生产能力、产品与国外差距进行分档细致考察，这一规定不仅为日本优化各类机床的构成比例提供了依据，还为日本了解本国机床与国际先进厂商机床的差距提供了有效的数据，为本国企业改进机床的质量和技术含量提供了第一手的、科学可靠的材料。在多维度、多层面的努力下，日本机床产品的质量得到了飞跃式提升，并成为日本制造的金名片。因此，注重质量不仅仅有助于一国企业摆脱高技术含量中间投入品进口依赖，还有助于本国将劣势逆转为优势。

三、重视高素质人才的培养与引进，打造强有力的人才支撑体系

早期，日本制造业的机床多依赖于从美、德引进，机床生产方面的专业人员几乎为零，更无能够精确解决机床核心零部件生产问题的技术人才。而"人才强则国强"的理念深受日本政界和产业界的推崇。为此，其十分注重机床产业人才的培养和引进，进而以人才推动产业的高质量赶超和技术含量的快速提升。如日本在东京大学、东京工业大学和京都大学等顶级高校均设置了与机床制造密切相关的精密仪器系或机械系，为机床产业源源不断地输送高素质人才。不仅如此，日本还向美国和德国等机床技术领先国派遣留学生，也从美国和德国引进技术人员，进而使得机床产业的人才规模迅速扩大，使日本机床产业技术人员规模在国际市场中保持着绝对优势，这不仅能为日本机床产业突破产业链中一个又一个关键难点提供重要

的人才支撑,还能使日本有效地把握甚至引领机床产业未来发展的趋势,使得自己的产品能够在国际市场中广受欢迎。中国在制造业很多领域受到了国外的"卡脖子"威胁,幸运的是中国人口规模巨大,这为高素质人才的培养和规模扩大提供了有利条件。因此,将人口规模优势转化为人力资本规模优势可以成为中国摆脱"卡脖子"威胁和高技术含量中间投入品进口依赖的重要路径。

四、政府政策大力支持,营造机床产业成长的优质软环境

日本机床产业的快速成长,是同政府高度重视和支持分不开的,日本长时间把机床等产业作为战略性产业部门,并不断加大政策支持力度,如:1956年,将以金属切削机床为代表的19类机械产品作为工业振兴对象,颁布了《机械工业振兴临时法》来支持相关产业的发展,并对其进行了3次修改完善;1977年和1978年分别颁布了《特定电子工业和特定机械工业振兴法》和《机械情报产业振兴法》来支持机床产业的发展。此外,一方面,日本政府为机床产业提供了大量的资金支持,在其他产业很难获得金融支持的情况下,日本机床产业可以相对容易地获得银行的融资,而且考虑到机床产业发展所需资金量大、风险高的特点,日本鼓励多家银行对机床企业提供联合贷款,以分散风险。另一方面,日本把机械工业作为出口战略产业,而机床产业在其中扮演着重要的角色,这使得机械工业出口额迅速增加,从而使得作为机械工业上游产业的机床产业的需求也随之增大,为机床产业做大做强提供了十分有力的需求支持。

第三节　本章小结

本章细致分析了韩国汽车产业和日本机床产业扭转后发劣势,从最终品和关键核心环节产品进口者与被卡脖子者,向拥有国际领先优势的领导者和全球价值链关键环节主导者转变的经历。综合上述国际经验,我们可以发现重视以下几个方面的工作有助于减少高技术含量中间投入品进口依赖。

一是重视创新。技术创新是企业立足于国际市场的核心力量,也是企业领先于同行的关键所在。从韩国汽车产业和日本机床产业的成功经验来看,重视创新是其实现由弱到强转变的关键支撑。不仅如此,技术创新还能源源不断地提高产品的质量和优化国际口碑,对本国上下游产品产生正向的溢出效应。**二是重视人才。**人才体系是支撑产业做大做强的关键力量,也是产品创新和产品质量提升的要素支撑。韩国汽车产业和日本机床产业的逆袭很大程度上都得益于其完备的人才培养和引进体系,也得益

于其以人才为支撑的产学研体系。因此,培养和引进高端人才可以成为减少高技术含量中间投入品进口依赖的重要途径。**三是重视前沿。**国际经验表明,前沿包含技术前沿、生产工艺前沿和需求前沿,紧跟技术和生产工艺前沿则意味着运用最新的技术和生产手段进行生产,如日本机床通过重视前沿技术(NC技术)来赢得国际竞争优势,韩国汽车多通过应用工业机器人技术进行生产,使得生产工艺始终位居同产业前列。而紧跟需求前沿则可以使企业不因需求迭代而被淘汰。从这些国家的成功经验可以看出,紧跟技术前沿和需求前沿是实现产品生产能力从弱到强和关键核心中间投入品从进口依赖到自立自强的重要法宝。**四是重视扶持。**高技术含量中间投入品(或最终品)进口依赖现象出现的本质原因是本土生产能力较弱,进而使得本土企业国际竞争能力较弱,通过各种优惠或保护政策为这些产业提供一定的扶持,会对这些产业的成长起到非常有效的促进作用。而韩国和日本的成功经验表明:有效的扶持能为中间投入品进口依赖者逆袭为领先者提供一个良好的成长期和成长环境。因此,重视扶持可以成为减少高技术含量中间投入品进口依赖的重要手段。**五是重视需求。**在减少高技术含量中间投入品进口依赖的初期,本国生产的产品在技术含量、质量和功能方面往往会落后于国外产品,此时,若无稳定的需求,则本国摆脱高技术含量中间投入品进口依赖的尝试会很容易失败,日本机床产业和韩国汽车产业均是通过创造稳定的国内外需求的形式给国内摆脱外力依赖的尝试提供稳定剂和定心丸,也使得国内相应产业快速实现逆袭,助力高技术含量中间投入品自立自强。

第十一章 摆脱高技术含量中间投入品进口依赖的中国案例

本土高技术含量中间投入品生产能力的提升是中国经济增长方式转变的重要途径,也是提升中国经济增长效率、优化经济增长动能和提高经济增长质量的关键手段,更是中国制造业跻身引领全球价值链高端环节、摆脱低端锁定的重要支撑。为此,大量的中国产业和企业开启了摆脱高技术含量中间投入品进口依赖的征程,试图从高技术含量中间投入品(产品)的进口依赖者华丽转变为本领域的佼佼者和领先者,进而摆脱国外高技术含量中间投入品的"卡脖子"威胁。经过综合对比与筛选,我们认为中国高铁产业、盾构机产业、集成电路产业和薄规格高等级低温取向硅钢产业是该领域的典型代表。本章对这四个案例进行梳理和归纳,以为后文自立自强型优化路径构建提供微观经验支撑。

第一节 中国高铁产业高技术含量中间投入品摆脱外部依赖的经验分析

"火车一响,黄金万两"的俗语是中国高铁产业之于中国经济发展重要地位的真实写照。从大漠戈壁到东海之滨,由林海雪原到江南水乡,都有着中国高铁的身影。作为现代轨道交通建设的前沿性成果,中国高速铁路在为中国人民打造便利化的交通手段和极具幸福感的生活方式的同时,很大程度上推进了中国经济发展和现代化进程,更成为"中国速度"的代名词。

随着中国《铁路"十三五"发展规划》的圆满收官,"四纵四横"高铁网提前完成,"八纵八横"高铁网加速成型。从高铁运营里程数来看,2008年,中国高铁运营里程仅为671.5公里,然而自2009年开始,高铁运营里程数飞速提升。根据国家铁路局和铁道统计公报数据,我们整理出了如图11-1所示的2014—2021年中国高铁运营里程变化趋势,从中可以看出中国高铁运营里程数逐步实现跨越式增长。至2021年底,中国高铁凭借里程数4万公里的突破蝉联世界榜首。此外,随着大量新线路的顺利运营,截至

2020年底,中国高铁投产新线达到2900公里,预计到2030年,远期高速铁路实现4.5万公里规模①,并于2035年将高铁运营里程提高至7.0万公里②。从运行速度来看,2007年中国首列时速300公里的国产化动车组下线,而2010年京沪高铁创造了时速486.1公里的世界纪录,这是目前为止地球上火车的最快运营速度(图11-2)。中国高铁在运营距离和运行速度方面均居世界第一。

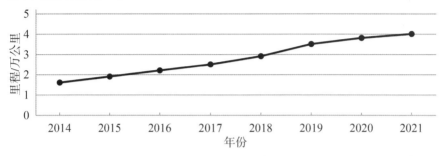

图 11-1　2014—2021 年中国高铁运营里程

资料来源:国家铁路局《铁道统计公报》(2023)。

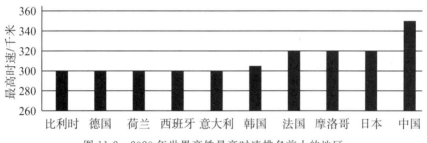

图 11-2　2020 年世界高铁最高时速排名前十的地区

资料来源:国际铁路联盟官网(https://uic.org/)。

中国高速铁路的发展在以最直观的方式向世界展现"中国速度"的同时,也向世界展示了中国制造业实现技术突破和摆脱高技术含量中间投入品进口依赖窘境的筑梦之旅。我们认为中国高铁产业的以下几点发展经验,可以为中国走出核心技术受限于人的窘境提供有力支撑和参考。

一、技术"引进—消化—吸收—再创新"模式确保全产业链系统性创新

基于各国引进高铁技术的成功经验和失败教训,中国高铁产业遵循"引进—消化—吸收—再创新"的后发路径,走出了一条"以我为主、博采众长、融合提炼、自成一家"的技术创新之路。2004年起,中国政府明确高铁

① 资料来源:国家发展改革委、交通运输部、中国铁路总公司印发的《中长期铁路网规划》(2016—2025)。

② 资料来源:中国国家铁路集团有限公司2020年发布的《新时代交通强国铁路先行规划纲要》。

产业发展需要秉承"引进先进技术,联合设计生产,打造中国品牌"的方针,开启了中国高铁产业的技术赶超之路。高铁产业主要由原铁道部进行统一招标,引进符合一定技术标准的先进、成熟、经济、适用、可靠的国外技术。高铁企业主要通过"干中学"对先进技术进行消化吸收,进而掌握关键核心技术背后的基本原理。

2015年,中国标准动车组以385公里的时速正式下线;2016年,该动车组首次实现载客运行,成为中国首个拥有完全自主知识产权的标准动车组,标志着中国不仅掌握了设计和制造不同高速列车动车组的成套技术及系统集成的能力,更意味着中国高铁产业形成了制定自主技术标准和完全正向设计的能力,实现了技术由引进、消化、吸收到实现原始创新的质的飞跃(高柏,2016)。高铁产业的异军突起是中国新兴先进制造业全产业链崛起的模范样本:创新全产业链,谨防关键核心技术受限于人(高柏,2016),对保证国家安全、扭转依附型经济发展方式起到决定性作用。高速列车动车组是多项尖端技术的高度集成,高铁发展融合了机械制造、金属冶炼、材料、信息和电子等多个领域的前沿技术,事关多个产业大量企业的发展,如供电、钢轨、桥梁、轨道、隧道、路基和监控等工程建造技术,高速列车动车组的制造和评估技术,客站的建立技术,高铁的运营和维护等技术,均需不间断地进行技术突破。保证全产业链无数细节的自主创新,使得中国高铁产业拥有了制定世界标准的话语权。

对以中国为代表的发展中大国来说,关键核心技术和高技术含量中间投入品高度外源依赖,不仅不能满足国家安全的发展需求,还不利于摆脱嵌入全球价值链的依赖型经济发展模式,从而将制造业置于全球价值链的被支配地位(李政和任妍,2015)。中国高铁产业的渐进式全产业链技术创新模式,为具有相似特征的核电技术和飞机制造等产业提升关键核心产品自主生产和掌控能力,摆脱高技术含量中间投入品进口依赖提供了现实可行的发展经验。

二、政府引导与企业投入并举,快速扩大研发规模与提高研发能力

中国高铁的发展经验是新时代的新生事物。一方面,高铁产业具有投资规模大、产业集中度高和社会辐射面广的特性(高德步和王庆,2020),作为中国高铁产业实现飞跃式发展的重要因素,政府坚定的统筹意识和政策手段对高铁企业的动员、引导与协调作用不可忽视。如政府出台了《中长期铁路网规划》《关于改革铁路投融资体制加快推进铁路建设的意见》《关于支持铁路建设实施土地综合开发的意见》等多项文件,为高铁产业发展产业链内各环节中间投入品提供了全方位的政策支持。

　　另一方面,中国政府集中各项优质资源支持高铁相关领域的科研活动。国家自然科学基金和国家科技支撑计划等对高铁研究项目进行了大量的支持,如 2008—2010 年间,仅"十一五"国家科技支撑计划和"中国高速列车关键技术及装备研究"项目的资金池就达到了 30 亿元(国家和研发企业单位累计投入量)。此外,国家还大力支持高铁相关的 51 个国家重点研究中心和实验室、25 所重点高等院校以及 11 家科研院所。中国中车集团自 2007 年开始,研发支出保持在 10% 的年增长水平,大量的资金投入不仅使得高铁技术专利的申请数量逐年攀升,还使得高铁产业不断在产业链关键环节取得突破,高铁产业中间投入品逐步实现自给自足和自立自强。

三、聚焦基础性研究,构建科学的产学研体系

　　改革开放以来,中国大量企业秉承"以市场换技术"的理念,引进国外核心产品和技术,力求实现产品和技术从"逆向反求"到"主动设计"的跨越式进阶。然而,包括中国汽车和芯片在内的很多产业,在失去市场的同时,并未将关键核心技术掌握在自己手中,导致实施该理念的企业多以失败而告终。在无数失败的教训中,中国高铁产业却实现"以市场换技术"的华丽转变,究其原因可以发现:作为一个集多领域多层次知识于一身的高端前沿技术融合体,基础研究是实现高铁产业创新性技术突破和化解核心技术受限于人危机的关键支撑。

　　中国高铁企业始终将基础研究置于产业发展的核心地位(张艺等,2018),构建以提升企业基础研发能力、促进技术创新为目标的产学研合作关系,将中国高铁企业等创新企业与相关大学和科研机构紧密衔接在一起。早期中国高铁企业基础研究的实力相对较弱,为扭转这一被动局面,原铁道部引导各大科研机构,如中国科学院软件研究所、中国铁道科学研究院和中国科学院力学研究所,与中国各高等学府,如清华大学、北京交通大学和西安交通大学,积极加强与中国中车集团旗下公司的合作,构建以多领域和多学科间应用导向为基础的产学研合作关系,从而为高铁产业技术的原始创新夯实基础,推进企业实现"逆向反求"向"主动设计"转变。

　　中国高铁产业实现从无到有,从技术引进到原始创新,并将核心关键产品和技术命脉牢牢掌握在自己手中的跨越式转变,是中国企业产学研合作关系的成功典范。由此,重视产业基础性开发和研究,加强创新主体与各高校和研发机构间的合作关系,从而增强学研机构对企业的信息和知识流动效率的边际提升功能,并紧抓产学研合作过程中跨组织、跨学科和跨领域的学习机会,也是中国各高技术企业弥补创新能力不足,实现角色属性从技术追赶到技术引领关键性蜕变的可行之径。

第二节　中国盾构机产业摆脱外部依赖的经验分析

1996 年,中国首次使用大型盾构机进行施工,该盾构机购于德国维尔特公司,单价 3 亿元。此后,由于中国基础工程建设规模不断扩大,对于盾构机的需求日益增加,中国频繁从国外进口先进盾构机,而国内的盾构机市场大部分都被德国、日本以及美国的企业垄断,中国还为之付出巨大代价——不只是高昂的价格,还有不对等的服务。为避免上述被动局面的再次出现,并摆脱对国外盾构机的依赖,中国开始了盾构机的研发和生产进程,从 2008 年开发出首台国产盾构机("中铁一号")以来,中国逐步掌握了盾构机的主驱动减速机、主承轴等大量关键核心中间投入品生产环节。自2014 年以来,中国中铁集团的盾构机产品累计订单超过 1000 台,出厂盾构机安全顺利掘进里程累计超过 2000 公里,产品远销新加坡、阿联酋、意大利、法国等 21 个国家和地区,2017—2019 年的销售量连续三年居世界第一。2020 年,我国研发的国产盾构机"京华号"直径达到 16.07 米,超过德国的 15.43 米泥水平衡盾构机,成为当时世界上最大的盾构机。这在一定程度上表明:盾构机在中国已经实现了从无到有和从有到强的华丽转变。综合国产盾构机的成长之路,我们认为有以下几点经验值得借鉴。

一、多学科、多部门和多产业融合型创新与企业主动型创新共存

盾构机的生产技术十分复杂,涉及机、电、液、光、控制、智能、岩土、工程等多学科和多领域的高精尖技术,任何一个领域有短板都有可能陷入高技术中间投入品进口依赖之困。为此,中国出台了一揽子支持政策来推动多产业、多部门和多学科的融合发展,助力盾构机的生产工艺不断升级和产业链关键环节自主可控程度的提升。如《国家"十五"重大技术装备研制发展规划》《国家"十一五"重大技术装备研制发展规划》以及"863"计划,均将全断面盾构机项目列入其中。2012 年以来,盾构机主轴承国产化、盾构机智能制造新模式、盾构机零部件及关键件再制造等重大项目陆续得到工信部支持,不断出台的政策对国内企业研发生产和自主创新能力建设起到了非常大的助推作用,强化了企业、科研院所、高等院校的相互合作,推动了盾构机国产化的各项技术攻关,进而促进了盾构机产业的迅速做大做强。

2020 年后,中国盾构机在国际市场中已经占据着重要的地位,在主驱动集成、变频驱动和控制、高承压主驱动密封、高精度隧道导向、设备姿态监控等领域已经达到了国际先进水平,但中国盾构机产业并未因此而满足,也未因此而放弃技术革新,反而在关键核心环节的技术革新之路上越走越坚定,出现了大量的主动型创新,以使得自身的国际竞争优势不断巩固。如为了提高盾构机驱动设备在不同环境中的工作能力,中国盾构机企业铁建重工,将传统的单动力驱动(适合软岩,难以适应硬岩工作环境)改进为压电马达和电机马达双驱动,使得盾构机的关键核心部件在不同的岩石环境中摆脱"卡机"困扰。这一创新不仅使得铁建重工的盾构机风靡国际市场,还使得铁建重工成为该领域的领头羊。

二、以内需市场优势和"借船出海"策略为支撑,构筑内外兼顾的需求体系

盾构机的主要服务对象为城市地铁、水工隧道、越江隧道、铁路隧道、公路隧道以及市政管道等交通项目,进入 21 世纪后,中国基础设施建设呈现出爆炸式增长,如"十三五"期间中国高速公路新增里程数达到 4.6 万公里,新增高铁里程数约为 1.1 万公里,新增城市轨道交通里程数约为 4300 公里。"工欲善其事,必先利其器",巨大的基建需求会推动经济快速、高质量增长,必然会对盾构机产生巨大的需求。巨大的市场需求为盾构机产业的发展注入了极大的活力,而幅员辽阔、地形复杂的中国则为盾构机品质优化和产品适应性提升提供了巨大的试验场,使得中国盾构机得以快速迭代、升级,并适应各种地质环境的需求,也使得中国的盾构机以高质量、高技术和价格实惠闻名于国内外市场,并迅速成为市场的宠儿,更为盾构机产业做大做强注入了极为有利的需求型活力。

在充分发挥国内市场优势的同时,国内盾构机企业也未放弃国际市场。随着有"基建狂魔"称号的中国基建企业出海,中国盾构机也得以"借船出海",如 2018 年"巨龙号"超大直径盾构机(中交天和研制)顺利下线,并应用于中国最大的海外公路隧道项目——孟加拉国卡纳普里河底隧道。2022 年,以中交集团承包建设的马来西亚东海岸铁路项目为依托,中国出口了当时直径最大、代表着世界先进水平的敞开式 TBM(全断面硬岩隧道掘进机)。此外,近些年中国盾构机不仅出口到了"一带一路"国家,还出口到了丹麦、意大利、澳大利亚、印度等数十个国家。强有力的国内外需求为盾构机整体质量提升、功能优化和零部件技术含量提升提供了坚强有力的支持。

值得一提的是,《中华人民共和国国民经济和社会发展第十四个五年规划和 2035 年远景目标纲要(草案)》对国内城镇化建设、城市轨道交通建设、高速公路建设和高铁建设均做出了前期规划,在未来一段时期内,中国对基础设施完善的需求仍然较大。因此,更好地发挥市场需求的支撑功能,仍可以成为盾构机做大做强和实现产业链自主可控的重要路径。

三、生产性服务业深度介入,促进生产环节与生产性服务业深度融合

随着分工的细化、技术的进步和生产工艺的改进,盾构机的生产已经呈现出一定的生产分割特征,不同环节由不同部门的不同学科完成,不仅充分整合了国内不同部门和学科的资源,还使得各部门和学科的比较优势得以充分发挥,极大地提升了中国盾构机的生产水平和生产工艺。生产性服务业植根于制造业,是制造业各环节协同优化的重要润滑剂和衔接件,生产性服务业也是高端知识资本和人力资本的代表,不仅能够有效地推动制造业技术进步与效率提升,还能有效地推动高技术环节更好地衔接,从而降低衔接成本和试错成本。因此,生产性服务业是制造业增长质量提升和突破"卡脖子"困境的重要推动力量。

值得一提的是,生产性服务业也深度介入了盾构机的生产领域,为盾构机的生产优化提供了重要支撑。盾构机产业积极推进数字转型,使得盾构机及其关键中间投入品可以在虚拟空间中实现设计、制造、运行和应用,不仅能够满足多样化和个性化需求,还节约了核心零部件生产的试错成本,极大地提高了高技术含量中间投入品的生产能力,使得产业链关键环节牢牢掌控在本土企业手中,为盾构机产业领域的基础高级化、产业链现代化和降低高技术含量中间投入品进口依赖程度奠定了扎实的基础。不仅如此,盾构机企业还将盾构机的工作状态和运行状况进行信息化管理,采用智慧互联、大数据、云平台、远程操作与诊断等手段,提高盾构机的运行效率和运行的灵活度,进而满足各种个性化的需求,最终使得盾构机在国际市场中备受欢迎,为盾构机产业及其核心环节做大做强提供了强有力的需求支撑,也使其成为高端制造业和现代制造业深度融合的典范。

第三节　中国台湾集成电路产业核心中间投入品领先全球的成长经验

信息技术的飞速发展推动第四次工业革命进程不断加速,其中,以集成电路(integrated circuit,IC)为核心的集成电路产业,凭借强大的功能而广泛应用于现代社会的各个领域,不仅成为新一轮科技革命的全新焦点,还是新能源汽车、城际高铁、人工智能、特高压和大数据中心等新型基础建设的重要基石,更是社会经济发展和国家信息安全的重要支撑,是中国乃至世界经济高质量增长的重要支柱。[1] 因此,被誉为工业明珠的集成电路

---

[1] 资料来源:中国电子信息产业发展研究院院长张立在2020世界半导体大会暨南京国际半导体博览会上的演讲。

产业是一国综合国力的直接体现。中国台湾地区成功从半导体领域的追赶者跃迁成为佼佼者,《彭博商业周刊》的专题报道曾这样形容:中国台湾在全球集成电路产业的地位,如同中东石油在全球经济中的角色一样无可取代。可见中国台湾地区作为居于全球前列的集成电路产业重镇,在世界集成电路产业中发挥着举足轻重的作用。

　　集成电路产业以集成电路设计业为上游,晶圆生产制造业为中游,封装测试为下游,形成紧密联系的产业链,电脑、网络和通信等高技术重点产业均依靠集成电路产业。中国台湾地区集成电路产业起步于 20 世纪 60年代中期外商主导的封装产业,并于 80 年代后期逐渐形成相对完整的上中下游产业链,进入 90 年代中后期,中国台湾地区集成电路产业进入快速扩张阶段。图 10-3 报告了 2002—2020 年中国台湾地区集成电路产业产值的变化情况,其产值呈现出整体性上升趋势。值得一提的是:2020 年电子产品需求的陡增,不仅带动了全球范围内半导体市场的快速增长,还使得作为中国台湾地区的集成电路产业产值实现了超过 20％的大幅增长。

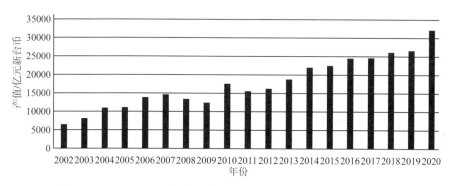

图 10-3　2002—2020 年中国台湾地区集成电路产业产值变化情况

　　注:产值计算以总部设在中国台湾地区的公司为基准。据中国台湾集成电路产业协会(TSIA)公开资料整理。

　　综观中国台湾地区集成电路的发展现状可以发现:首先,中国台湾地区集成电路产量位居世界前列,其中,专业晶圆代工产值和专业封装测试领域,分别凭借其超过 70％和 55％的市场占有率稳居全球第一,集成电路设计和内存制造方面分别位居世界第二和第四。2022 年,世界集成电路产业产值为 6017 亿美元,中国台湾地区以 1750 亿美元的产值占世界总产值的 29.08％,为超过 23 万人提供了工作岗位。其次,半导体芯片制程决定了其技术含量的高低,目前,全球范围内仅有中国台湾积体电路制造公司(台积电)和韩国三星公司可以量产纳米节点达到制程最高端要求的芯片,可见中国台湾地区凭借其精细度极高的集成电路制造工艺,即半导体芯片制程,拥有领先世界的绝对优势。总而言之,作为集成电路产业的后起之秀,中国台湾地区从几近空白的"荒原"状态,到占据全球一席重要之地的奇迹蜕变史,可以为亟待摆脱高技术含量中间投入品进口依赖窘境的企业提供有益的参考。

一、步步为营、环环相扣的"多渠道引进—衍生公司本土化—回流人才再创新"技术突破之路

纵观中国台湾集成电路产业的发展历程,可以发现台湾为其集成电路产业发展谱写了节奏紧密的技术突破"三部曲"。在 20 世纪 60 年代中期的技术引进阶段,中国台湾地区通过多元化渠道,以极具策略性的外资企业和生产管理体系的引进为主。如美国通用仪器公司在中国台湾地区建立的高雄电子公司和台湾德州仪器公司、日本企业建立的高雄日立电子和菱生精密公司与荷兰飞利浦建立的飞利浦建元电子公司等,均是中国台湾地区引进外资的多元化体现。此外,台湾地区利用优惠政策吸引外商企业于此进行初级加工与组装,逐步搭建其产业框架,进而通过促进本土就业者在外资企业中实现工作经验积累与技能的"干中学"效应,使中国台湾本土企业逐步掌握半导体相关产品和技术的基本知识与管理经验。从 70 年代开始,为实现重大技术的转化与自我掌握,中国台湾地区逐步正视本土企业对高端技术的掌控。在此阶段,中国台湾地区通过财政资源支持和派遣公营科研工作者等方式,经过公营研发机构直接引进并消化吸收美国半导体企业的关键核心技术,以衍生公司的形式将其技术和研发人才转移并分散至全域,并利用民间力量扩大企业规模,逐步建立高技术含量研发体系,实现进口技术的本土转化。

进入 20 世纪 90 年代,中国台湾地区半导体科学技术领域迎来了颠覆性发展。作为高技术企业的核心竞争力,创新能力的提升成为台湾地区半导体企业的发力重点。幸运的是,中国台湾地区曾输送大量青年人才到美国电子相关专业进修学习,进而使本土精英遍布于硅谷等高端前沿环境。此外,中国台湾地区通过努力促使超过 2500 名早期常年置身于美国硅谷和贝尔实验室等高技术产业环境中的海外高端人才回流至本土集成电路产业(刘文俊,1999),激发了中国台湾集成电路产业的创新活力。如张忠谋返台后建立了世界首家专业代工企业——台积电,凭借其新创的代工产业改写了集成电路产业的游戏规则。大量的美国学成回流人士,基于其对国外先进研发经验与合作网络的掌控,不断创业于中国台湾新竹科学园内,并在中国台湾地区中游制造业的大力支撑下,针对集成电路产业上游环节进行研发设计与技术改良。在提升下游产业技术与产品整体实力的同时,中国台湾地区推出的前沿高端半导体产品在世界范围内赢得了极大的利润空间和极高的国际知名度,使得中国台湾地区凭借集成电路产业这艘"巨舰",开启了在世界市场中的纵横驰骋之路。

实现高端产品关键核心技术的自主研发与创新,是保持国际竞争力的重要手段。结合上述分析,可见中国台湾地区集成电路产业摆脱外资依赖的"逃生"之路,可以为其他产业加强对技术从引进到自主掌控的意识,搭建步步为营的技术发展路线提供有益的借鉴。

二、积极打造技术研发与转化尖兵,推动高端产品创新创业协同共进

中国台湾地区集成电路产业实现从外商投资到本土企业崛起,再到本土企业对外投资的转型,依靠的是系统化规划及制度化推动。中国台湾地区集成电路产业飞速发展,并摆脱国外高技术含量产品和技术操控的困境,很大程度上得益于中国台湾地区以技术孵化网络为核心的制度创新,综合分析其制度创新中技术孵化的作用过程可以发现,包括工业技术研究院电子所(以下简称为工研院电子所)、相关衍生公司及新竹科学园在内的三个关键环节是制度创新的核心骨架,其中,工研院电子所及其衍生公司是技术研发转化的尖兵,新竹科学园辅助二者实现其对中国台湾地区集成电路产业技术创新与升级的推动作用(曹海涛和陈颐,2021)。

首先,工研院电子所主要针对技术研发、技术应用而建立,为集成电路产业提供技术转移、调适、吸收和转化的渠道。如在第一家半导体企业——联华电子公司成立初期,工研院电子所将其引进的晶圆制造技术转化为新一代升级成果,并转移应用于该企业。随着工研院电子所对半导体技术的不断升级,台积电转移的半导体技术已经达到世界领先水平。工研院电子所进一步升级引进的光罩技术后,建立了台湾光罩公司。在1980—1996年期间,工研院电子所以602件美国专利勇夺中国台湾地区美国专利持有者之桂冠,可见政府主导的科研机构对中国台湾地区半导体技术形成、吸收及升级路径具有重要支撑作用。

衍生公司是利用技术创新为台湾地区半导体企业带来收益的另一个科技尖兵,在政府主导下建立半导体企业有助于克服民间创业者由于缺乏及时信息、匹配人才和充分资金,不能将升级后的技术顺利应用于商业用途的难题。基于此,中国台湾地区利用政府资源,基于集成电路产业链中关键技术区段直接建立先导性衍生公司,进而实现新技术的商业转化与收益,如1980—1994年陆续建立集成电路制造公司联华电子、专营晶圆代工的台积电、光罩制造公司台湾光罩和专业内存制造公司世界先进等。衍生公司在享受技术创新带来的丰厚收益的同时,将新技术有效扩散至商业领

域,促进集成电路产业制造工艺不断发展,从而带动产业链中设计和封测等上下游环节形成紧密的分工模式。

工研院电子所及衍生公司的建立,促进了中国台湾地区集成电路产业从根源上实现技术转化与研发成果的商品化,实现了公司创业者与技术创新者的合二为一,激发了科研人员长期的创新动力,曾被科技界誉为最成功的政府科技成果转移案例。从中国台湾地区的制度创新历程可以看出,产业做大做强需要本土企业技术体系的壮大,进而以内部供给替代外部进口,即通过系统性孵化网络和尖兵企业引领技术创新,实现本土乃至世界市场的发展空间和高额利润的转移,促进本土企业做大做强。

三、打造产业高水平集聚区,为高技术产品做大做强提供多维支撑

产业集聚有助于提升集聚区域内部企业信息流动速度,帮助企业精准、及时地获取前沿市场商机、最新技术发展以及同行产品动态等重要的信息,集聚带来的后天优势可以在一定程度上弥补本土资源与先天环境的客观缺陷,从而增强对高端人才、资金和先进技术等要素的吸引力。中国台湾地区新竹科学园集聚区的发展经验为上述观点提供了有力的证据。得益于其周围相匹配的高技术产学研网络体系的支撑,新竹科学园、中部和南部的科学园区实现了上下游厂商的集聚,不断发挥以高技术产业为核心的群聚效应(詹长霖,2010)。

整体来看,集成电路晶圆厂主要集中于新竹科学园北部,集成电路设计产业主要分布在新竹科学园和台北地区,封装业则集中在新竹科学园、台中和高雄南部区域,且基于就近原则,导线架、制版和化学品等支撑性产业大多集聚在新竹科学园内部或周边邻近地带。制度框架的成功搭建及其作用的充分实现,离不开其他具有依赖或互补关系的相关制度环节的辅助。包括工研院电子所和其衍生公司在内的核心环节,能够充分发挥其对集成电路产业发展的促进作用,主要得益于其技术孵化网络中的支撑性环节——新竹科学园的建立及其集聚效应的发挥。新竹科学园拥有工研院与中国台湾清华大学、中国台湾交通大学等著名学术和科研机构紧密联系形成的产学研群聚体,其在人力、土地、资金等方面的优惠举措,节省了新竹科学园内部企业在技术创新升级和获取收益的各项环节间的信息传递时间和交易成本,并在一定程度上减小了技术转移和企业生产所面临的风险。在新竹科学园内的企业,可以精准、快速且低价获得其生产所需的土地资源。在"单一窗口"的一元行政管理模式下,来新竹科学园建厂企业的保税、免税、研发奖励和场地出租等多项业务和行政手续,均可一次性办结。可见,新竹科学园的建立与其优惠措施的提出,在极大程度上节约了

半导体企业建厂的人力资本与时间,加大了对集成电路产业的投资吸引力,有助于发挥产业集聚的正向效应,增强新竹科学园内部半导体企业的综合竞争力,使之逐渐成为世界高科技园区的典范之一。

总结中国台湾地区集成电路产业发展经验可以发现,产业集聚有助于促进以集成电路为核心的集成电路产业发展,新竹科学园的建设实现了集成电路产业链上中下游的资源整合与紧密的统筹联系,为中国台湾地区集成电路产业技术创新与产业结构升级奠定了坚实的基础。由此可以推定:中国其他地区可充分借鉴台湾地区集成电路产业发展经验,加强对高技术产业的统筹规划与引导,把科研资金与政策支持落实到关键核心步骤之中,引导产业实现有机化集聚,从而逐步扭转高技术含量中间投入品严重依赖于国外厂商的现状。

四、把握专业分工取代垂直整合大趋势,发展策略性国际联盟

中国台湾地区早期的小型半导体公司抗风险能力和技术研发能力较弱。为此,一方面,考虑到集成电路产业具有高投资、高风险和竞争激烈的特征,中国台湾地区的半导体公司把握世界集成电路产业专业化细致分工的态势,首次建立以代工方式(OEM)打入集成电路产业内部的晶圆代工模式。如台积电跳出了全球集成电路产业一贯追求的垂直整合集成电路设计、制造业和测试封装一体化的产业通行方式,把握专业芯片制造这一突破点,集中力量开展晶圆代工业务,进而绕开与美、日、韩等强势企业的直接竞争,巧妙地嵌入全球集成电路产业链、价值链。

进入 20 世纪 80 年代后,集成电路产业的发展迎来快速超车的关键时期,此时建立集成电路上游设计业与中游制造业分离的各自专业化垂直分工的经营模式,成为国际集成电路产业实现企业扩张和技术升级的主流趋势,此时台湾地区半导体企业的生产模式早已与之巧妙契合。在全球发展趋势的带动下,台湾地区进一步降低集成电路产业的准入门槛,通过吸引高端人才和高质量企业的加入,强化其专业化垂直分工体系,鼓励本土半导体企业员工恪守其职、各尽其责,一并打造上中下游高效、稳定、长期发展的高技术共同体。台湾光罩的崛起和联华电子的代工化转型之路,巩固了中国台湾地区集成电路产业的发展优势,验证了中国台湾地区对产业发展大趋势的充分把握。截至 2022 年,新竹科学园内部有半导体企业 400余家,集成电路企业占比超过一半;其中,台积电和日月光集团分别在集成电路制造领域和封装测试领域成为全球第一大厂商,联发科技在集成电路设计产业中位居第四(曹海涛和陈颐,2021)。与此同时,中国台湾地区的半导体企业在参与国际化联盟时极具策略性(刘常勇,1998)。如外资持股比例超过七成的台积电,透过其极具"散财集权"特征的分散型股权结构,尽管让渡高额利润于外资企业,但始终牢牢紧握企业经营决策权,极大限度减小了经济与非经济隐私引致的潜在风险。此外,台积电以大股东之一的身份,直接承担荷兰光刻机企业前沿设备的核心研发角色,从而凭借其对最新产品和技术的掌控,占据全球集成电路制程领域的制高点,促使台湾地区集成电路产业对高技术含量中间投入品的自主掌控能力不断提升。

我们在对中国台湾地区半导体企业抓住专业细化分工趋势,并形成战略性国际联盟的经验总结中发现:有异于韩国汽车产业的大集团模式,中国台湾地区集成电路产业审时度势,结合自身产业特性建立专业化垂直分工模式(陈德智等,2005),促进中国台湾地区各中小型企业利用其单一技术优势对分工后的细化产业进行专业化生产;且在进入国际市场时,将把握关键话语权及核心高端产品与技术置于利润之上的前瞻性战略思维,为台湾地区成功占领全球集成电路产业的主导地位埋下决定性伏笔。这为中国其他产业在关键核心领域做大做强提供了非常好的参照。

第四节 中国薄规格高等级低温取向硅钢摆脱外部依赖的经验分析

取向硅钢是一种应用于变压器制造产业的重要中间投入品,新中国成立初期,该产品一直依赖于进口,主要依赖美国、日本、德国等国外厂商。在国内电力产业的高速发展阶段,中国对于取向硅钢需求量大,而取向硅钢需求中有一半以上依赖进口。在三峡工程建设时期,由于我国尚不具备高端取向硅钢的研发及生产能力,需从国外进口,却在外国高端取向硅钢供应商处屡屡受挫,对方或不予供应,或提价限量供应,中国被牢牢"卡住了脖子"。这给中国电力系统建设和国家电力安全埋下了巨大的隐患。为此,中国开始了摆脱薄规格高等级低温取向硅钢外部依赖的历程。整体而言,这一历程主要分为两个方面。

第一,摆脱薄规格高等级低温取向硅钢外部依赖。2003年,为了保障国家电力供给安全,宝钢集团开始了高等级取向硅钢的研发之路。在进行设备研发并不断测试与试错后,2008年下半年,宝钢集团成功自主研发出低温高磁感取向硅钢以及激光刻痕取向硅钢这两种高端取向硅钢,并实现量产,实现了中国高等级低温取向硅钢从无到有的转变。2016年,宝钢集团和武汉钢铁集团联合重组为中国宝武钢铁集团(简称中国宝武),坚持自主研发,于2019年实现B18R060极低铁损取向硅钢全球首发。2020年,中国宝武自主研发的0.18mm规格055等级极低铁损取向硅钢全球首发,中国宝武的取向硅钢技术已位于世界前列。2021 年,中国宝武占据国内取向硅钢市场的 85%,在全球市场的主要份额也达到了 24%。2020 年,仅中国宝武旗下的宝钢集团面向国际市场的取向硅钢出口数量已占其总产量的四分之一,中国实现了薄规格高等级低温取向硅钢从跟跑者到领跑者的跨越式转变。

第二,摆脱薄规格高等级低温取向硅钢的中间投入品外部依赖。作为变压器生产的重要中间投入品,薄规格高等级低温取向硅钢的突破给国家电力安全奠定了扎实的基础,然而在突破薄规格高等级低温取向硅钢后,高等级低温取向硅钢生产所需的氧化镁仍长期依赖进口。氧化镁是取向硅钢涂层中极为关键的材料,其作用类似隔离剂。氧化镁之类的底层技术是取向硅钢实现产业化的关键,对于取向硅钢的品质至关重要。在很长一段时间内,中国所需氧化镁都依赖进口,然而进口氧化镁不但价格高,关键指标的稳定性也无法得到有效保障。为此,2013 年,宝钢集团开启了摆脱氧化镁进口依赖之路。2017 年,中国宝武宝钢股份中央研究院硅钢研究所决定联合国内企业跨界自主研发薄规格高等级低温取向硅钢专用氧化镁,最终在宝钢集团关键核心技术攻关领导小组以及中国宝武宝钢股份中央研究院项目推进组的共同努力下,中国宝武成功开创取向硅钢氧化镁合成工艺路线,并于 2020 年取得重大突破,BW-H1 实验氧化镁在 0.3mm 低温取向硅钢上试制成功。2021 年,中国宝武联合氧化镁制造企业开发的BW-H1 氧化镁成功应用在宝钢集团 0.23mm 薄规格高等级低温取向硅钢上,且测试数据显示,其综合指标优于国外最高等级取向硅钢。这标志着中国宝武再一次突破了“卡脖子”困境,实现了氧化镁的国产替代,打破了国外企业在该领域的垄断。

对薄规格高等级低温取向硅钢及其关键中间投入品氧化镁外部依赖的摆脱,不仅为中国经济建设节约了大量的成本,还带动了下游电源、电网、冶金、石油化工、铁道、城市建设等产业的发展,也使得电力工程、海峡工程等大型项目得以摆脱受制于人的被动局面。如在灵州—绍绍±800千伏特高压直流输电工程遭遇国外供应商停止供货而被迫暂停工程时,中国宝武为其提供了 34 台变压器生产所需的取向硅钢,使项目得以顺利完成。整体而言,中国摆脱薄规格高等级低温取向硅钢外部依赖的经验可以归结为以下几个方面。

第一,鼓励产业链龙头企业向上下游延伸。钢铁产业是重要的基础性产业,而宝钢集团和武汉钢铁集团均为钢铁产业的领头羊企业,而二者合并后的中国宝武更是中国钢铁领域的龙头企业,其主营业务是生产高质量的钢铁,薄规格高等级低温取向硅钢在一定程度上属于钢铁产品的下游环节,而氧化镁的研发更非其主营业务。薄规格高等级低温取向硅钢和氧化镁的研发需要两个条件:一是大量的资金投入,二是丰富的相关知识储备。就第二个条件而言,在同一产业链上的企业具有更大的优势,因为其掌握着产品的上游供应状况和下游需求状况,也具有相应的技术和知识储备。因此,具有丰富知识、技术和人才储备的中国宝武能有效地满足第二个条件。而中国宝武是中国钢铁业的佼佼者,也拥有进行该类研发的资金实力。因此,中国宝武将产业链延伸到薄规格高等级低温取向硅钢和氧化镁领域,可谓天时地利人和,使中国得以快速摆脱薄规格高等级低温取向硅钢和氧化镁的外部依赖,实现该环节的自立自强。

第二,跨界联合研发,实现知识技术共享共进。在摆脱薄规格高等级低温取向硅钢专用氧化镁的外部依赖的过程中,中国宝武并未单枪匹马进行研究,而是联合国内企业进行跨界研发。跨界联合研发不仅实现了技术及知识的互利共享,还实现了优势互补和技术协调,为快速实现技术突破奠定了扎实的基础。值得一提的是,氧化镁的研究始于2013年,而2017年中国宝武的诞生为氧化镁的研究提供了更加有利的条件,也得到了联合攻关企业的认可。因此,作为跨界联合研发的领头羊,中国宝武在一定程度上充当了整个研发工作的中枢神经系统,为研发工作指明方向,并源源不断地提供资源支持。不仅如此,龙头企业的存在也使得新研发出来的中间投入品可以借助龙头企业的市场声誉迅速打开市场,为本土关键核心环节产品做大做强提供需求支持。

第三,越是高端的技术,越应强调自主研发。关键核心技术是要不来、买不来、讨不来的,而且越是高端的技术,越具备上述特征。宝钢集团在开展薄规格高等级低温取向硅钢研发任务的早期,曾想过走技术引进的道路,但令人遗憾的是,在技术引进过程中,国外厂商对技术进行严格控制,使得宝钢集团的技术引进过程屡屡受挫。于是,宝钢集团不得不走上自主研发的道路。技术设备从无到有,技术人员从懵懂到熟悉再到专业,宝钢集团在经历了无数次的参数测试和上百轮的实验之后,终于克服各种技术困难,成功生产出薄规格高等级低温取向硅钢,并在氧化镁领域也同样取得突破,实现了国产替代,使得中国产业在该领域由被"卡脖子"者转为技术领先者。可见,在国外技术严格控制的情况下,自主研发是最优选择,虽然自主研发过程会很艰辛,但是一旦实现技术突破,将给企业乃至国家带来巨大的经济利益,可谓"梅花香自苦寒来"。因此,在高端技术方面,我们应该坚持自主研发,而且要做到早了解、早介入、早建立优势,以使得自主研发过程所花费的追赶成本最小化和实现技术突破后获得的收益最大化。

第五节　本章小结

本章细致分析了中国高铁产业、盾构机产业、集成电路产业和薄规格高等级低温取向硅钢产业突破国外限制，从关键核心技术依赖进口向自立自强转变，并成为产业和产品领导者的经验与经历。综合对比上述案例，我们认为重视以下几个方面的工作有助于减少高技术含量中间投入品进口依赖。

一是重视产业链龙头企业的能力。龙头企业因资金实力雄厚、市场声誉好、技术研发能力强等，是带队减少高技术含量中间投入品进口依赖的最优选择。龙头企业向自身产业链上下游延伸是中国实现高技术含量中间投入品自立自强的重要途径，高铁产业、盾构机产业、集成电路产业和薄规格高等级低温取向硅钢的成功案例很好地印证了这一点。**二是重视产业链基础和高端环节的研发能力。**产业链基础环节可谓是支撑一国实现中间投入品自立自强和自主可控的关键，产业链基础环节研发能力缺乏如同在他人的地基上盖自己的房子，很容易出现房屋倒塌的情况，中国高铁产业的突破则在很大程度上得益于其对高技术基础性与高端环节的持续研发，进而推进产业自立自强水平持续巩固。**三是重视产业链的本土化建设。**产业链本土化建设不仅使得产业链被牢牢控制在本土，减小外部力量对本国的约束力度，还能为本土企业在关键核心环节实现技术赶超方面提供重要的本土支撑。高铁和盾构机摆脱中间投入品进口依赖，均离不开产业链本土化建设的支撑。**四是重视企业家敢于创新的拼搏精神。**企业的成长离不开企业家，企业家是企业的掌舵人，盾构机能在高技术含量环节不断实现突破和企业家敢于创新的拼搏精神密切相关。事实上，韩国的汽车产业和日本的机床产业的成功也在很大程度上得益于企业家的拼搏精神。因此，培养企业家敢于创新的拼搏精神，形成创新文化，可以为中国缓解高技术含量中间投入品进口依赖之痛提供强有力的支持。**五是重视生产性服务业。**生产性服务业不仅是制造业技术环节协同的润滑剂和技术创新的助推剂，更是制造业实现高质量增长和全球价值链分工地位攀升的关键支撑。盾构机的案例表明，制造业与生产性服务业深度融合能有效地推动制造企业在高尖难环节的突破，这与前文实证结论具有一定的契合性。此外，服务化是当前经济发展的重要趋势，因而增强生产性服务资源的中间投入品进口依赖程度降低功能，既能满足当前经济服务化发展趋势的需要，也能更好地发挥服务化趋势的中间投入品自给能力提升功能。六

是重视政府的赋能型功能。政府的支持对市场而言是一个非常强的信号，能有效提升市场对特定领域的信任度，这一功能在高铁、盾构机和集成电路产业的技术突破中得到了充分的体现。此外，政府的引导可以使得资源快速汇聚至特定产业和特定环节，进而推动该产业和环节快速实现自主可控甚至自立自强。为此，构建赋能型政府可以成为摆脱高技术含量中间投入品进口依赖的重要途径。

第十二章 高技术含量中间投入品进口依赖 潜在优化路径的检验

前文不仅从多个维度剖析了高技术含量中间投入品进口依赖的经济效应,还从国际经验和本国案例视角剖析了减少高技术含量中间投入品进口依赖的可能路径。综合前文分析结论可知:服务化、智能化和构建本国主导价值链是减少高技术含量中间品进口依赖的潜在路径。值得一提的是,在贸易保护主义抬头背景下,服务化、智能化和产业链关键环节本土化已经成为制造业发展的主流趋势,且服务化、智能化和高技术含量中间投入品本土化均有助于企业跻身同类竞争企业的前沿位置。因而服务化、智能化和产业链关键环节本土化是中国制造业高质量安全增长的重要支撑。有鉴于此,本章从生产性服务资源嵌入制造业环节、工业机器人应用、嵌入他国主导价值链三个视角细致分析服务化、智能化和产业链关键环节进口对高技术含量中间投入品进口依赖的作用机理,以期在更深刻理解三个潜在优化路径实际作用机制的基础上,为中国更好地利用三大趋势来摆脱高技术含量中间投入品进口依赖指明方向。

第一节 生产性服务资源嵌入制造业环节与本土中间投入品 供给能力

生产性服务资源既是本土中间投入品快速发展的助推器和润滑剂(于斌斌,2018;Markusen et al.,2005),也是本土高技术含量中间投入品做大做强的加速器(刘慧,2021),更是突破先发国高技术企业"卡脖子"威胁的中坚力量和核心工具(张少军和刘志彪,2017)。前文国际经验和本国案例分析的结论也表明:**生产性服务资源可能可以成为减少高技术含量中间投入品进口依赖的关键。**在全球价值链分工体系下,生产性服务资源只有嵌入制造业异质性生产环节,才能发挥其促进高技术含量中间投入品增长的功能(唐晓华等,2018),而嵌入不同生产环节对高技术含量中间投入品的边际促进效果可能并不相同(Antràs and Chor,2013;刘明宇等,2010)。那么,生产性服务资源嵌入制造业哪些环节才能最有效地促进本土中间投入品生产规模的快速扩大? 提升本土中间投入品供给能力和优化生产性服务资源嵌入制造业模式是实现经济增长优势持续增强的重要途径。探索这一问题的答案能为中国走出生产性服务资源低效配置和高技术含量中间投入品进口依赖等困境提供重要的启示。

一、生产性服务资源嵌入制造业环节偏好度测度方法的构建

比 Antràs et al.(2012)和 Fally(2011)更进一步的是,我们将存货纳入初始方程,以使得测度过程和结果更贴近投入产出实际。① 此时,在封闭状态下,生产性服务业 s 的总产出(Y_s)等于本产业最终消费(F_s)、以中间投入品形式投入制造业的额度(Z_s)、以中间投入品形式投入非制造业的额度(L_s)与存货变动量(I_s)之和,由此可得:

$$Y_s = I_s + L_s + Z_s + F_s \qquad (12\text{-}1)$$

假设制造业 j 每增加一单位产出,需增加 d_{sj} 单位生产性服务业 s 的中间投入,借鉴 Antràs et al.(2012)和 Antràs and Chor(2013)的处理方法,(12-1)式可以调整如下:

$$Y_s - I_s - L_s = F_s + Z_s = F_s + \sum_{j=1}^{N} d_{sj}(Y_j - I_j - L_j) \qquad (12\text{-}2)$$

其中,N 为制造业的种类数,考虑到投入产出表中制造业间存在交互投入的情况,即制造业 j 产品会被另一制造业使用,另一制造业的产品又会被相关制造业采用(Antràs et al.,2012;Antràs and Chor,2013),在此循环条件下,(12-2)式可以表示为:

$$Y_s - I_s - L_s = F_s + \sum_{j=1}^{N} d_{sj}F_j + \sum_{j=1}^{N}\sum_{k=1}^{N} d_{sk}d_{kj}F_j + \sum_{j=1}^{N}\sum_{k=1}^{N}\sum_{l=1}^{N} d_{sl}d_{lk}d_{kj}F_j + \cdots \qquad (12\text{-}3)$$

(12-3)式等号右边的每一部分都代表了一个独立的生产环节(Antràs et al.,2012;Antràs and Chor,2013),由此,借鉴 Antràs et al.(2012)的做法,我们以如下方法核算生产性服务业嵌入制造业的上游度指数(嵌入制造业的环节偏好):

① 存货变动量是刻画投入产出表中各产业当年产出的重要变量,不考虑存货变动实际上容易高估(当存货减少)或低估(当存货增加)产业的实际产出。为此,在初始阶段考虑存货变动,会使得核算出的产业产出值更贴近实际。

$$U_s = 1 \times \frac{F_s}{Y_s - I_s - L_s} + 2 \times \frac{\sum_{j=1}^{N} d_{sj} F_j}{Y_s - I_s - L_s}$$

$$+ 3 \times \frac{\sum_{j=1}^{N} \sum_{k=1}^{N} d_{sk} d_{kj} F_j}{Y_s - I_s - L_s} + 4 \times \frac{\sum_{j=1}^{N} \sum_{k=1}^{N} \sum_{l=1}^{N} d_{sl} d_{lk} d_{kj} F_j}{Y_s - I_s - L_s} + \cdots \quad (12\text{-}4)$$

其中,U_s 为生产性服务资源 s 的上游度指数,该值越小则表明生产性服务资源 s 越偏好于下游环节,越大则越偏好于上游环节。考虑到(12-4)式的计算过程较为复杂,我们借鉴 Antràs et al. (2012) 和 Antràs and Chor (2013) 的处理方法,将(12-4)式进行线性化处理,可得:

$$U_s = 1 + \sum_{j=1}^{N} \frac{d_{sj}(Y_j - I_j - L_j)}{Y_s - I_s - L_s} U_j \quad (12\text{-}5)$$

其中,U_j 为制造业 j 的上游度指数,$d_{sj}(Y_j - I_j - L_j)/(Y_s - I_s - L_s)$ 刻画的是生产性服务业 s 的产出中被制造业 j 购买和消耗的份额。进一步将(12-5)式拓展到开放状态可得:

$$U_s = 1 + \sum_{j=1}^{N} \frac{d_{sj}(Y_j - I_j - L_j) + X_{sj} - M_{sj}}{Y_s - I_s - L_s} U_j = 1 + \sum_{j=1}^{N} \delta_{sj} U_j$$

$$(12\text{-}6)$$

令

$$\delta_{sj} = (d_{sj}Y_j - d_{sj}I_j - d_{sj}L_j + X_{sj} - M_{sj})/(Y_s - I_s - L_s) \quad (12\text{-}7)$$

其中,X_{sj} 为本国生产性服务业 s 出口给国外制造业 j 的金额,M_{sj} 为国外生产性服务业 s 产品被国内制造业 j 购买的金额。由于海关在统计进出口数据时并不统计产业间相互购买的跨国数据,因此缺乏 X_{sj} 和 M_{sj} 的统计数据。为便于核算,令 $\delta_{sj} = X_{sj}/X_s = M_{sj}/M_s$,则(12-7)式可以表示为:

$$\frac{d_{sj}(Y_j - I_j - L_j) + \delta_{sj}X_s - \delta_{sj}M_s}{Y_s - I_s - L_s} = \delta_{sj}$$

$$\Rightarrow \delta_{sj} = \frac{d_{sj}(Y_j - I_j - L_j)}{(Y_s - I_s - L_s - X_s + M_s)} \quad (12\text{-}8)$$

将(12-8)式代入(12-6)式,可得:

$$U_s - \sum_{j=1}^{N} \frac{d_{sj}(Y_j - I_j - L_j)}{(Y_s - I_s - L_s - X_s + M_s)} U_j = 1 \quad (12\text{-}9)$$

其中,$d_{sj}(Y_j - I_j - L_j)/(Y_s - I_s - L_s - X_s + M_s)$ 可以由 WIOD 的投入产出表核算而得。基于前文测度方法和 WIOD 数据,我们测度了世界各国产品生产性服务资源嵌入制造业环节偏好。

二、模型的设定与变量的选择

本部分以揭示生产性服务资源嵌入制造业环节偏好对本土中间投入

品生产能力的作用机制为核心内容,解释变量为前文基于修正后的 Antràs et al. (2012)模型测度所得环节偏好(HJP)的自然对数,被解释变量为各国本土中间投入品占比(BTGJ),其计算方法如下:

$$BTGJ_{ij} = \frac{\sum_{k=1} X_{ijk}}{\sum_{k=1} X_{ijk} + \sum_{k=1} X_{ijk}^{*}} \qquad (12\text{-}10)$$

BTGJ 越大说明本土中间投入品供给能力越强,产业生产过程中使用的本土中间投入品比例越高。根据刘慧等(2020a,2020b)和陈晓华等(2019)的研究可知,生产性服务资源嵌入制造业环节偏好的经济效应往往呈现出 U 形或倒 U 形的非线性特征。为此,我们在实证分析中加入了生产性服务资源嵌入制造业环节偏好的平方项,并构建如下方程:

$$BTGJ_{jt} = \alpha_0 + \alpha_1 HJP_{ijt} + \alpha_2 HJP_{ijt}^2 + \gamma_m M_{ijt}^m + \varepsilon_i + \varepsilon_j + \varepsilon_t + \varepsilon_{ijt}$$

$$(12\text{-}11)$$

其中,M 为控制变量。为提升实证结果的科学性,控制变量选取了既可能影响本土中间投入品生产能力,又能在一定程度上刻画国别特征的变量,具体为:高等教育(EDU),以联合国教科文组织公布的各国高等教育毛入学率表示;经济效率(XL),以各国每千克石油所产生 GDP 的自然对数表示;资源禀赋(NZJ),以各国石油等能源租金收入占 GDP 的比重刻画;企业营商环境(SS),以 ln(1+上市公司总资产/GDP)表示;研发人员数量(RDS),以各国百万人口中研发人员规模的自然对数表示;贸易地理优势,以是否与大进口国毗邻(DG)和当年是否为 WTO 成员(WTO)来表示,当有相应的优势时,令变量为 1,否则为 0。

三、基准模型检验结果与分析

表 12-1 报告了基准模型(OLS)的检验结果,为提高估计结果的可靠性,我们在实证中控制了年份、产业和国家固定效应。在逐次添加控制变量的估计结果中,生产性服务资源上游度指数的水平项显著为正,平方项则显著为负。这表明生产性服务资源嵌入制造业环节偏好对本土中间投入品生产能力的作用机制呈现倒 U 形,即生产性服务资源嵌入制造业中游环节对本土中间投入品生产能力产生的边际提升作用最大。这表明发达国家生产性服务资源与制造业生产环节的融合方式优于发展中国家。倒 U 形机制出现的原因可能在于:制造业中游环节多为高技术含量和高附加值的核心中间投入品,生产性服务资源嵌入该环节会极大地提高一国高技术含量核心中间投入品生产能力,还能进一步减小本国高技术企业被"卡脖子"的风险。令人遗憾的是:中国生产性服务资源上游度指数明显高

于其余 33 个国家,呈现出显著的偏好上游环节特征。由此我们可以得到如下推论:一是中国生产性服务资源一直以远离最优状态的形式嵌入制造业,未能以最优边际效应来推动本土中间投入品生产能力提升,应逐步引导中国生产性服务资源流向中游生产环节,以增强生产性服务资源对本土中间投入品生产能力的提升功能。二是中国生产性服务资源配置效率低于生产性服务资源嵌入制造业中游环节的国家,而鼓励生产性服务资源与高技术含量中游环节融合可以成为提升生产性服务资源配置效率和本土中间投入品生产能力的重要途径。

表 12-1　基准模型检验结果(OLS)

变量	(1)	(2)	(3)	(4)	(5)	(6)
HJP	0.0729*** (10.780)	0.0559*** (8.332)	0.0659*** (9.760)	0.0634*** (9.348)	0.0609*** (9.719)	0.0528*** (8.412)
HJP²	−0.0369*** (−5.935)	−0.0240*** (−3.958)	−0.0284*** (−4.714)	−0.0297*** (−4.937)	−0.0205*** (−3.681)	−0.0175*** (−3.141)
EDU		0.0521*** (19.94)	0.0460*** (17.06)	0.0468*** (17.34)	0.0455*** (18.24)	0.0507*** (18.59)
XL			0.0392*** (8.142)	0.0386*** (8.034)	0.0377*** (8.479)	0.0454*** (9.848)
NZJ				0.0121*** (3.636)	0.0252*** (8.069)	0.0216*** (6.334)
SS					0.172*** (22.92)	0.185*** (23.68)
RDS						0.00445** (2.113)
DG						−0.0627*** (−21.31)
WTO						0.0542*** (14.85)
C	0.563*** (191.70)	0.367*** (36.10)	0.320*** (27.56)	0.310*** (25.96)	0.268*** (23.98)	0.065*** (3.44)
OBS	3672	3141	3141	3141	3141	2754
R^2	0.905	0.923	0.924	0.925	0.936	0.939
year	Y	Y	Y	Y	Y	Y
Ind	Y	Y	Y	Y	Y	Y
Country	Y	Y	Y	Y	Y	Y
最优值	0.9878	1.1646	1.1602	1.0673	1.4854	1.5086

注:括号内为 t 值,*、**、*** 分别代表在 10%、5% 和 1% 的显著性水平上显著。

四、稳健性检验结果与分析

为确保前文基准模型检验结果的可靠性，我们采用两种能有效克服内生性的估计方法进行稳健性检验。一是以两阶段最小二乘法进行稳健性检验，借鉴綦建红和蔡震坤（2022）的做法，以除本国外其他国家相应生产性服务资源上游度指数的均值作为本国解释变量的工具变量；二是以联立方程进行稳健性检验，联立方程的第一个方程设定为（12-11）式，以 $HJP_{ijt} = C + \theta GJS_{jt} + M_{ijt} + \delta_m$ 作为联立方程的第二个方程，其中 M 为控制变量。借鉴陈晓华等（2021）的处理方法，我们以各国经济发展水平变量（人均 GDP）及其滞后 1 期项作为控制变量。表 12-2 报告了稳健性检验结果，在两类稳健性估计中，生产性服务资源上游度指数的水平项均显著为正，而平方项均显著为负，即基准模型检验所得结论在两类稳健性检验中均成立。因此，基准模型检验所得结论是稳健可靠的，制定生产性服务资源嵌入制造业环节偏好和本土中间投入品生产能力协同优化政策时，需遵循倒 U 形机制。

考虑到前文加入平方项是基于刘慧等（2020a，2020b）和陈晓华等（2019）的研究经验，为进一步确保倒 U 形关系是稳健科学的，我们引入分段回归进行验证，以倒 U 形顶点为依据将样本划分为倒 U 形曲线左侧样本和倒 U 形曲线右侧样本分别进行回归。表 12-3 报告了相应的估计结果，可知倒 U 形曲线左侧样本估计结果中，上游度指数系数显著为正，且通过了 1% 的显著性检验，而倒 U 形曲线右侧样本的估计结果中，上游度指数系数显著为负，且通过了 1% 的显著性检验，这表明基准模型检验中的倒 U 形关系是成立的，且具有较强的稳健性。因此，在制定生产性服务资源高效配置与本土中间投入品生产能力提升方面的政策时，需遵循倒 U 形机制，以使得生产性服务资源对本土中间投入品生产能力提升的边际作用最大化。

表 12-2　稳健性检验结果（2SLS 和联立方程）

变量	2SLS				联立方程			
	(1)	(2)	(3)	(4)	(5)	(6)	(7)	(8)
HJP	0.2810*** (7.128)	0.0939*** (7.735)	0.0821*** (7.251)	0.0763*** (6.686)	3.2110*** (7.354)	2.3530*** (9.033)	2.5520*** (7.489)	0.0506*** (7.480)
HJP²	-0.3170*** (-5.604)	-0.0334** (-2.507)	-0.0388*** (-3.077)	-0.0372*** (-3.036)	-2.3060*** (-7.291)	-1.6420*** (-8.880)	-1.7700*** (-7.366)	-0.0144** (-2.500)
EDU		0.0365*** (11.91)	0.0390*** (13.49)	0.0424*** (13.33)		-0.0535** (-2.49)	-0.0696*** (-2.77)	0.0383*** (11.86)
XL		0.0521*** (10.020)	0.0463*** (9.494)	0.0527*** (10.540)		0.3080*** (7.215)	0.3390*** (6.518)	0.0548*** (10.780)
NZJ			0.0142*** (3.918)	0.0110*** (2.843)			-0.0698*** (-2.700)	0.0231*** (6.558)
SS			0.135*** (15.140)	0.145*** (15.940)			-0.076 (-1.145)	0.205*** (24.510)
RDS				0.00445** (2.022)				0.00441* (1.915)
DG				-0.0648*** (-20.66)				-0.0683*** (-21.84)
WTO				0.0452*** (10.70)				0.0660*** (16.21)
C	0.582*** (31.220)	0.316*** (20.970)	0.289*** (20.320)	0.110*** (5.283)	0.690*** (24.850)	0.285*** (3.841)	0.362*** (4.280)	0.077*** (3.705)

续表

变量	2SLS				联立方程			
	(1)	(2)	(3)	(4)	(5)	(6)	(7)	(8)
OBS	3366	2862	2862	2520	3456	2934	2934	2574
R^2	0.055	0.929	0.938	0.941	0.825	0.876	0.927	0.937
LM检验	211.661	206.805	220.789	196.613				
CD检验	112.227	109.353	117.282	104.256				
year	Y	Y	Y	Y	Y	Y	Y	Y
Ind	Y	Y	Y	Y	Y	Y	Y	Y
Country	Y	Y	Y	Y	Y	Y	Y	Y

注:括号内为 t 值。*、**、*** 分别代表在 10%、5% 和 1% 的显著性水平上显著。

表 12-3　稳健性检验结果（分段 OLS 回归）

变量	（1）	（2）
HJP	0.0364*** (2.742)	−0.0547*** (−2.643)
EDU	0.0827*** (15.15)	0.1470*** (18.58)
XL	0.0693*** (8.368)	0.3100*** (8.359)
NZJ	0.0156** (2.293)	0.1380*** (13.030)
SS	0.295*** (20.530)	0.506*** (9.945)
RDS	0.00789** (2.062)	0.01260 (1.555)
DG	−0.0948*** (−14.72)	−0.1970*** (−11.29)
WTO	0.0928*** (12.24)	0.0957*** (6.44)
C	−0.542*** (−15.68)	−1.344*** (−12.47)
OBS	2250	504
R^2	0.932	0.968
year	Y	Y
Ind	Y	Y
Country	Y	Y
样本	倒 U 形曲线左侧 HJP<1.5086	倒 U 形曲线右侧 HJP>1.5086

注：括号内为 t 值，*、**、*** 分别代表在 10%、5% 和 1% 的显著性水平上显著。

综合基准模型检验和稳健性检验的实证结果，还可以得到以下推论：一是研发人员素质和高等教育水平的提升有助于本土中间投入品生产能力的攀升。这表明：一方面，教育规模的扩大和教育质量的提升有助于本土中间投入品生产能力的提升，进而优化经济增长的动能。对于中国而言，2020 年高校招生规模已达到 967.45 万人，高等教育毛入学率为 54.4%，进一步扩大高校招生规模的难度不言而喻，因此，进一步提升中国高等教育的质量（如引进境外高素质教师、办学资源和办学理念等）可以成为本土中间投入品生产能力提升的支撑点。另一方面，可通过加大高技术水平人才培养培训力度、加大国外高素质人才引进力度等形式壮大我国研发人员规模，进而助力本土中间投入品生产能力的提升。二是经济效率变量的估计结果显著为正,这在一定程度上表明:减少要素资源价格扭曲、使用配置效率更高的生产技术等手段可以成为提升本土中间投入品生产能力的重要支撑,而配置效率的提升往往意味着经济增长质量的提升。因此,经济增长质量的攀升能在一定程度上助力本土中间投入品生产能力的提升。

五、异质性检验结果与分析

为剖析异质性条件下生产性服务资源嵌入制造业环节偏好对本土中间投入品生产能力的作用机制,我们从经济发展水平和贸易地理优势异质性视角进行分析。表12-4的列(1)和(2)报告了发达国家和发展中国家的估计结果,两类国家的生产性服务资源上游度指数的平方项显著为负,水平项则显著为正,即倒U形机制在发展中国家和发达国家均稳健成立。因此,经济发展水平高和经济发展水平低的区域在制定本土中间投入品生产能力提升方面的政策时,均需遵循倒U形机制。表12-4的列(3)—(6)分别报告了有无毗邻大进口国优势和有无加入WTO的估计结果,生产性服务资源上游度指数的水平项显著为正,平方项显著为负,可见倒U形机制在贸易地理优势异质性层面也显著成立。上述研究结论也从异质性视角印证了倒U形机制的稳固性。

表 12-4 发展水平和贸易地理优势异质性检验结果①

变量	发达国家	发展中国家	毗邻大进口国	非毗邻大进口国	WTO成员	非WTO成员
	(1)	(2)	(3)	(4)	(5)	(6)
HJP	0.1500*** (4.844)	0.0622*** (10.230)	0.1680*** (9.006)	0.0715*** (9.231)	0.1050*** (6.118)	0.0390*** (6.100)
HJP²	−0.2150*** (−5.838)	−0.0301*** (−5.754)	−0.2330*** (−8.422)	−0.0351*** (−5.779)	−0.1320*** (−5.583)	−0.0196*** (−4.005)
EDU	0.0301*** (5.726)	0.0282*** (8.708)	0.0786*** (19.860)	0.0374*** (10.410)	0.0664*** (23.470)	0.0681*** (10.080)
XL	−0.07350*** (−7.709)	0.04810*** (9.644)	0.03200*** (4.193)	0.03620*** (5.926)	0.00053 (0.090)	−0.00193 (−0.201)
NZJ	0.0059 (1.439)	0.0395*** (8.047)	−0.0103** (−2.250)	0.0402*** (8.990)	−0.0005 (−0.127)	0.0541*** (11.310)
SS	0.153*** (14.07)	0.197*** (20.37)	0.245*** (22.27)	0.102*** (9.46)	0.155*** (16.85)	0.226*** (21.32)

① 由于在样本区间内,发达国家均为WTO成员,Stata软件在回归中自动剔除了WTO变量,因此列(1)回归结果中WTO结果为空白。

续表

变量	发达国家	发展中国家	毗邻大进口国	非毗邻大进口国	WTO 成员	非 WTO 成员
	（1）	（2）	（3）	（4）	（5）	（6）
RDS	0.0278*** (8.476)	−0.0001 (−0.046)	0.0092*** (3.615)	−0.0208*** (−6.091)	0.0115*** (5.549)	−0.0696*** (−14.050)
DG	0.00150 (0.319)	0.00581* (1.814)			−0.03590*** (−11.150)	−0.00073 (−0.222)
WTO		0.1180*** (17.630)	0.0317*** (6.901)	0.0479*** (9.756)		
C	0.322*** (9.059)	0.141*** (6.387)	0.043* (1.659)	0.346*** (11.240)	0.166*** (7.074)	0.569*** (15.670)
OBS	1602	1152	1395	1359	2241	513
R^2	0.944	0.934	0.954	0.923	0.945	0.886
year	Y	Y	Y	Y	Y	Y
Ind	Y	Y	Y	Y	Y	Y
Country	Y	Y	Y	Y	Y	Y

注:括号内为 t 值,*、**、***分别代表在 10%、5%和 1%的显著性水平上显著。

六、倒 U 形机制的稳固性检验

中美贸易摩擦发生以来,美国采取了大量的逆贸易自由化政策,如对中国出口到美国的产品加征关税,对中国的高技术企业采用各种打压政策,不仅给中美贸易带来了极大的不确定性,还对中国企业的正常运营产生了较大的冲击,进而影响中国高技术含量中间投入品的进出口。上述现象还会给中国经济造成以下几个方面的影响:一是增加经济增长的不确定性,加剧经济下行压力,中美贸易摩擦不仅会给两国的正常贸易带来极大的不确定性,还容易使得中国经济增长乏力,从而改变中国经济增长的原有步伐;二是中国企业所面临的税收负担会发生改变,加征关税会使得部分产品输出至美国的税收负担增加。那么,上述冲击是否会改变生产性服务资源嵌入制造业环节偏好对本土中间投入品生产能力的倒 U 形作用机制,进而为二者的协同优化机制创造新的契机和方向呢?

本部分以探索上述问题的答案为出发点,以期在考察倒 U 形机制稳固性的基础上,为中国制定生产性服务资源嵌入制造业偏好和本土中间投入品生产能力协同优化方面的策略提供一定参考。我们以各国经济增长率(ZZL)来衡量经济增速;以各国总税收收入占 GDP 的比重来衡量税收负担(TAX);以 2008 年金融危机的虚拟变量(JR)来衡量外部经济冲击,当年份大于 2008,设定 JR 为 1,否则为 0。借鉴刘慧(2021),实证中以三个变量与解释变量的交互项进行回归,进而判断经济增速冲击、税收冲击和金融危机冲击对倒 U 形机制的冲击效应。

表 12-5 的列(1)—(3)报告了经济增速波动对倒 U 形机制的冲击,可知经济增速与生产性服务资源上游度指数交互项的水平值显著为正,平方值显著为负,可见经济增速波动并不能改变环节偏好对本土中间投入品生产能力的倒 U 形作用机制,虽然经济增速变动会对经济发展各领域产生深远影响,但仍无法改变倒 U 形机制。表 12-5 的列(4)—(6)报告了税收负担波动对倒 U 形机制的冲击,可知交互项的水平值显著为正,平方项显著为负,可见税收负担的变化也无法改变生产性服务资源嵌入制造业环节偏好对本土中间投入品生产能力的倒 U 形作用机制。表 12-5 的列(7)—(9)报告了金融危机冲击对倒 U 形机制的作用机制,交互项的水平值也显著为正,而交互项的平方项显著为负,可见金融危机虽会对各国经济领域产生较大的冲击,但无法撼动倒 U 形机制。上述结论证实了倒 U 形机制具有显著的稳固性特征,以中美贸易摩擦为代表的经济不确定性无法撼动倒 U 形机制,在经济不确定性背景下,制定二者优化策略时,仍需遵守倒 U 形机制。

表 12-5 的估计结果表明:倒 U 形机制具有一定的稳固性,那么,这一机制是否会随着时间的推移而逐渐弱化呢?为解答这一问题,我们进一步从动态时间视角对倒 U 形机制进行分析。表 12-6 报告了解释变量滞后1—6 期条件下的估计结果,可知滞后 1—6 期条件下,水平项的估计结果均显著为正,平方项的估计结果则显著为负,可见生产性服务资源嵌入制造业环节偏好对本土中间投入品生产能力倒 U 形机制仍显著成立,时间冲击也未能改变这一机制。为此,制定生产性服务资源嵌入制造业环节偏好和本土中间投入品生产能力协同优化的长期政策时,仍需遵循上述机制。结合表 12-5 的估计结果,我们可以推定倒 U 形机制具有非常强的稳固性,绕开倒 U 形机制来寻求二者协同优化路径的难度较大。

表 12-5 内外部冲击与倒 U 形机制的稳固性

变量	经济增速(ZZL)				税收负担(TAX)		金融危机(JR)		
	(1)	(2)	(3)	(4)	(5)	(6)	(7)	(8)	(9)
HJP	0.0608*** (5.564)	0.0713*** (5.676)	0.0859*** (7.968)	0.0921*** (10.720)	0.1270*** (13.590)	0.1160*** (14.430)	0.1620*** (5.260)	0.1910*** (5.102)	0.1960*** (6.316)
$(HJP*M)^2$	-0.0517*** (-3.949)	-0.0604*** (-4.081)	-0.0837*** (-6.653)	-0.0517*** (-5.264)	-0.0660*** (-5.816)	-0.0738*** (-7.595)	-0.1700*** (-4.768)	-0.2070*** (-4.707)	-0.2020*** (-5.530)
EDU		0.0205*** (9.968)	-0.0206*** (-6.084)		0.0227*** (11.410)	-0.0103*** (-3.111)		0.0352*** (10.330)	-0.0385*** (-6.895)
XL		0.0141*** (4.824)	0.0033 (1.167)		0.0247*** (8.710)	0.0132*** (4.683)		0.0179*** (3.773)	0.0019 (0.408)
NZJ		0.0112** (2.130)	0.0449*** (9.749)		-0.0112** (-2.110)	0.0318*** (6.690)		0.0274*** (3.193)	0.0820*** (10.800)
SS		-0.0257*** (-3.581)	0.1230*** (17.150)		-0.0071 (-0.962)	0.1350*** (18.690)		-0.0518*** (-4.448)	0.1920*** (16.460)
RDS			0.0219*** (14.51)			0.0196*** (13.46)			0.0380*** (15.30)
DG			0.0303*** (18.81)			0.0270*** (17.29)			0.0496*** (18.45)
WTO			0.0525*** (22.00)			0.0510*** (22.25)			0.0842*** (21.10)
C	0.513*** (96.10)	0.423*** (35.57)	0.278*** (24.19)	0.510*** (125.80)	0.406*** (39.19)	0.247*** (23.43)	0.163*** (29.45)	0.013 (0.72)	-0.234*** (-12.90)

续表

变量	经济增速（ZZL）			税收负担（TAX）			金融危机（JR）		
	(1)	(2)	(3)	(4)	(5)	(6)	(7)	(8)	(9)
OBS	3672	3141	2754	3672	3141	2754	3672	3141	2754
R^2	0.045	0.091	0.432	0.100	0.174	0.476	0.041	0.086	0.419
year	Y	Y	Y	Y	Y	Y	Y	Y	Y
Ind	Y	Y	Y	Y	Y	Y	Y	Y	Y
Country	Y	Y	Y	Y	Y	Y	Y	Y	Y

注：括号内为 t 值，*、**、***分别代表在10%、5%和1%的显著性水平上显著。

表 12-6　倒 U 形机制稳固性的动态检验结果

变量	滞后 1 期	滞后 2 期	滞后 3 期	滞后 4 期	滞后 5 期	滞后 6 期
	(1)	(2)	(3)	(4)	(5)	(6)
HJP	0.0358***	0.0163***	0.1680***	0.1560***	0.1360***	0.1260***
	(5.758)	(2.620)	(15.290)	(13.110)	(10.580)	(8.838)
HJP^2	−0.0146***	−0.0141***	−0.1210***	−0.1090***	−0.0867***	−0.0842***
	(−2.726)	(−2.679)	(−9.669)	(−8.548)	(−6.672)	(−6.325)
EDU	0.0461***	0.0378***	−0.0240***	−0.0261***	−0.0304***	−0.0366***
	(15.270)	(10.950)	(−6.613)	(−6.561)	(−6.889)	(−7.359)
XL	0.04850***	0.05000***	0.00957***	0.00496	0.00183	−0.00141
	(10.070)	(9.512)	(3.066)	(1.476)	(0.502)	(−0.359)
NZJ	0.0150***	0.0148***	0.0207***	0.0217***	0.0241***	0.0232***
	(4.383)	(4.285)	(3.863)	(3.676)	(3.583)	(3.343)
SS	0.137***	0.119***	0.163***	0.159***	0.159***	0.146***
	(16.74)	(13.70)	(19.93)	(18.18)	(16.53)	(13.42)
RDS	0.0044**	0.0065**	0.0200***	0.0194***	0.0198***	0.0194***
	(1.99)	(2.51)	(13.31)	(12.00)	(11.27)	(10.35)
DG	−0.0626***	−0.0606***	0.0235***	0.0235***	0.0238***	0.0242***
	(−20.58)	(−19.50)	(13.83)	(13.02)	(12.21)	(11.63)
WTO	0.0479***	0.0492***	0.0512***	0.0509***	0.0494***	0.0487***
	(12.72)	(12.64)	(21.31)	(19.96)	(18.20)	(16.82)
C	0.103***	0.121***	0.288***	0.303***	0.314***	0.351***
	(5.14)	(5.50)	(23.56)	(23.03)	(22.32)	(21.67)
OBS	2520	2277	2043	1800	1548	1296
R^2	0.941	0.945	0.500	0.484	0.474	0.463
year	Y	Y	Y	Y	Y	Y
Ind	Y	Y	Y	Y	Y	Y
Country	Y	Y	Y	Y	Y	Y

注:括号内为 t 值,*、**、*** 分别代表在 10%、5% 和 1% 的显著性水平上显著。

七、小结

本节在修正 Antràs et al.(2012)等测度模型的基础上,科学测度了生产性服务资源嵌入制造业环节偏好,进而细致分析了生产性服务资源嵌入制造业环节偏好对本土中间投入品生产能力的作用机制,并多维度检验了上述作用机制的稳固性。得到的结论主要有:首先,生产性服务资源嵌入制造业环节偏好对本土中间投入品生产能力的作用机制呈现倒 U 形,生产性服务资源嵌入制造业中游环节对本土中间投入品生产能力的边际提升作用最大,这一机制在基准模型检验、2SLS 检验、联立方程和异质性检验中均稳健成立。为此,引导生产性服务资源流向制造业高技术含量的中游环节可以成为摆脱高技术含量中间投入品进口依赖的重要手段。其次,生产性服务资源嵌入制造业环节偏好对本土中间投入品生产能力提升的倒 U 形机制具有非常强的稳固性,经济增速、税收负担、金融危机和时间的冲击均无法改变这一机制。为此,在复杂多变的内外部环境下,制定生产性服务资源嵌入制造业环节偏好和本土中间投入品生产能力协同优化的长短期政策时,均需遵循这一机制。最后,中国生产性服务资源上游度指数在样本国中是最高的,这表明中国生产性服务资源以远离最优状态的形式支持本土中间投入品生产能力攀升,不仅使得其边际提升作用较小,还在一定程度上造成了生产性服务资源的浪费。

第二节　智能化工业机器人应用与本土中间投入品技术含量攀升

改革开放以来,中国经济在总量领域的成功难掩中国在关键核心领域的短板:高技术含量、高技术复杂度中间投入品的生产工艺仍难以满足制造业快速发展的需要,上述产品长期依赖国外供应商(马述忠等,2017;刘慧,2021)。高技术含量、高技术复杂度中间投入品是制造业做大做强和健康发展的核心命脉(陈晓华等,2022b;黄先海等,2018),相关产品生产能力偏弱意味着一国将自身产业链的命脉交由他国,会引致一系列的不良经济后果。与中国高度依赖高技术含量中间投入品进口相伴的另一个事实是:在信息化和工业化不断融合的背景下,以工业机器人为代表的智能产业受到中国政府和企业的高度重视(陈晓华等,2024;周广肃和丁相元,2022;王晓娟等,2022),政府出台了一系列的产业政策来支持机器人产业的发展,如 2013 年工信部出台的《关于推进工业机器人产业发展的指导意见》、2015 年国务院出台的《中国制造 2025》、2016 年工信部等三部委出台的《机器人产业发展规划(2016—2020 年)》和 2021 年工信部等 15 部委出台的《"十四五"机器人产业发展规划》等。

产业政策的支持不仅使得工业机器人的使用力度和产业体系建设水平均得到了大幅度的提升,如国际机器人联合会(International Federation Robotics,IFR)统计数据显示,中国工业机器人存量已从 2000 年的 930 台迅速攀升至 2019 年的 782725 台,新增装机量也从 2000 年的 380 台上升到 2019 年的 139859 台,中国有望成为全球工业机器人技术的创新策源地、高端制造集聚地和集成应用新高地(许健等,2022)。作为前沿技术和生产工艺缩影的工业机器人(Acemoglu and Restrepo,2019;孙早和侯玉琳,2021;DeStefano and Timmis,2024),既是各国构筑产业链核心竞争力的重要模块,更是实现制造业价值链分工地位升级的重要抓手(吕越和邓利静,2020;姚加权等,2024)。由此,我们自然就产生如下疑惑:工业机器人的应用是否会提升本国中间投入品技术含量,是否有助于后发国摆脱中间投入品进口依赖? 然而学界对上述问题并无明确的答案。为此,本节从中间投入品出口技术含量视角判断工业机器人应用的高技术含量中间品进口依赖缓解功能。中间投入品技术含量提升和工业机器人应用是中国实现经济增长质量快速提升的重要途径,也是中国推进产业链关键环节自主可控、产业基础高级化和产业链现代化的关键所在,更是应对当前内外部困境的重要工具。因此,深入探讨上述问题具有重要的现实意义。

一、中间投入品出口技术含量和工业机器人应用的测度与分析

基于前文(1-2)式测度所得产业层面中间投入品出口技术含量,我们进一步运用以下方法测度国别层面中间投入品出口技术含量。

$$\mathrm{PROD}_j = \sum_m \frac{\mathrm{IEX}_{mj}}{\sum \mathrm{IEX}_{mj}} \mathrm{PRODY}_m \qquad (12\text{-}12)$$

其中,PROD_j 为 j 国中间投入品出口技术含量。

基于(12-12)式,我们测度了 2000—2014 年 WIOD 各样本国的中间投入品出口技术含量,表 12-7 报告了相应的测度结果。首先,发达国家中间投入品的出口技术含量明显高于发展中国家,2014 年中间投入品出口技术含量排名前十的国家均为发达国家,而排名后十的国家中仅有希腊为发达国家,可见高技术含量中间投入品生产的主导权仍掌握在发达国家手里,而发展中国家多生产技术含量相对较低的中间投入品。这一现象出现的原因可能有两个:一方面,发达国家的技术发展水平相对较高,与发展中国家相比,其不仅能驾驭更为复杂的生产技术和生产工艺,还具有更强的复杂技术开发能力和基础科学技术研发能力(傅晓霞和吴利学,2013),进而在高技术含量中间投入品生产领域更具比较优势;另一方面,发达国家多为全球价值链高技术含量生产环节的先发国和受益国(何宇等,2021),为保持其在高技术含量环节的高利润,发达国家往往会对发展中国家的全球价值链地位攀升设置阻碍和难以突破的“天花板”(张建忠和刘志彪,2011),进而使得发展中国家被局限于低端环节,难以生产高技术含量的中间投入品。其次,中国中间投入品出口技术含量偏低。2014 年,中国中间投入品出口技术含量在 41 个样本国中位居倒数第 5 名,低于巴西和印度等十几个发展中国家。因此,中国高技术含量中间投入品生产能力并不出众。该结论表明:一方面,中国最终品出口技术含量高于自身经济发展水平(Rodrik,2006)是以高技术含量中间投入品进口为支撑的,本土中间投入品并未起到有效的支撑作用,即最终品的高技术含量具有“内源动力不

表 12-7　2000—2014 年 41 国中间投入品出口技术含量测度结果

序号	国家	2000 年	2014 年	增幅/%	序号	国家	2000 年	2014 年	增幅/%
1	爱尔兰	17629.0	37553.1	113.02	22	克罗地亚	15325.4	28709.8	87.33
2	瑞士	16072.6	35304.7	119.66	23	巴西	14228.7	28584.1	100.89
3	丹麦	15488.2	31368.3	102.53	24	保加利亚	13692.9	28457.8	107.83
4	英国	15817.8	31308.9	97.94	25	韩国	14612.0	28297.4	93.66
5	芬兰	15569.0	30657.4	96.91	26	立陶宛	12788.8	28150.0	120.11
6	比利时	14702.7	30048.8	104.38	27	日本	15412.0	28148.1	82.64
7	美国	15860.9	30038.3	89.39	28	印度	14012.3	28127.7	100.74
8	瑞典	15316.8	29969.5	95.66	29	波兰	14500.1	28106.8	93.84
9	法国	15334.5	29917.2	95.10	30	墨西哥	15128.1	28034.3	85.31
10	挪威	14692.1	29713.2	102.24	31	葡萄牙	14374.3	27980.1	94.65
11	荷兰	15099.7	29700.9	96.70	32	希腊	13320.9	27979.4	110.04
12	塞浦路斯	12763.6	29635.7	132.19	33	捷克	14812.9	27941.8	88.63
13	意大利	14967.6	29603.2	97.78	34	印尼	13599.2	27919.6	105.30
14	德国	15449.8	29538.5	91.19	35	匈牙利	14854.4	27868.0	87.61
15	卢森堡	14368.0	29412.7	104.71	36	斯洛伐克	14508.9	27794.1	91.57
16	奥地利	14979.4	29395.6	96.24	37	中国	14735.5	27557.6	87.02
17	俄罗斯	14261.8	29387.6	106.06	38	土耳其	13837.4	27526.7	98.93
18	加拿大	14919.6	29350.3	96.72	39	罗马尼亚	13913.7	27460.8	97.37
19	西班牙	14741.3	29290.1	98.69	40	爱沙尼亚	13430.8	27158.4	102.21
20	澳大利亚	13633.5	29145.1	113.78	41	拉脱维亚	11834.7	27157.9	129.48
21	斯洛文尼亚	14816.2	28888.2	94.98	—	—	—	—	—

注:增幅为 2014 年相对于 2000 年的增幅。

够,外源动力凑"的特征。另一方面,作为世界制造业第一大国,高技术含量中间投入品生产能力偏弱使得中国更容易遭受"卡脖子"威胁,因此,提升中国中间投入品的技术含量具有非常强的迫切性和必要性。最后,2000—2014 年,各样本国的中间投入品出口技术含量均呈现出显著的增长趋势,这不仅表明各国高技术含量中间投入品生产能力均得到了较大幅度的提升,还表明中间投入品领域的竞争较为激烈,具有显著的"非进即退"和"慢进似退"特征。为此,中国以更大的力度与更快的步伐提升中间投入品出口技术含量才能够更有效地超越他国,降低"内源动力不够,外源动力凑"的程度,并在全球价值链分工体系中获得更为有利的地位。

工业机器人所蕴含的前沿技术和工艺能极大地提高企业的生产率(陈永伟和曾昭睿,2020;诸竹君等,2024),也能提升产品的生产效率和国际竞争力(Acemoglu and Restrepo,2019;吕越等,2024)。为此,从 20 世纪末期开始,工业机器人就被工业化国家广泛应用于生产过程。基于 IFR 统计数据,我们测算了 2000—2014 年发达国家和发展中国家的工业机器人应用情况,表 12-8 报告了相应的结果。

表 12-8　2000—2014 年发达国家和发展中国家工业机器人库存量①

年份	发达国家	发展中国家	占比	年份	发达国家	发展中国家	占比
2000	723555	9793	0.014	2008	937270	52658	0.056
2001	726911	11179	0.015	2009	912415	60621	0.066
2002	738923	12210	0.017	2010	921776	79971	0.087
2003	765857	14459	0.019	2011	966598	112578	0.116
2004	805878	13848	0.017	2012	1002180	144751	0.144
2005	867275	20580	0.024	2013	1033304	193142	0.187
2006	879264	29283	0.033	2014	1077212	261927	0.243
2007	913933	39964	0.044	增幅/%	48.878	2574.635	—

注:增幅为 2014 年相对于 2000 年的增幅。

首先,发达国家的工业机器人的库存量明显大于发展中国家。2014 年,发展中国家工业机器人的总装机量仅为 261927 台,不及发达国家 2000 年的总装机量(723555 台),更远低于发达国家 2014 年 1077212 台的总装机量。这一现象出现的原因可能在于:一方面,发达国家老龄化形势较为严峻,人工成本较高,支撑工业机器人应用的技术水平也相对较高,从而使其使用工业机器人来替代劳动力进行生产的积极性更高;另一方面,发展中国家的劳动力丰裕度相对较高,劳动力价格相对低廉,支撑工业机器人应用的高技术产业或环节相对缺乏,这使得发展中国家使用工业机器的边际倾向小于发达国家。

其次,发展中国家工业机器人总装机量的增长速度远快于发达国家。2000—2014 年,发展中国家工业机器人的总装机量从 9793 台上升到了 261927,增长了近 26 倍。这一现象出现的原因可能在于:一方面,随着发

① 因 IFR 统计数据库中缺乏塞浦路斯和卢森堡的数据,因此,表 12-8 为表 12-7 中不含塞浦路斯和卢森堡的其余样本国测度结果。"占比"为发展中国家工业机器人库存量与发达国家工业机器人库存量之比。后文的实证样本亦为表 12-7 中不含塞浦路斯和卢森堡的 39 国。

展中国家工业技术的进步,其使用工业机器人的能力和需求均呈现出大幅上升的趋势,进而扩大了其工业机器人的应用规模;另一方面,随着科技的进步和全球价值链生产模式的深化,发达国家部分产业和生产环节转移到了发展中国家,这些产业和生产环节对工业机器人的需求也随之转移至发展中国家,进而推动发展中国家机器人总装机量的提升。

最后,虽然发达国家和发展中国家工业机器人的总装机量存在较大差距,但差距正在缩小。发展中国家工业机器人总装机量与发达国家之比已从 2000 年的 0.014 上升到了 2014 年的 0.243,可见发展中国家在以工业机器人为核心的人工智能领域正在大力追赶发达国家。

表 12-9 报告了 2000—2014 年工业机器人丰裕国与非丰裕国中间投入品出口技术含量均值。首先,工业机器人丰裕国与非丰裕国的中间投入品出口技术含量均呈现出显著上升的趋势,分别由 2000 年的 14913.3 和14051.8 上升到了 2014 年的 29055.2 和 28565.9。这表明:工业机器人丰裕国和非丰裕国均在大力提升本国高技术含量中间投入品的生产能力。其次,与 2008 年相比,工业机器人丰裕国和非丰裕国的中间投入品出口技术含量在 2009 年均有较为显著的下降,可见高技术含量中间投入品受到了金融危机较为显著的负向冲击。这一现象出现的原因可能在于:金融危机爆发后,部分国家的生产陷入停滞,使得全球产业链处于断裂状态,进而使得高技术含量中间投入品国际需求大幅下降,导致中间投入品出口技术含量出现陡降特征。因此,确保全球产业链有序运行对中间投入品出口技术含量攀升具有重要的现实价值。最后,工业机器人丰裕国中间投入品出

表 12-9　工业机器人丰裕国与非丰裕国中间投入品出口技术含量均值[①]

年份	非丰裕国	丰裕国	年份	非丰裕国	丰裕国
2000	14051.8	14913.3	2008	29544.3	29948.9
2001	14061.8	14793.6	2009	26385.9	26847.7
2002	15173.5	15850.0	2010	27034.1	27627.9
2003	17934.9	18649.5	2011	29576.9	29851.2
2004	20462.0	21172.6	2012	27959.6	28338.3
2005	21729.4	22357.1	2013	28276.5	28730.2
2006	23387.5	23915.9	2014	28565.9	29055.2
2007	27073.1	27580.6	—	—	—

[①]　丰裕国为当年工业机器人应用量位居样本国前 20 的国家,其余国家设定为非丰裕国。

口技术含量历年均值明显高于非丰裕国,这在一定程度上表明工业机器人的应用有助于中间投入品出口技术含量的提升。因此,推广工业机器人应用可以成为中国弥补中间投入品技术含量偏低短板和突破中间投入品"卡脖子"困境的重要途径,当然这仅仅是无条件相关的统计分析结论,后文将运用细致的计量分析进行检验。

考虑到工业机器人与中间投入品出口技术含量之间关系的研究相对缺乏,为避免出现无长期均衡关系的伪回归,我们借助 KAO-ADF 检验来评估二者的协整关系,以判断伪回归的可能性。表 12-10 报告了相应的检验结果,在滞后 1—3 期的情况下,KAO-ADF 检验结果均在 1% 的显著性水平上表明:工业机器人应用与中间投入品出口技术含量之间存在长期均衡关系。因此,后文关于二者关系的计量分析是科学可靠的,不存在伪回归风险。

表 12-10　工业机器人应用与中间投入品出口技术含量的协整检验

检验方法	滞后 1 期	滞后 2 期	滞后 3 期
KAO-ADF	−22.83741 (0.0000)	−16.91200 (0.0000)	−14.36484 (0.0000)

二、基准与稳健性检验结果分析

本节的主要目的是刻画工业机器人应用对中间投入品出口技术含量的作用机制。为此,被解释变量为前文测度所得各国中间投入品出口技术含量的自然对数(ZJS),解释变量为 IFR 数据库提供的各国各产业工业机器人库存量与各产业就业人数之比(JQR)[①],实证中用 JQRN= ln(1+JQR)表示。

$$ZJS_{it} = \alpha_0 + \alpha_1 JQRN_{ijt} + \gamma_m X_{ijt}^m + \lambda_i + \lambda_t + \varepsilon_{it} \qquad (12\text{-}13)$$

其中,α_0 为常数项,α_1 为解释变量的估计系数,γ 为控制变量估计系数,X 为控制变量,λ_i 和 λ_t 分别表示国家和时间固定效应。为提高估计结果的稳健性和可靠性,我们选择了既能体现国别特征,又可能对中间投入品出口技术含量产生影响的变量作为控制变量,具体有:制造产业平均工资(WAGE),以产业平均工资的自然对数表示;高等教育(EDU),以联合国

---

① 行业就业人数来自 WIOD 的社会经济账户。通过匹配 WIOD 和 IFR 数据库代码,我们匹配出了 13 个行业名称完全一致的行业,分别为:R5、R6、R7、R10、R13、R14、R15、R16、R17、R18、R19、R20、R21(具体产业名可见于 WIOD 投入产出表)。为此,实证分析中的行业为上述 13 个行业。

教科文组织公布的各国高等教育毛入学率表示;要素禀赋(NZJ),以经济体石油等能源租金收入占 GDP 的比重刻画;税收环境(TAX),以各国总税赋收入占 GDP 的比重刻画;研发投入(RD),以 ln(1 + 研发总支出/GDP) 表示;金融危机冲击(JR),前文描述性统计结果表明,金融危机对中间投入品出口技术含量产生了一定的影响,因此我们将该变量作为控制变量,当年份大于等于 2008 时,设定 JR 为 1,否则为 0。

(一)基准模型检验结果与分析

表 12-11 报告了工业机器人应用对中间投入品出口技术含量作用机制的 OLS 估计结果。在控制国家与时间固定效应条件下,依次加入控制变量的估计结果均显示:工业机器人应用变量的估计系数为正,且通过了至少 1% 的显著性检验。由此可见,工业机器人应用会对中间投入品出口技术含量产生显著的提升作用。由此,我们可以得到如下推论:首先,对于存在中间投入品出口技术含量偏低短板的中国制造业而言,工业机器人是摆脱当前窘境的重要工具。为此,可适当加大工业机器人的装备力度,以更快的速度提升中间投入品技术含量,进而助力中国打造制造业强国,实现产业基础高级化和产业链现代化。其次,工业机器人应用既有助于中国国内价值链的构建与完善,也能为中国构建新发展格局提供有效支撑。离开本土高技术含量中间投入品的支撑,国内价值链升级和新发展格局构建将举步维艰,甚至成为空中楼阁,而国内高技术含量中间投入品生产能力的提升将为之提供更为有利的内部环境。再次,工业机器人可以成为发达国家巩固先发优势和发展中国家破解后发劣势的重要手段。高技术含量中间投入品是发达国家控制全球价值链和成为全球价值链链主的重要工具,更是约束发展中国家全球价值链分工地位攀升,导致发展中国家生产环节被锁定于低端的重要因素(刘志彪和徐天舒,2022)。工业机器人的应用则会提升发达国家和发展中国家中间投入品的生产能力,提升两类经济体对全球价值链分工体系的掌控能力。为此,工业机器人可能会成为全球价值链分工体系下先发国与后发国未来利益竞争的核心领域。最后,提升工业机器人的生产能力对一国经济长期平稳可持续增长具有重要的现实价值,高技术含量中间投入品是一国控制全球价值链和提升产业链关键环节自主可控水平的利器,而工业机器人可谓"生产利器的利器",因而高水平工业机器人的生产能力将为本国参与新一轮国际竞争赢得更多的谈判筹码与话语权。

表 12-11 基准模型检验结果（OLS）

变量	(1)	(2)	(3)	(4)	(5)	(6)	(7)
JQRN	0.0544**	0.2964***	0.4604***	0.4605***	0.3957***	0.4206***	0.4230***
	(2.086)	(8.517)	(10.747)	(10.428)	(8.680)	(9.640)	(9.690)
WAGE		−0.0380***	−0.0426***	−0.0426***	−0.0440***	−0.0428***	−0.0428***
		(−26.215)	(−27.083)	(−27.083)	(−29.775)	(−24.250)	(−24.230)
NZJ			0.0134***	0.0134***	0.0126***	0.0119***	0.0117***
			(13.028)	(12.776)	(11.938)	(8.695)	(8.486)
EDU				0.0000	0.0169***	0.0175***	0.0174***
				(0.012)	(6.381)	(6.433)	(6.372)
TAX					−0.1582***	−0.1511***	−0.1505***
					(−10.983)	(−11.285)	(−11.247)
RD						−0.0042	−0.0042
						(−1.439)	(−1.464)
JR							−0.6901***
							(−191.218)
C	10.3259***	10.3736***	10.3697***	10.3697***	10.3929***	10.3933***	10.3935***
	(2934.7)	(2727.7)	(2759.1)	(2679.3)	(2402.4)	(2362.2)	(2358.3)
OBS	7363	7363	7363	7363	7363	7363	7348
R^2	0.947	0.950	0.951	0.951	0.952	0.952	0.952
国家	Y	Y	Y	Y	Y	Y	Y
时间	Y	Y	Y	Y	Y	Y	Y

注：括号内为 t 值。*、**、*** 分别代表在 10%、5% 和 1% 的显著性水平上显著。

(二)稳健性检验结果与分析

为确保前文基准模型检验的结果是稳健可靠的,我们采用两种方法进行稳健性检验。第一,采用能克服解释变量与被解释变量间潜在内生性的两阶段最小二乘法(2SLS)进行检验,并采用两种工具变量进行分析:一是借鉴綦建红和蔡震坤(2022)的做法,以其他国家当年工业机器人与产业就业人数之比的均值构建工具变量(IV1)进行实证分析[①];二是借鉴施炳展和游安南(2021)、张杰等(2011)和 Lewbel(1997)的做法,以本国当年工业机器人与产业就业人数之比与该变量所有样本国均值之差的三次方作为工具变量(IV2)进行实证检验。第二,采用同样能克服内生性的联立方程进行稳健性检验。以(12-13)式为联立方程的第一个方程,以 $JQRN_{ijt} = c + bZJS_{it} + \gamma M_{ijt}$ 为联立方程的第二个方程,M 为控制变量,实证中以能刻画各国经济发展水平的人均 GDP 为控制变量,并将该变量的 1 期滞后项也纳入实证。

表 12-12 报告了两类稳健性检验的结果,可知在未加入控制变量和加入控制变量的情况下,两个工具变量均通过了 CD 检验和 LM 检验,因而工具变量的估计结果是科学可靠的。从两类稳健性检验的 6 个估计结果来看,工业机器人应用变量的估计系数均为正,且通过了至少 10% 的显著性检验,控制变量的预期符号也并未发生明显逆转。这表明:多种克服内生性的估计结果与基准模型检验结果一致,即在考虑内生性条件下,工业机器人应用提升中间投入品出口技术含量的作用机制依然稳健成立。因此,前文基准模型检验的结果是稳健可靠的。

表 12-12　基于 2SLS 与联立方程的稳健性检验结果

变量	IV1		IV2		联立方程	
	(1)	(2)	(3)	(4)	(5)	(6)
JQRN	0.2462*** (3.743)	3.8366*** (9.693)	0.0748*** (3.420)	0.3195*** (9.461)	0.0330* (1.665)	0.1800*** (2.608)
WAGE		−0.0544*** (−23.370)		−0.0424*** (−24.226)		−0.0420*** (−21.193)
NZJ		0.0197*** (11.511)		0.0115*** (8.390)		0.0120*** (10.621)
EDU		0.0477*** (9.666)		0.0164*** (6.055)		0.0180*** (4.293)

① 此处采用与前文解释变量相同的处理方法,即以 ln(1+其他国家当年工业机器人与行业就业人数之比的均值)作为工具变量进行回归。

续表

变量	IV1		IV2		联立方程	
	(1)	(2)	(3)	(4)	(5)	(6)
TAX		−0.0588*** (−3.282)		−0.1533*** (−11.512)		−0.1550*** (−10.483)
RD		−0.0236*** (−7.045)		−0.0037 (−1.262)		−0.0010 (−0.452)
JR		−0.6940*** (−155.814)		−0.6900*** (−191.655)		−0.7020*** (−180.961)
C	10.3259*** (2936.307)	10.3897*** (2141.632)	10.3259*** (2939.795)	10.3936*** (2363.135)	10.3120*** (6689.055)	10.4020*** (2055.311)
OBS	7363	7348	7363	7348	6873	6859
R^2	0.947	0.934	0.947	0.952	0.996	0.941
国家	Y	Y	Y	Y	Y	Y
时间	Y	Y	Y	Y	Y	Y
LM 检验	133.876	127.960	29.001	30.602		
CD 检验	1568.084	501.838	1.4e+04	1.3e+04		

注:括号内为 t 值,*、**、***分别代表在10%、5%和1%的显著性水平上显著。

三、动态检验与作用渠道检验

基准模型检验结果表明,工业机器人的应用能够提高中间投入品出口技术含量,该机制为全球价值链先发国巩固既有优势和后发国突破既有劣势指明了方向。那么,这种可以为发达国家和发展中国家赢得全球价值链分工体系竞争优势的机制是否会随着时间的推移而逐渐弱化,从而削弱工业机器人应用在全球价值链竞争中的作用呢? 为探寻这一问题的答案,我们进一步就工业机器人应用对中间投入品出口技术含量的动态作用机制进行检验,表12-13报告了滞后1—6期条件下的估计结果。在滞后1—6期条件下,工业机器人应用变量的估计系数均为正,且通过了至少1%的显著性检验,这表明:随着时间的推移,工业机器人应用对中间投入品出口技术含量的正向作用依然显著存在,即工业机器人应用对中间投入品出口技术含量的提高机制具有"一次装机、长期有效"特征。从估计系数上来看,工业机器人应用变量滞后1—6期的估计系数呈现出逐步变小的趋势,这在一定程度上表明:工业机器人的应用对中间投入品出口含量的边际提高作用会随着时间的推移而呈现出一定减小趋势。这一现象出现的原因可能在于:当工业机器人刚装机时,当期的技术水平和工艺水平是最高的,

表 12-13　滞后 1—6 期的动态检验结果

变量	(1)	(2)	(3)	(4)	(5)	(6)
L1.JQRN	0.415*** (9.174)					
L2.JQRN		0.397*** (8.505)				
L3.JQRN			0.385*** (7.932)			
L4.JQRN				0.364*** (7.237)		
L5.JQRN					0.306*** (6.115)	
L6.JQRN						0.278*** (5.433)
WAGE	−0.042*** (−21.687)	−0.040*** (−19.812)	−0.038*** (−17.518)	−0.036*** (−15.847)	−0.036*** (−14.782)	−0.034*** (−13.323)
NZJ	0.012*** (8.294)	0.012*** (7.584)	0.011*** (6.663)	0.010*** (5.899)	0.010*** (5.564)	0.010*** (5.073)
EDU	0.018*** (6.327)	0.018*** (6.213)	0.020*** (6.530)	0.021*** (6.503)	0.019*** (5.655)	0.017*** (4.768)
TAX	−0.157*** (−11.087)	−0.164*** (−10.947)	−0.168*** (−10.575)	−0.172*** (−10.111)	−0.184*** (−10.538)	−0.181*** (−9.486)
RD	−0.001 (−0.435)	−0.000 (−0.074)	0.000 (0.016)	0.001 (0.227)	0.006 (1.629)	0.005 (1.319)
JR	−0.702*** (−183.963)	−0.632*** (−159.353)	−0.467*** (−119.388)	−0.335*** (−85.110)	−0.277*** (−68.766)	−0.203*** (−52.259)
C	10.402*** (2141.058)	10.331*** (2028.137)	10.163*** (1932.079)	10.028*** (1773.273)	9.968*** (1661.642)	9.893*** (1555.372)
OBS	6857	6367	5877	5387	4897	4407
R^2	0.941	0.919	0.869	0.798	0.717	0.568
国家	Y	Y	Y	Y	Y	Y
时间	Y	Y	Y	Y	Y	Y

注:括号内为 t 值,*、**、*** 分别代表在 10%、5% 和 1% 的显著性水平上显著。

随着时间的推移,虽然其仍能对中间投入品出口技术含量产生正向作用,但一方面与最新工业机器人相比,其技术工艺方面的优势将逐渐消退,另一方面工业机器人的长期使用也会对机器造成一定的损耗,从而使得其在精度、使用效率等方面不如新机,两方面的合力使得其对中间投入品出口技术含量的边际提升作用呈现出一定的减小趋势。由此可见,要确保工业机器人对中间投入品出口技术含量具有较高的边际提升作用,一方面,应该持续更新工业机器人,逐步淘汰技术落后的工业机器人,以使得工业机器人应用对中间投入品出口技术含量的边际提升作用处于高水平状态;另一方面,企业应拥有一支保养和维护水平相对较高的保障队伍,以减少机器人使用过程中的不当损耗,进而降低在用机器人的损耗速度,从而放慢在用工业机器人对中间投入品出口技术含量边际提升作用减小的步伐。

工业机器人应用会通过优化制造业全球价值链生产环节和推动制造业生产技术革新两个潜在渠道来提高中间投入品出口技术含量。本部分将检验上述渠道的存在性与科学性,制造业全球价值链生产环节借鉴杨高举和黄先海(2013)的做法,以产业出口品国内增加值率与生产率之积刻画,方法如下:

$$\text{SCHJ}_{ijt} = \text{DVAEX}_{ijt}\,\text{SCL}_{ijt} \tag{12-14}$$

其中,SCHJ_{ijt} 为 i 国制造业 j 所属生产环节的核算系数,该系数越高则该产业所处的生产环节越有利,国际分工地位越高;DVAEX_{ijt} 为 i 国制造业 j 出口品国内增加值率,该数据源自 OECD 数据库提供的基于投入产出表的历年各国各产业出口品国内增加值率;SCL_{ijt} 为 i 国制造业 j 的生产率,根据 WIOD 提供的样本国各产业增加值与就业人数核算而得。

生产技术革新则借鉴陈晓华等(2022b),以(7-3)式进行核算。基于生产环节和生产技术革新变量,我们构建如下模型进行检验:

$$\text{SCHJ}_{ijt} = \alpha_0 + \alpha_1 \ln(1 + \text{JQR}_{ijt}) + \gamma_m X_{ijt}^m + \lambda_i + \lambda_t + \varepsilon_{ijt} \tag{12-15}$$

$$\text{TCI}_{ijt} = \alpha_0 + \alpha_1 \ln(1 + \text{JQR}_{ijt}) + \gamma_m X_{ijt}^m + \lambda_i + \lambda_t + \varepsilon_{ijt} \tag{12-16}$$

表 12-14 报告了中介效应检验结果:工业机器人应用变量在以全球价值链生产环节和生产技术革新为被解释变量的估计结果中均显著为正,可见工业机器人应用不仅会促进制造业全球价值链生产环节优化,还能推动制造业生产技术革新。上述现象出现的原因可能在于:一方面,工业机器人的应用能够促进制造业高技术含量中间投入品生产能力的提升,从而使得机器人装配国能够参与全球价值链分工体系中技术要求更高的生产环节,进而推动其中间投入品出口技术含量提升;另一方面,工业机器人的应用会增强生产过程的技术属性,对生产要素、生产环节和生产环境提出更高的支撑要求,从而倒逼装配国进行技术革新,进而推动其中间投入品出口技术含量提升。由此我们可以推定:生产技术革新和全球价值链生产环节优化是工业机器人应用对中间投入品出口技术含量发生作用的中介变量,即工业机器人应用会通过推动生产技术革新和优化全球价值链生产环节两个途径来提升中间投入品出口技术含量。工业机器人应用有助于制造业全球价值链生产环节优化的结论还表明:通过工业机器人的应用,制

造业可以逐步从低端生产环节迈向高端生产环节。因此,工业机器人应用
有助于制造业减小低端锁定风险。

表 12-14　作用渠道的检验结果

变量	SCHJ		TCI	
	(1)	(2)	(3)	(4)
JQRN	7.812*** (17.649)	3.530*** (9.278)	4.619*** (16.422)	0.959*** (11.468)
WAGE		0.145*** (16.587)		0.547*** (160.542)
NZJ		0.096*** (16.416)		0.048*** (35.920)
EDU		−0.351*** (−19.819)		−0.101*** (−21.899)
TAX		−2.960*** (−42.265)		−0.395*** (−21.217)
RD		0.155*** (15.740)		0.012*** (4.752)
JR		−0.028 (−1.428)		0.012** (2.185)
C	1.577*** (73.768)	1.828*** (81.084)	1.410*** (88.775)	0.779*** (105.780)
OBS	7348	7348	7363	7348
R^2	0.233	0.533	0.144	0.915
国家	Y	Y	Y	Y
时间	Y	Y	Y	Y

注:括号内为 t 值,*、**、*** 分别代表在 10%、5% 和 1% 的显著性水平上显著。

四、工业机器人应用的"卡脖子"破解效应:拓展分析

在贸易保护主义和单边主义抬头背景下,美国频频挥舞关键核心中间
投入品断供的"大棒",使得中国企业的经营与成长遭遇"卡脖子"冲击,如
华为因芯片断供,新款旗舰手机推出时间多次延迟,国内手机市场占有率
甚至从第一跌出前五。而这一现象出现的本质原因是本土高技术含量中
间投入品供给能力偏弱,难以支撑高品质最终品生产要求。前文的实证结
果表明:机器人应用能有效提升制造业中间投入品出口技术含量。由此,
我们自然就产生了如下疑惑:机器人应用对制造业中间投入品出口技术含
量的提升功能是小幅低水平提升,还是能够弥补当前国内中间投入品技术
含量较低短板,并有效替代国外中间投入品的高水平提升? 小幅低水平提

升会使得装配机器人的后发国在中间投入品领域仍属于进口依赖国,而高水平提升则能有效起到"卡脖子"破解效应。对于深受国外中间投入品"卡脖子"之困的中国而言,探索上述问题的答案具有重要的现实意义,令人遗憾的是学界尚无此类研究。为此,本部分以科学刻画工业机器人应用的"卡脖子"破解功能为核心内容,以期在解答上述疑惑的基础上,为中国制定产业链关键环节自主可控和经济高质量增长等方面的政策提供有益的参考。

国外中间投入品进口是一种"内源动力不够,外源动力凑"的无奈之举,其虽能绕过本土高技术含量中间投入品的生产能力短板,并在短期内迅速提高最终品的国际竞争力,促进制造业出口规模的快速扩张,但却把产品生产的命脉拱手让给国外厂商,不仅使得本国制造业局限于低技术含量环节,还使得制造业容易遭受国外上游厂商的"卡脖子"威胁。制造业的国外中间投入品依赖程度和国外中间投入品技术含量占最终品技术之比(也称为"瘸腿"程度)是衡量"内源动力不够,外源动力凑"程度的重要工具。因此,我们以中间投入品进口依赖和最终品出口技术含量"瘸腿"程度作为中间投入品"卡脖子"的代理变量。中间投入品进口依赖以(3-1)式进行测算,最终品出口技术含量"瘸腿"程度则来源于第八章的测度。

表12-15报告了相应的实证结果。可知:工业机器人应用变量在以中间投入品进口依赖和最终品技术含量"瘸腿"程度为被解释变量的估计结果中均为负,且通过了至少5％的显著性检验。可见,工业机器人应用既能显著降低中间投入品进口依赖程度,也能降低最终品技术含量的"瘸腿"程度。由此,我们可得到以下推论:一方面,工业机器人应用能从进口量占比和技术含量占比双层面降低本国对国外中间投入品的依赖程度,因而工业机器人的应用能有效应对"卡脖子"引致的不良冲击,减小制造业关键核心中间投入品被"卡脖子"的风险;另一方面,机器人应用对中间投入品技术含量具有高水平提升功能,而非小幅低水平提升功能,其不仅有助于经济体介入高水平均衡,还具有显著的"卡脖子"难题破解功能,因而工业机器人应用能使产业循环更依赖国内供应商,实现中间投入品的自立自强,进而有助于中国构建新发展格局和实现产业链关键环节自主可控。上述结论也进一步证实了基准模型检验结果的可靠性。

表 12-15　工业机器人对中间投入品"卡脖子"影响的检验结果

变量	中间投入品进口依赖		最终品技术含量"瘸腿"程度	
	（1）	（2）	（1）	（2）
JQRN	−0.241***	−0.201***	−0.199***	−0.101**
	（−12.634）	（−10.775）	（−4.871）	（−2.454）
WAGE		0.002***		0.021***
		（3.010）		（15.866）
NZJ		−0.011***		0.010***
		（−38.982）		（16.275）
EDU		0.021***		0.010***
		（24.689）		（4.363）
TAX		0.037***		−0.023***
		（9.694）		（−3.219）
RD		−0.009***		−0.017***
		（−16.076）		（−14.287）
JR		−0.001		−0.057***
		（−0.731）		（−20.860）
C	0.149***	0.147***	0.833***	0.812***
	（128.487）	（111.062）	（296.508）	（249.624）
OBS	7348	7348	7363	7348
R^2	0.034	0.271	0.117	0.223
国家	Y	Y	Y	Y
时间	Y	Y	Y	Y

注：括号内为 t 值，*、**、*** 分别代表在 10％、5％和 1％的显著性水平上显著。

五、小结

提升工业机器人应用水平和中间投入品出口技术含量既是中国实现产业基础高级化和产业链现代化的核心抓手，也是中国实现产业链关键环节自主可控和构建新发展格局的关键所在，更是中国充分发挥经济增长潜力和优化经济增长动能的重要力量。为此，在科学构建中间投入品出口技术含量测度方法的基础上，本节从多维视角细致剖析了工业机器人应用对中间投入品出口技术含量的作用机制，并进一步分析了工业机器人应用的"卡脖子"难题破解效应。得到的结论主要有：一是工业机器人应用有助于推动制造业中间投入品出口技术含量的提升。该结论在基准模型检验、稳健性检验、动态检验和异质性检验中均稳健成立，表明工业机器人是先发国保持链主地位和掌握全球价值链主导权、后发国摆脱被俘获者和长期尾随者身份的重要工具，是全球价值链分工体系参与国利益最大化的重要支撑,因而工业机器人可能会成为先发国和后发国参与全球价值链分工体系利益竞争的关键核心领域。二是工业机器人应用不仅会提高一国制造业在全球价值链中的地位,还会推动制造业的生产技术革新。更高水平的生产环节和生产技术意味着一国能够生产全球价值链分工体系中工艺更为复杂的产品,进而推动中间投入品出口技术含量的提升,因而优化制造业全球价值链生产环节和推动制造业技术革新可能是工业机器人应用推动制造业中间投入品出口技术含量提升的两个重要渠道。三是工业机器人应用有助于降低本国制造业的中间投入品进口依赖程度,进而降低制造业遭遇"卡脖子"的概率,可见工业机器人应用既能够提高一国产业链关键环节的自主可控性,也能成为产业基础高级化、产业链现代化和新发展格局的重要支撑,是一国在全球价值链分工体系中赢得新优势的中坚力量。四是中国中间投入品出口技术含量相对较低,而这不仅是中国大量进口国外高技术含量中间投入品和"内源动力不够,外源动力凑"型技术赶超模式出现的本质原因,更是中国产业链关键环节自主可控性相对较弱、容易遭受"卡脖子"威胁的原因。因此,提高工业机器人的应用密度和广度在中国具有非常强的必要性。

第三节　嵌入他国主导价值链与中间投入品进口依赖

在全球价值链体系不断深化的现实背景下,中国想要完全不依靠其他国家的技术或者不使用国外中间投入品是不切实际的,且有悖于现实经济趋势,嵌入他国主导价值链是中国发展自身经济以及发挥自身比较优势的主要路径。为此,进口他国高技术含量中间投入品,以及不断嵌入他国主导的价值链是未来很长一段时间都是无法避免的。此时我们会有以下疑问:嵌入他国主导的价值链对中间投入品进口依赖有何影响,是否会加剧中间投入品进口依赖?是否有必要构建本国主导的价值链?深入剖析上述问题,对中国制造业优化嵌入他国主导价值链模式、构建本国主导价值链和减少关键核心中间投入品进口依赖等具有重要的参考价值。

整体而言,已有研究为剖析嵌入他国主导价值链和中间投入品进口依赖的关系提供了扎实的理论基础和丰富的实证经验,但仍有一些不足:一是中间投入品进口依赖和价值链嵌入虽同为当前学界研究热点,但是尚无学者将二者进行交叉研究,鲜有学者剖析制造业细分产业嵌入他国主导价值链对中间投入品进口依赖的影响机制;二是已有中间投入品进口依赖的研究多侧重其结构和影响效应,鲜有学者剖析其形成机制,更无学者从嵌入他国主导价值链视角剖析中间投入品进口依赖的形成机制;三是价值链领域的已有研究多侧重嵌入全球价值链的程度,而对于一国嵌入另一国主导价值链程度的研究相对匮乏。为弥补以上不足,我们基于 WIOD 投入产出表及对外经济贸易大学基于 WIOD 投入产出表分解的完全贸易增加值数据库,在科学核算中国制造产业嵌入他国主导价值链程度和中国制造产业对各国的中间投入品进口依赖度的基础上,深入剖析嵌入他国主导价值链程度影响中国制造业对各国中间投入品进口依赖的机制,并进行相关异质性分析,以期从反向视角验证构建本国主导价值链的重要性。

一、研究模型的设定与变量的选择

我们选取中国制造产业作为样本进行研究,由于嵌入价值链环节的数据源于 WIOD,而该数据库最新数据截止到 2014 年,因此,样本期间为 2000—2014 年。

$$\text{impd}_{ijt} = \partial_0 + \beta_0 \text{GVC\_EM}_{ijt} + \beta_1 X_{ijt} + \mu_i + \mu_j + \mu_t + \varepsilon_{ijt} \quad (12\text{-}17)$$

其中,i、j、t 分别表示产业、国家、年份。impd_{ijt} 表示中国 i 产业对 j 国的中间投入品进口依赖度,基于前文(3-1)式测度而得,GVC_EM_{ijt} 表示中国 i 产业嵌入 j 国主导价值链程度,X_{ijt} 表示控制变量,μ_i、μ_j、μ_t 分别表示产业固定效应、国家固定效应以及时间固定效应。

(一)嵌入他国主导价值链程度的测度指标

借鉴唐宜红等(2018),我们以如下方法对嵌入他国主导价值链程度进行度量。

$$\text{GVC\_EM}_{irt} = \frac{\text{FVA}_{irt}}{E_{rt}} \quad (12\text{-}18)$$

其中,GVC_EM_{irt} 表示第 t 期中国 i 产业嵌入 r 国主导价值链的程度,FVA_{irt} 表示第 t 期 r 国出口增加值中来自中国的增加值,E_{rt} 表示第 t 期 r 国出口的增加值总额。借助对外经济贸易大学基于 WIOD 投入产出表从产业层面对双边出口增加值的分解数据(UIBE GVC Index),我们测度了中国 18 个制造业亚产业嵌入各国主导价值链的程度。

(二)控制变量

我们选取了既能刻画产业技术特征以及区分国家间差异,又能对制造业中间投入品进口依赖产生影响的变量作为控制变量,具体有:税收环境(TAX),以各国总税赋收入占 GDP 的比重刻画;高等教育(EDU),以联合国教科文组织提供的各国高校入学率表示;研发强度(RD),以世界银行数据库中各国政府研发支出占 GDP 的比重表示;显示性比较优势(RCA),根据王直等(2015)的增加值分解数据整理,使用基于完全增加值分解的新的显示性比较优势指数表示,刻画了一国出口中剔除进口影响的显示性比较优势;出口技术复杂度(EXPY),参照 Hausmann et al.(2007)的方法测算而得,实证中以出口技术复杂度的自然对数表示。上述变量的描述性统计结果如表 12-16 所示。

表 12-16　各变量描述性统计结果

变量	经济含义	观察值	平均值	标准差	最小值	最大值
GVC_EM	嵌入他国主导价值链程度	11070	−8.808	1.160	−12.520	−4.541
impd	中间投入品进口依赖	11070	−9.051	2.685	−17.970	−3.151
TAX	税收环境	9738	−1.659	0.362	−2.536	−0.470
EDU	高等教育	9360	−0.702	0.576	−3.002	0.042
RD	研发强度	10134	−4.414	0.699	−7.651	−3.200
RCA	显示性比较优势	11070	2.565	1.929	1.185	14.060
EXPY	出口技术复杂度	11070	14.150	0.292	13.590	15.270

二、嵌入他国主导价值链对中间投入品进口依赖影响的检验结果

(一)基准模型检验结果与分析

表 12-17 报告了嵌入他国主导价值链的程度对他国中间投入品进口依赖影响的基准模型检验结果。在控制产业、国家和时间固定效应条件下,嵌入他国主导价值链对中间投入品进口依赖影响效应为正,且至少在 1% 的显著性水平上显著,可见深度嵌入他国主导的价值链会加剧中国制造产业中间投入品进口依赖,继而使中国制造业很可能被处于价值链高端环节的国家俘获。

表 12-17　嵌入他国主导价值链与中间投入品进口依赖基准模型检验结果

变量	(1)	(2)	(3)	(4)	(5)	(6)
GVC_EM	0.380*** (20.714)	0.383*** (19.236)	0.388*** (17.997)	0.398*** (17.408)	0.395*** (17.328)	0.369*** (16.133)
TAX		0.509*** (5.499)	0.496*** (5.052)	0.656*** (6.473)	0.473*** (4.498)	0.049 (0.424)
EDU			−0.265*** (−3.323)	−0.371*** (−4.478)	−0.426*** (−5.121)	−0.410*** (−4.949)
RD				0.549*** (8.172)	0.601*** (8.904)	0.680*** (10.025)
RCA					−0.117*** (−6.303)	−0.026 (−1.210)

续表

变量	(1)	(2)	(3)	(4)	(5)	(6)
EXPY						-2.911^{***}
						(-8.738)
C	-5.704^{***}	-5.002^{***}	-5.479^{***}	-2.816^{***}	-2.613^{***}	37.880^{***}
	(-35.272)	(-21.419)	(-21.130)	(-6.969)	(-6.459)	(8.143)
产业固定	Y	Y	Y	Y	Y	Y
国家固定	Y	Y	Y	Y	Y	Y
年份固定	Y	Y	Y	Y	Y	Y
N	11070	9738	8478	7992	7992	7992
调整的 R^2	0.91	0.91	0.90	0.91	0.91	0.91

注:括号内为 t 值, * 、 ** 、 *** 分别代表在10%、5%和1%的显著性水平上显著。

这一现象出现的可能原因有:一方面,伴随全球分工体系的深化,国与国之间的联系愈加密切,嵌入他国主导价值链程度提高,则因协同效应,进口他国中间投入品的数量也会随之增多;另一方面,由于中国正处于全球价值链分工地位升级阶段,需通过技术创新向全球价值链上游攀升,但该过程受到发达国家的阻碍和严格控制(如美国对华高技术含量中间投入品的断供和管控),国际市场对于进口中间投入品的质量要求不断提高,使得中国依靠自身的技术水平无法达到部分国家的进口要求,进而通过进口他国高技术含量中间投入品来嵌入他国主导价值链,这种"出口引致进口"的机制使得中间投入品进口依赖加剧。这也证实了构建以中国国内大循环为主体、国内国际双循环相互促进的新发展格局的正确性。中国的经济发展模式应充分利用国内大市场优势,逐渐从出口导向型向内需主导型转变,加快实现科技创新自立自强和产业关键环节自主可控。可见,依托国内大市场,加快内需主导型经济模式发展,加快构造我国主导价值链,提升自身高技术产品生产能力是降低中间投入品进口依赖程度的重要途径,也是中国摆脱价值链低端嵌入的必然选择。

(二)内生性分析

考虑到嵌入他国主导价值链和中间投入品进口依赖存在互为因果关系的可能性,我们进一步以包含工具变量的两阶段最小二乘法(2SLS-IV)进行内生性检验。借鉴陈晓华等(2023)与吕越等(2018)的处理方法,我们构建了基于嵌入他国主导价值链变量初始值状态的工具变量进行实证分析。表12-18列(1)—(2)报告了相应的回归结果,从解释变量的估计系数看,不同工具变量条件下,嵌入他国主导价值链程度的估计系数均显著为正,且在至少 1% 的显著性水平上显著,同前文基准模型检验的回归结果相一致,也表明嵌入他国主导价值链程度提高加剧制造业对其中间投入品进口依赖的作用机制在考虑了内生性的情况下仍然成立。

表 12-18　内生性回归结果

变量	第一阶段(1)	第二阶段(2)
GVC_EM		0.624*** (14.14)
GVC_EM _L	0.661*** (54.623)	
TAX	−0.311*** (−6.46)	0.128 (1.10)
EDU	−0.0013 (−0.038)	−0.4100*** (−4.910)
RD	0.241*** (8.53)	0.618*** (8.97)
RCA	0.0440*** (4.96)	−0.0369* (−1.72)
EXPY	−1.883*** (−13.63)	−2.432*** (−7.09)
F 统计量	2983.72***	83.24***
不可识别检验	—	2187.15***
弱识别检验	—	2983.72 [16.38]
产业固定	Y	Y
国家固定	Y	Y
年份固定	Y	Y
观测值	7992	7992
调整的 R^2	0.05	0.05

注:圆括号内为 t 值,方括号内为临界值。*、**、*** 分别代表在 10%、5% 和 1% 的显著性水平上显著。

(三)稳健性检验分析

为确保前文估计结果的稳健性和可靠性,我们采用标准误聚类偏差、加大约束力度、替换因变量法、替换自变量法、缩尾处理等稳健性方法进行检验,具体处理方法及检验结果如下。

1.标准误聚类偏差

参考施炳展和李建桐(2020)的方法,我们将回归分别聚类到产业层面和国家层面,从而比较系数显著性是否发生变化。回归结果见表 12-19。无论是否加入控制变量,抑或是聚类到不同层面,结果均在至少 1% 的显著性水平上正相关,这也进一步验证了嵌入他国主导价值链程度提高对中间投入品进口依赖有显著的加剧作用。

表 12-19　稳健性检验聚类到产业层面结果

变量	没有控制变量		有控制变量	
	(1)	(2)	(3)	(4)
	聚类到国家	聚类到产业	聚类到国家	聚类到产业
	impd	impd	impd	impd
GVC_EM	0.380***	0.380***	0.369***	0.369***
	(7.777)	(4.969)	(7.535)	(4.803)
TAX			0.049	0.049
			(0.081)	(0.623)
EDU			−0.410	−0.410***
			(−0.810)	(−5.397)
RD			0.680***	0.680***
			(2.880)	(9.113)
RCA			−0.026	−0.026
			(−0.333)	(−1.634)
EXPY			−2.911**	−2.911***
			(−2.132)	(−13.316)
C	−5.704***	−5.704***	37.880*	37.880***
	(−13.258)	(−8.471)	(1.972)	(13.142)
产业固定	Y	Y	Y	Y
国家固定	Y	Y	Y	Y
年份固定	Y	Y	Y	Y
N	11070	11070	7992	7992
调整的 R^2	0.91	0.91	0.91	0.91

注:括号内为 t 值,*、**、*** 分别代表在 10%、5% 和 1% 的显著性水平上显著。聚类到国家和产业分别指稳健误差聚类所到层面。

2. 加大约束力度

借鉴龙飞扬和殷凤(2021)的做法,我们引入时间和产业固定的交互项来进行稳健性计量检验,从而控制某些不可测因素的影响。估计结果如表 12-20 所示,在有无控制变量条件下,嵌入他国主导价值链对中间投入品进口依赖的影响方向与显著性均仍与前文基准模型检验结果一致,估计系数依然在 1% 的显著性水平上显著。由此,回归结果是稳健可靠的。

表 12-20　引入时间和产业交互项回归结果

变量	(1)	(2)
	impd	impd
GVC_EM	0.45373***	0.43774***
	(23.02166)	(17.64425)
TAX		0.07018
		(0.60843)
EDU		−0.40974***
		(−4.95031)
RD		0.66309***
		(9.78128)
RCA		−0.02871
		(−1.35183)
EXPY		−2.78282***
		(−8.34397)
C	−5.05421***	36.62739***
	(−29.08622)	(7.87258)
产业固定	Y	Y
国家固定	Y	Y
年份固定	Y	Y
产业 * 年份固定	Y	Y
N	11070	7992
调整的 R^2	0.91	0.91

注:括号内为 t 值,*、**、*** 分别代表在10%、5%和1%的显著性水平上显著。

3. 替换因变量法

我们进一步采用替换因变量法来检验回归结果的稳健性,采用制造业中间投入品进口渗透率替代中间投入品进口依赖度。中间投入品进口渗透率为中国各产业使用一国中间投入品占中国使用国外中间投入品总额的比重,它在一定程度上也反映了中间投入品进口依赖。检验结果如表12-21所示,嵌入他国主导价值链对制造业中间投入品进口渗透率的影响显著为正,因此,基准模型检验的结果是可靠的。

表 12-21　中间投入品进口渗透率替代中间投入品进口依赖度回归结果

变量	(1)	(2)
	impd	impd
GVC_EM	0.36512***	0.35898***
	(19.83222)	(15.61658)
TAX		0.04581
		(0.39562)

续表

变量	(1)	(2)
	impd	impd
EDU		−0.40987*** (−4.93084)
RD		0.68201*** (10.02357)
RCA		−0.02526 (−1.18450)
EXPY		−2.93148*** (−8.76528)
C	−3.34720*** (−20.61823)	40.57164*** (8.68957)
产业固定	Y	Y
国家固定	Y	Y
年份固定	Y	Y
N	11070	7992
调整的 R^2	0.91	0.91

注:括号内为 t 值,*、**、*** 分别代表在 10%、5% 和 1% 的显著性水平上显著。

4.替换自变量法

此处采取替换自变量的方法进行进一步的稳健性检验。我们参考潘文卿等(2015)的做法,选取产业总产出作为权重来衡量中国产业层面的价值链嵌入程度,即使用产业总产出为权重重新测算中国制造业嵌入各国主导价值链程度指标,并进行嵌入他国主导价值链对于制造产业中间投入品进口依赖作用的稳健性检验。回归结果如表 12-22 所示,可见系数的显著性与方向均未发生明显变化,基准模型检验结果稳健可靠。

表 12-22　改变权重替换自变量回归结果

变量	(1)	(2)
	impd	impd
GVC_EM	0.44919*** (26.94942)	0.47144*** (22.67420)
TAX		0.05724 (0.50421)
EDU		−0.47131*** (−5.77580)

续表

变量	(1)	(2)
	impd	impd
RD		0.55555***
		(8.26745)
RCA		−0.03524*
		(−1.68414)
EXPY		−2.49136***
		(−7.57063)
C	−4.33321***	33.03406***
	(−24.73000)	(7.19535)
产业固定	Y	Y
国家固定	Y	Y
年份固定	Y	Y
N	11070	7992
调整的 R^2	0.91	0.91

注:括号内为 t 值,*、**、*** 分别代表在 10%、5% 和 1% 的显著性水平上显著。

5. 缩尾处理

由于中间投入品进口依赖可能存在某些极端值,而极端值可能会对结果产生一定影响,为避免此类状况发生,我们剔除中间投入品进口依赖程度最高和最低的样本重新进行回归,对中间投入品进口依赖以产业样本分类并进行 1% 的缩尾处理,回归结果如表 12-23 所示。回归结果与前文一致,嵌入他国主导价值链程度提高会加剧制造业中间投入品进口依赖的机制依然稳健成立,因而基准模型检验结果是稳健可靠的。

表 12-23 缩尾处理回归结果

变量	(1)	(2)
	impd_w	impd_w
GVC_EM	0.37083***	0.35931***
	(20.06071)	(15.02909)
TAX		−0.12942
		(−0.91378)
EDU		−0.38811***
		(−4.38062)
RD		0.67440***
		(9.51637)

续表

变量	(1)	(2)
	impd_w	impd_w
RCA		−0.05421***
		(−2.58628)
EXPY		−2.52938***
		(−7.39780)
C	−5.77796***	32.16123***
	(−35.31000)	(6.79983)
产业固定	Y	Y
国家固定	Y	Y
年份固定	Y	Y
N	11070	7992
调整的 R^2	0.91	0.91

注：括号内为 t 值，*、**、*** 分别代表在10％、5％和1％的显著性水平上显著。

(四)组间异质性差异分析

当分组回归中组间的系数差距较小时，难以断定其影响的程度是否有绝对差异，甚至当分组回归解释变量系数相差较大时，也不能简单认定两组之间的差异是显著的，组间系数差异检验很大程度上能够解决以上问题。我们借鉴连玉君等(2010)的做法，以 Bootstrap(自助抽样法)进行组间差异显著性检验，对金融危机前后以及不同技术水平中国制造业亚产业嵌入他国主导价值链对中间投入品进口依赖的影响差异进行分析，以期更深入理解嵌入他国主导价值链对中国制造业的中间投入品进口依赖的影响。

1.时间异质性差异分析

表12-24报告了相应的估计结果。可知：一是金融危机发生前和发生后，制造业嵌入他国主导价值链对制造业中间投入品依赖均具有显著的加剧作用，这表明金融危机的冲击不会对制造业中间投入品进口依赖产生抑制作用；二是金融危机前嵌入他国主导价值链显著加剧制造业中间投入品进口依赖，但金融危机后系数变小。以上结果表明嵌入他国主导价值链程度提高对制造业中间投入品进口依赖的加剧作用在金融危机的冲击下有所减弱。这一现象产生的原因可能在于：中间投入品更容易受到外部冲击的影响，金融危机后，为减少冲击影响，制造企业加大国产替代力度，且国家出台关于调整产业结构的政策，鼓励企业自主创新，这些措施均对中间投入品进口依赖具有一定的缓解作用，这进一步证实构建国内价值链能够降低中间投入品进口依赖程度。

表 12-24　时间异质性分组回归结果

变量	没有控制变量		有控制变量	
	(1)	(2)	(3)	(4)
	金融危机前	金融危机后	金融危机前	金融危机后
GVC_EM	0.39249***	0.33511***	0.47478***	0.26950***
	(16.47815)	(10.90912)	(15.37560)	(7.63404)
TAX			0.74390***	2.07758***
			(2.83413)	(8.93928)
EDU			−1.19783***	−0.30742*
			(−7.46358)	(−1.82997)
RD			0.31542**	0.45138***
			(2.42460)	(3.48603)
RCA			−0.02742	−0.04707
			(−0.83411)	(−1.08277)
EXPY			−0.77336	−2.95091***
			(−1.21378)	(−4.18805)
C	−5.38397***	−6.31130***	7.44706	40.42227***
	(−24.47665)	(−24.64124)	(0.81189)	(4.06619)
产业固定	Y	Y	Y	Y
国家固定	Y	Y	Y	Y
年份固定	Y	Y	Y	Y
N	5904	5166	3996	3996
调整的 R^2	0.93	0.91	0.93	0.91
bdiff_gvc_em	0.057		0.205	
p	0.003		0.000	

注：括号内为 t 值，*、**、*** 分别代表在 10%、5% 和 1% 的显著性水平上显著。2008 年以前年份为金融危机前，其余年份为金融危机后。

2.产业技术水平异质性分析

考虑到产业技术水平的差异对制造业中间投入品进口依赖可能会产生一定的影响，本部分将制造业区分为高技术制造业和低技术制造业进行分组回归。表 12-25 报告了相应的回归结果，高技术产业的估计系数明显大于低技术产业。此外，我们通过自助抽样法对该分组回归进行 bdiff 显著性检验，p 值为 0.0000 和 0.0024，系数差异均通过了 bdiff 检验。由此可见：低技术制造业嵌入他国主导价值链和高技术制造业嵌入他国主导价值链对该产业中间投入品进口依赖的均有显著加剧作用，但高技术制造业的加剧作用大于低技术制造业。出现以上结果的原因可能是：低技术制造业嵌入他国主导价值链主要进口国内已拥有娴熟技术的中间投入品，那么进口他国中间投入品主要是由于价格比较优势,其交流的主动权掌握在中国一方,故而对中间投入品进口依赖的加剧作用相对较弱。但是由于中国对高技术含量中间投入品的生产技术掌握有限,且世界市场对进口中间投入品的要求愈发严苛,故而中国制造业通过进口高技术含量中间投入品来生产符合要求的最终品。这种出口引致进口的模式,使中国对他国的中间投入品的进口依赖最主要发生在高技术制造业,特别是在嵌入技术发达国家的价值链时,中国出口品需要和对应国家的技术水平协同,而中国国内出口高技术产品的能力还存在很大不足,只能依靠进口他国高技术含量中间投入品。这也印证了中国加快科技创新,着力建设世界型科技强国道路的正确性。

表 12-25　产业技术水平异质性差异 bdiff 检验结果

变量	没有控制变量		有控制变量	
	(1)	(2)	(3)	(4)
	低技术产业	高技术产业	低技术产业	高技术产业
GVC_EM	0.30531*** (11.28642)	0.36465*** (16.33582)	0.30258*** (8.62885)	0.35764*** (13.11892)
TAX			0.01642 (0.10955)	0.05768 (0.36798)
EDU			−0.43637*** (−4.06202)	−0.37384*** (−3.31711)
RD			0.67868*** (7.71731)	0.70672*** (7.66154)
RCA			−0.01559 (−0.56580)	−0.03700 (−1.28025)
EXPY			−2.89969*** (−6.69421)	−3.14366*** (−6.94285)
C	−6.43824*** (−26.75103)	−5.72590*** (−29.50830)	36.94607*** (6.11948)	41.37293*** (6.53871)
产业固定	Y	Y	Y	Y
国家固定	Y	Y	Y	Y
年份固定	Y	Y	Y	Y
N	6765	4305	4884	3108
调整的 R^2	0.91	0.93	0.91	0.93
bdiff_gvc_em	−0.059		−0.055	
p	0.000		0.0024	

注:括号内为 t 值,*、**、*** 分别代表在 10%、5% 和 1% 的显著性水平上显著。

三、小结

本节以中国 18 个制造业亚产业嵌入各国主导价值链的程度和对各国的中间投入品进口依赖度的测度为切入点,从多维视角细致剖析了中国制造业嵌入他国主导的价值链对中间投入品进口依赖的影响机制。得到的结论主要有:一是深度嵌入他国主导的价值链会加剧中国制造业中间投入品进口依赖,进而使中国有成为全球价值链追随者和被俘获者的风险。为此,构建本国主导价值链是降低中间投入品进口依赖程度的重要手段。二是金融危机前后,制造业嵌入他国主导的价值链对中间投入品进口依赖的影响机制并未发生改变,其加剧作用均显著,但受金融危机冲击以及相关政策出台的影响,金融危机后嵌入他国主导的价值链对于中间投入品进口依赖的加剧作用有所减弱。三是低技术制造业嵌入他国主导价值链程度提高对中间投入品进口依赖的加剧作用与高技术制造业嵌入他国主导价值链程度提高对该产业中间投入品进口依赖的加剧作用相比更小。本节研究结论亦表明:提升中国高技术含量中间投入品的生产能力、构建内需主导型价值链和降低嵌入他国主导价值链程度不仅能够减少中间投入品进口依赖,在一定程度上可以促使中国摆脱低端锁定的窘境,还有助于推进中国产业基础高级化和产业链现代化。

第十三章 结论与政策启示

本书以构建高技术含量中间投入品进口依赖的多维刻画方法为切入点,细致分析了中国高技术含量中间投入品进口依赖的基本特征,并在进一步梳理该领域的已有研究现状与不足的基础上:首先,构建了高技术含量中间投入品进口的两国五部门模型,并从理论视角初步刻画了高技术含量中间投入品进口的经济效应;其次,从多维视角剖析了高技术含量中间投入品进口的实际经济效应,并从偏离比较优势程度和中间投入品进口技术含量占最终品出口技术含量的比重视角进行细致检验;最后,对摆脱高技术含量中间投入品进口依赖的国际经验和中国案例进行了细致梳理,并细致检验了潜在可行路径的作用效应。基于上述分析过程,本章将进一步归纳前文的基本结论,并结合中国经济特有优势(国内大市场、强大的制造能力和新型举国创新体制),以做强高技术含量中间投入品内源动力和高技术含量中间投入品自立自强为核心目标与要求,以促进产业动态比较优势持续增强、推动产业基础高级化、产业链现代化和构建新发展格局为方向,构建高技术含量中间投入品进口依赖的自立自强型优化路径,以为中国制定实施经济高质量增长方面的政策提供有益参考,也为中国谱写新时代中国特色社会主义现代化经济建设新篇章提供强有力的支撑。

第一节 基本结论

第一,中国面临着较为严峻的高技术含量中间投入品进口依赖形势,这一特征不仅体现在进口量上,还体现在进口技术含量上,进而导致了高技术含量中间投入品进口依赖窘境的出现。一是由基于 WIOD 投入产出表测度所得中间投入品出口技术含量值可知,中国中间投入品的技术含量与美国的差距呈现出日益加大的趋势,不仅如此,中国对国外中间投入品的依赖程度也呈现逐渐提高的趋势。二是中国进口中间投入品技术含量呈现出逐步提高的趋势,2000—2014 年,制造业和服务业中间投入品的进口技术含量分别上升了 93.96% 和 156.38%,可见中国对更高技术含量中间投入品的需求呈现出进一步加大的趋势,并且中国进口的中间投入品技术含量已与发达国家相似。三是从偏离比较优势程度来看,中国中间投入品进口技术含量偏离比较优势程度不仅高于发展中国家平均水平,还高于发达国家平均水平,此外,中国中间投入品进口技术含量与最终品出口技术含量之比位居样本国前列,可见中国对国外高技术含量中间投入品依赖性也位居世界前列。上述特征也使得中国频频遭受国外高技术含量中间投入品断供威胁。因此,降低高技术含量中间投入品进口依赖程度,减少高技术含量中间投入品进口引致型负向冲击,对中国经济高质量增长具有重要的现实意义。

第二,**高技术含量中间投入品进口会加剧中间投入品进口依赖,高技术含量中间投入品进口依赖之痛具有自循环加剧特征。**前文研究表明,高技术含量中间投入品的进口会提升一国中间投入品进口依赖程度,该机制不仅有助于高技术中间投入品先发国成为控制全球价值链的链主,还容易导致高技术含量中间投入品后发国成为全球价值链的被俘获者和尾随者。高技术含量中间投入品进口不仅会抑制制造业的资本积累,还会抑制科研人员规模的壮大,高技术含量中间投入品进口实际上是国外高质量生产要素对本国高质量生产要素的有效替代,上述渠道加剧了高技术含量中间投入品进口国的中间投入品进口依赖。从作用渠道检验结果来看,提升资本积累速度和扩大科研人员规模可以降低中间投入品进口依赖程度,因此,二者可以成为降低高技术含量中间投入品进口依赖程度的重要手段。

第三,**中间投入品进口技术含量对制造业国内增加值率的作用机制呈现倒 U 形。**进口中技术含量的中间投入品对制造业国内增加值率产生的边际提升效应是最大的,进口过高技术含量的中间投入品不仅会加剧一国中间投入品进口依赖和"卡脖子"风险,还可能对国内增加值率产生不利影响。此外,倒 U 形机制具有非常强的稳固性。由此可见,中国在制定中间投入品进口和制造业国内增加值率攀升等领域的长短期政策时,需遵循倒 U 形机制。高技术含量中间投入品进口会产生较强的侵蚀效应,进而导致高技术含量中间投入品进口依赖窘境。因此,在提高制造业国内增加值率方面,中技术含量中间投入品的进口是最优选择,其既可以使得中间投入品进口依赖的负向冲击不至于过大,也能够促进国内增加值率的提升。

第四,**高技术含量中间投入品进口虽会提升制造业全球价值链的参与度,但也会抑制制造业全球价值链分工地位的提升。**进口高技术含量中间投入品易导致制造产业陷入"高参与度、低分工地位"的困境,易遭受外部冲击影响和全球价值链链主"卡脖子"威胁。而调节效应检验结果表明:技术吸收能力会调节高技术含量中间品进口的负向效应,技术吸收能力越强,越能削弱高技术含量中间投入品进口对制造业全球价值链分工地位升级的阻碍作用。为此,提升技术吸收能力和扩大人力资本规模可以成为减少高技术含量中间投入品进口对国际分工地位负向冲击的重要手段。由此也可以发现:高技术含量中间投入品进口是一把双刃剑,虽然对中国经济增长和产品竞争力提升起到了助推作用,但也会对国际分工地位产生不利影响,进而影响经济增长质量提升和产业升级,不利于中国经济的长期健康稳定发展。

第五,高技术含量中间投入品进口会抑制一国产业资本回报率的提升。这一机制表明:高技术含量中间投入品进口不仅会加剧进口国中间投入品进口依赖和被"卡脖子"的风险,还会挫伤资本投资的积极性,不利于进口国中间投入品技术含量和经济效率的提升,因而抑制机制不仅有助于先发国借助先发优势成为全球价值链的链主和控制者,还容易导致后发国出现资本回报率降低和投资积极性下降等不良状况,使得后发国降低高技术含量中间投入品进口依赖程度的能力也会随之降低。值得一提的是:中国中间投入品进口技术含量远高于自身经济发展水平,而与高度发达的工业化国家相近,这不仅表明中国存在"为出口高技术含量最终产品而进口高技术含量中间投入品"的外力依赖型技术赶超特征,还表明中国资本回报率承受的抑制效应远高于自身经济发展水平,这在一定程度上导致了中国资本回报率同时低于发展中国家和发达国家均值现象的出现。为此,降低高技术含量中间投入品进口依赖程度对于中国具有重要的现实意义。

第六,逆比较优势进口过高技术含量中间投入品不利于生产技术革新,而进口 2.5 倍于自身比较优势水平的高技术含量中间投入品对生产技术革新的边际促进作用最大。为此,逆比较优势进口高技术含量中间投入品对生产技术革新的作用机制呈现倒 U 形。倒 U 形效应非常稳定,负向经济冲击、经济增速、税赋冲击、中间投入品进口占比和时间冲击等均无法撼动。因此,在复杂多变的环境中,遵循倒 U 形效应来协调中间投入品进口和生产技术革新间的关系是政策制定者难以违背的"铁律"。值得一提的是:中国中间投入品进口技术含量值位于倒 U 形曲线的左侧。因此,在不考虑高技术含量中间投入品进口依赖的其他侵蚀效应条件下,可通过适度加大高技术含量中间投入品进口力度的形式来加快生产技术革新。然而侵蚀效应不可避免,为此,在制定高技术含量中间投入品进口领域的政策时,还应该更多关注核心政策目标,选择进口中技术含量中间投入品是相对较优的选择,从而既能在一定程度上促进技术革新,又不会产生过大的侵蚀效应。

第七,出口技术含量"瘸腿"型深化会对经济增长质量产生抑制效应,

因而高技术含量中间投入品是左右一国经济增长质量高低的重要因素。在高技术含量中间投入品领域赢得先发优势对一国经济发展具有非常重要的现实意义，这也印证了中国当前推动产业基础高级化和产业链现代化的科学性。出口技术含量"瘸腿"型深化具有低端锁定功能，会将后发国锁定于低质量、低国际分工地位、低生产率和低回报率的低端生产环节，因而通过进口高技术含量中间投入品来增强最终品国际竞争优势只能作为权宜之计。长期而言，逐步降低出口技术含量的"瘸腿"程度和减少高技术含量中间投入品进口的负向冲击才是最优选择。研发投入、高等教育和资本密集度变量会对经济增长质量产生正效应。因此，其可能会在一定程度上减小出口技术含量"瘸腿"型深化对经济增长质量的负向效应。

第八，**出口技术含量"瘸腿"型深化会抑制国际分工地位的攀升，该机制在制造业和服务业中均稳健成立。**中国出口技术含量"瘸腿"指数位居样本国前列，这不仅表明中国对国外高技术含量中间投入品具有较高的依赖性，还表明中国制造业和服务业国际分工地位攀升面临的抑制压力较大。因而对于中国而言，摆脱出口技术含量"瘸腿"型深化和国际分工地位偏低共存窘境的压力较大，迫切性较强。此外，产业资本密度、产业人均工资、贸易地理优势和经济运行效率等变量对国际分工地位的估计系数显著为正，这在一定程度上表明这些因素可能会减小出口技术含量"瘸腿"型深化对国际分工地位的抑制效应。为此，加大资本投入、提升劳动者技能水平和提高要素配置效率等手段能在一定程度上减小高技术含量中间投入品进口依赖对国际分工地位的侵蚀效应。

第九，**减少高技术含量中间投入品进口依赖的关键在于提高核心环节和高端环节中间投入品的生产能力，而提升非核心环节和非高端环节的技术含量也有助于减小中间投入品进口依赖的负向冲击。**综合高技术含量中间投入品进口经济效应的检验结果可以发现：一是高技术含量中间投入品进口负效应产生的本质原因是本土高技术含量中间投入品生产能力偏弱，实现本土高技术含量中间投入品自立自强不仅能够减小进口依赖的负向冲击，还有助于中国实现制造产业基础高级化和产业链现代化，进而更好地实现全球价值链分工地位的攀升。二是"瘸腿"型深化对经济增长质量和国际分工地位作用机制的研究结果表明，降低"瘸腿"程度能有效地推动经济增长质量和国际分工地位的优化。为此，提高非核心环节产品的技术含量可以成为减小中间投入品进口依赖负向冲击的重要手段。三是虽然通过大力提升核心环节技术水平和非核心环节技术水平均有助于减小高技术含量中间投入品进口依赖的负向冲击，但从经济发展的紧迫性和经济增长的核心要求来看,技术含量提升的重心应该放在核心环节,非核心环节的技术提升可作为辅助。

第十,高技术含量中间投入品已成为控制全球价值链的重要工具,构筑高技术含量中间投入品领域的优势可以使一国从全球价值链分工体系的被动接受者和被俘获者转化为主导者和领头羊。高技术含量中间投入品是全球价值链分工地位高端环节的代表,其不仅能对全球价值链上下游环节产生制衡作用,还能对经济增长质量、资本回报率、国际分工地位、国内增加值率和生产技术革新产生深远影响,而美国对中国高技术企业断供中间投入品引发的产业链波动效应也很好地印证了这一点。前文的结论也表明:提升高技术含量中间投入品的生产能力是一国减小高技术含量中间投入品进口引致型负向冲击和提升全球价值链分工地位掌控能力的重要途径。因而拥有高技术含量中间投入品领域的竞争优势可以对一国国际分工地位提升起到非常好的促进作用,助力一国在全球价值链分工体系中的角色优化。

第十一,重视创新、重视人才、重视前沿、重视扶持和重视需求可以成为降低高技术含量中间投入品进口依赖程度,做大做强本国高技术含量中间投入品的重要途径。韩国汽车业和日本机床产业的成功案例表明:创新、人才、扶持和需求是一国从高技术含量中间投入品进口依赖国逆袭为高技术含量中间投入品领先国的重要支撑。而重视前沿则能使得本国的产品始终紧跟需求前沿和技术前沿,使得自身能够快速适应技术和需求的变革,甚至实现弯道超车。而创新、人才、前沿、扶持和需求是相辅相成的,因而在制定和实施高技术含量中间投入品自立自强型优化路径与政策时,需考虑复合型路径与政策,从而能兼顾多个方面,进而加快本土高技术含量中间投入品自立自强的步伐,助力技术后发国突破技术先发国设立的壁垒和障碍,快速提升经济增长质量,在全球价值链分工体系中扮演更为重要的角色。

第十二,重视产业链龙头企业的能力、重视产业链基础环节的研发能力、重视产业链的本土化建设、重视企业家敢于创新的拼搏精神、重视生产性服务业和重视政府的赋能型功能可以成为降低高技术含量中间投入品进口依赖程度,做大做强本国高技术含量中间投入品的重要途径。中国部分产业和企业成功摆脱高技术含量中间投入品进口依赖的案例很好地印证了上述路径的科学性。为此,可以将培养龙头企业、提升研发能力、改进本土产业链、培养企业家拼搏精神、做大做强生产性服务业和充分发挥政府引导功能作为未来制造业发展的重点工作,即通过"政府努力"与"企业努力"对接融合的形式推动高技术含量中间投入品自主自强,进而走出高技术含量中间投入品进口依赖窘境。

第十三,生产性服务资源能够提升高技术含量中间投入品的本土生产能力,而生产性服务资源嵌入制造业中游环节对中间投入品技术含量的边际提升作用最大,嵌入过于上游生产环节不仅会造成生产性服务资源的浪费,还可能会对中间投入品技术含量提升产生不利影响。生产性服务资源嵌入制造业环节偏好对本土中间投入品生产能力提升的倒U形机制具有非常强的稳固性,经济增速、税收负担、金融危机和时间冲击均无法改变这一机制。为此,引导生产性服务资源流向制造业高技术含量的中游环节可以成为降低高技术含量中间投入品进口依赖程度的重要手段。中国生产性服务资源上游度指数在样本国中是最高的,这表明中国生产性服务资源以远离最优状态的形式支持本土中间投入品生产能力攀升,不仅使得其边际作用较小,还在一定程度上造成了生产性服务资源的浪费。为此,迫切需要将中国生产性服务资源从上游环节引导至中游环节,以最大化生产性服务资源对高技术含量中间投入品自立自强的边际促进作用。

第十四,制造业生产的智能化转型有助于提升本土中间投入品出口技术含量,进而降低中间投入品的进口依赖程度,提升高技术含量中间投入品的自立自强水平。工业机器人应用对中间投入品出口技术含量的作用力在多维检验中均为正,不仅如此,工业机器人应用还对制造业全球价值链生产环节优化、生产技术革新和中间投入品进口依赖程度降低具有积极效应。为此,工业机器人的应用不仅可以成为中国制造业摆脱被俘获者和长期尾随者身份的重要工具,还可以成为中国高技术含量中间投入品生产能力增强、中间投入品进口依赖程度降低和实现产业基础高级化与产业链现代化的重要支撑。这也说明中国顺应当前的制造业智能化和自动化生产趋势,积极推动制造业生产过程的智能化和自动化策略的科学性与正确性。

第十五,积极构建高水平国内价值链体系可以成为中间投入品进口依赖程度降低的重要抓手。嵌入他国主导价值链会在很大程度上加剧本国制造业的中间投入品进口依赖,构建国内价值链体系能够在很大程度上降低中间投入进口依赖程度。作为世界制造业第一大国和世界数一数二的大市场,中国构建高水平的国内价值链体系能够有效地将国内大市场优势转化为国内关键核心中间投入品成长的动力。为此,在美国持续钳制中国高技术制造业的背景下,积极构建高水平国内价值链,推动国内关键核心中间投入品生产能力的提升和关键核心中间投入品本土化,不仅能有效地削弱美国钳制的负向作用,还能推动中国产业链关键环节的自主可控和产业链体系的优化。值得一提的是:国内价值链的构建需以高水平和高技术含量为出发点,以高质量增长为目标,低质量、低水平的国内价值链体系不仅不符合当前中国经济高质量增长和中国式现代化的发展需要,还容易导致中国经济陷入低水平循环陷阱。因此,构建高水平、高质量国内价值链体系才是降低中间投入品进口依赖程度和摆脱低端锁定窘境的有效利刃。

第二节　高技术含量中间投入品进口依赖的自立自强型优化路径

降低高技术含量中间投入品进口依赖程度,推动高技术含量中间投入品自立自强既是减小中国制造业被"卡脖子"风险,实现产业基础高级化和产业链现代化的重要途径,也是实现经济高质量增长和构建新发展格局的关键所在,更是实现中国式现代化的重要支撑。综合前文研究结论,本书认为可从以下几个方面来推动高技术含量中间投入品进口依赖的自立自强型优化。

第一,以新型举国创新体制为依托,做大做强全球价值链关键节点型本土中间投入品,摆脱高技术含量中间投入品进口依赖,进而逐步实现高技术含量中间投入品自立自强。一是通过加大创新资源投入与培育力度、鼓励国内"高精尖特"研究机构积极参与高技术含量中间投入品的基础性研发过程和加大政策支持力度等形式,夯实高技术含量中间投入品生产能力快速提升的要素和政策基础,助力高技术含量中间投入品企业做大做强。二是通过适当减税、优化营商环境等宏观措施,为本国中间投入品生产企业成长和吸引国外中间投入品生产企业流入提供政策温床,进而提升本国关键节点型中间投入品企业的生产能力。三是优化知识产权保护制度,以激发国内厂商进行创新的积极性,加强市场在资源配置中的主导作用,使得国内中间投入品厂商在充分的竞争中不断进行技术革新,进而更好地促进厂商在高技术含量环节的突破,推动国内企业逐步成为高技术含量中间投入品的领头羊,进而推动提高经济增长质量、产业基础高级化和产业链现代化等目标的逐步落地。

第二,充分发挥国内大市场和大出口国优势,为国内高技术含量中间投入品生产者提供源源不断的需求侧支持,推动高技术含量中间投入品自立自强型发展。案例分析和高技术含量中间投入品进口依赖经济效应的实证结果均表明:需求对于一国高技术含量中间投入品做大做强具有非常重要的作用。对于拥有巨大国内市场和出口规模的中国而言,一方面,应充分发挥大国大市场优势,以构建新发展格局为契机,通过鼓励企业优先使用本土中间投入品和优化本土中间投入品需求链等形式,为本土中间投入品企业成为隐形冠军和领头羊企业提供需求型支持,助力中国经济增长质量提升;另一方面,要充分发挥巨大的出口规模优势,鼓励出口型企业优先购买本国中间投入品,进而将最终品的巨大国际需求衍生为对本土中间投入品的巨大需求,做大本国高技术含量中间投入品的需求源。在国内大市场和巨大外部需求的双重加持下,还应引导国内中间投入品厂商积极做强品牌、提高质量并进行技术革新,避免巨量需求引致的技术革新惰性,从而使得需求侧支持对中间投入品自立自强发挥更大的促进作用。

第三,积极推进非核心中间投入品环节技术的改造提升,进而增强本国动态比较优势,以缓解高技术含量中间投入品进口的抑制效应。经济效应检验结果表明:非核心中间投入品生产环节技术含量的提升,能有效地降低技术升级的"瘸腿"程度和增强本国动态比较优势,进而缓解高技术含量中间投入进口的抑制效应。为此,一方面可以智能化和数字化改造为切入点,对本土非核心中间投入品环节企业进行技术和工艺改进,在持续提升国内环节出口技术含量和降低"瘸腿"程度的同时,使得本土企业成为非核心中间投入品领域的独角兽(甚至成为与富士康、台积电一样掌握高技术含量工艺的"代工之王"),提升制造业控制全球价值链的能力和摆脱"瘸腿"型深化约束的能力;另一方面要鼓励本土非核心中间投入品生产环节的优势企业通过横向兼并的形式,对非核心中间投入品生产环节进行整合,并逐步淘汰工艺落后的产能,进而提升整体工艺水平,同时鼓励优势企业向核心中间投入品生产环节延伸,持续突破"瘸腿"型和"卡脖子"型节点,使中国企业在非核心中间投入品领域逐步形成让全球产业链无法绕开和难以拒绝的特有技术优势,助力最终品技术含量深化模式和经济增长质量同步优化。

第四,在持续进口高技术含量中间投入品的同时,积极介入供应商的生产和运用过程,从而提升供应商和货源的自主可控性。高技术含量中间投入品的生产是一个复杂的系统过程,短期内很难实现供给能力迅速提升,因而通过进口高技术含量中间投入品来支撑我国高速、高质量发展在未来很长一段时间仍然会是常态。为此,减小进口依赖引致的"卡脖子"风险显得十分重要。一方面,可通过分散核心中间投入品进口来源地的形式,开拓多元进口来源地,减小过于依赖单个国家或企业所引致的"卡脖子"风险;另一方面,可通过鼓励国内企业入股、并购国外中间投入品生产企业或与国外中间投入品企业联合研发的形式,逐步提升国外中间投入品进口的可控性,降低断供的可能性。在持续进口国外高技术含量中间投入品是未来经济发展常态的背景下,减小断供风险是确保我国产业链上下游环节企业持续运转的关键所在。因此,提高供应商和货源的可控性可以为中国制造业的持续生产提供更为可靠的产业链环境,助力中国经济健康稳定增长。

第五,引导生产性服务资源流向制造业中游生产环节,以增强生产性服务资源对高技术含量中间投入品进口依赖程度的边际降低功能,推动本土高技术含量中间投入品的生产水平提升。实证结果表明:生产性服务资源嵌入中游环节能有效地提升本土中间投入品的生产能力。为此,应优化中国生产性服务资源融入制造业的环节偏好,改正过于偏好上游原料环节的"不良习惯"。可通过补贴和减税等优惠措施,鼓励和诱导生产性服务资源流向中游环节,特别是高技术产业的核心零部件、工艺和设备等环节,以增强生产性服务资源对本土高技术含量中间投入品生产能力的边际提升功能。经济效应的研究结论表明:外力依赖型赶超引致的核心环节缺失也是我国生产性服务资源过于聚集上游环节的重要原因。为此,降低高技术含量中间投入品进口依赖程度与引导生产性服务资源流向中游环节的作用效应是同向的,两项政策可并向而行,进而使得中国同时实现高技术含量中间投入品生产能力提升和生产性服务资源配置效率提升。

第六,鼓励优势企业向产业链上下游延伸,特别是向高端环节进行突破,提升高技术含量中间投入品本土生产企业的质量和水平。优势企业是降低高技术含量中间投入品进口依赖程度的核心微观力量,优势企业凭借其雄厚的技术与资金实力,能有效地带动产业突破关键核心环节,产业链的关键核心环节往往是产业链的高端环节和高回报率环节。为此,一方面应鼓励优势企业向这些环节延伸,使得中国制造业形成"高端环节—高技术—高质量—高收益—高投入—高技术—高端环节"的良性循环,使得优势企业对产业链各环节具有更好的掌控能力,进而在摆脱高端环节和基础环节产品进口依赖窘境的基础上,使得企业在国际分工体系中的地位得以提高;另一方面应该专注于优势企业和龙头企业的培养,通过政策支持和鼓励兼并收购等手段将小而散的企业凝聚成有领头羊和骨干企业的企业结构,既避免产业内部企业的过度竞争,又使得部分企业有能力集中力量攻破产业链的难点和痛点,助力中国早日摆脱高技术含量中间投入品进口依赖窘境,实现高技术含量中间投入品自立自强。

第七,以人才强国战略为依托,加大高端基础性人才的培养和引进力度,为降低高技术含量中间投入品进口依赖程度和提升高技术含量中间投入品自立自强水平提供强有力的人才支持。效应检验(可见于高等教育估计结果)和经验案例分析表明,人才是减少高技术含量中间投入品进口依赖的重要支撑。一是可通过提升高等教育质量、增强职业技能教育和适当扩大优势教育资源规模等形式来加大中国高素质人才的培养力度。值得一提的是,中国的高等教育规模已经相对较大,如2022年高等院校的毕业生数量已超过1000万,再扩大规模的难度可想而知。为此,应重点提升各类教育的质量,以扩大中国高端人力资本的规模。二是应以国际分工体系为依托,加大关键核心环节高端人才引进力度,壮大关键核心环节产品领域的人才队伍,并注重国际人才与本土人才的融合,进而更好地发挥国际人才的溢出效应。三是要构建与产业链特征密切结合的人才制度,通过健全人才评价制度、改善人才发展环境等方式,为降低高技术含量中间投入品进口依赖程度提供更高的人才起点。

第八,强化基础研究,为本土关键核心中间投入品生产提供强有力的知识与技术储备,助力本土高技术含量中间投入品的自立自强。 基础研究是从0到1的过程,是科技应用中最关键也是最难的环节,此类研究虽然产生不了立竿见影的经济价值,但能为高技术含量中间投入品乃至整个产业发展提供基础性解释,也能决定产业的发展方向和未来应用趋势,前文国际经验和案例分析也证实了基础研究在产业链关键核心环节自主可控中的重要作用。为此,一是可以适度加大基础科学研究的资金投入力度,通过中央财政、地方财政、企业力量和其他力量相结合的方式,在增加基础研究资金投入的基础上,构建更为多元和稳定的基础研究资金支持体系。二是要加大基础研究领域的人才支持力度和人才培养力度。由于基础科学领域的投资具有"见效慢"的特征,该领域的研究能够吸引到的资金支持相对有限。因此,人才规模和人才培养规模均相对有限,甚至出现人才大幅流失的情况,而加大支持和培养力度能在很大程度上改变上述不利局面,使得基础科学研究的人才有所保障,进而使得基础研究可持续。三是应鼓励产业链龙头企业从事基础研究。龙头企业从事基础研究不仅能壮大基础研究的力量,同时,得益于龙头企业对市场需求和应用技术的了解,还能更大幅度地提高基础研究的市场转化率,提高基础研究的经济价值。

第九,以科技强国建设为依托,紧跟技术前沿,重视新兴技术和新兴产业的发展,把握好弯道超车的机遇。 高技术含量中间投入品进口依赖窘境形成的重要原因是:本土技术与前沿技术存在距离,无法与前沿技术竞争。为此,一方面,应紧跟技术前沿,关注相关领域的技术前沿、发展前沿和产品前沿,并持续进行技术革新,以使得自身技术长期保持竞争力和活力,并逐步将自身生产技术从非前沿和准前沿演变为前沿技术,突破高技术核心环节"卡脖子"困境。另一方面,应重视新兴技术和新兴产业,新兴技术和新兴产业往往决定着产业的发展方向,如电动汽车技术改变了整个电动汽车产业的市场结构和生产技术,在新兴技术和新兴产业方面往往容易实现弯道超车。为此,应梳理好新兴产业重点发展方向,并从规划制定视角为未来发展方向提供制度基础,并加大新兴技术和新兴产业的投入力度与政策支持力度,使得本土企业在新兴领域快速建立起比较优势,并通过充分发挥大国大市场优势,借助国内需求优势将本土企业在新兴领域的比较优势最大化。随着产业结构升级和生产技术的革新,新兴技术和产业对传统技术和产业的替代,会使得本土企业逐步摆脱传统领域的中间投入品进口依赖,并形成较为稳健的新兴产业优势。

第十,以构建新发展格局为依托,构建高水平国内价值链体系,以国内价值链体系良性循环降低高技术含量中间投入品进口依赖程度。综合梳理实证检验、理论分析、国际经验、国内案例潜在优化路径分析结论可以发现:嵌入全球价值链生产体系是造成高技术含量中间投入品进口依赖窘境的根本因素,构建国内价值链能使得中间投入品和最终品在国内市场层面实现有效运转和循环,因此能在很大程度上摆脱这一被动局面。一方面,以国内价值链构建为基准,形成具有中国特色的产业链体系和产业标准,并借助中国强大的国内需求和强大的国际供给能力将这一产业链体系和产业标准向国际市场推进,将国内价值链优势环节嵌入全球价值链,使得国内价值链的优势环节成为全球价值链分工体系的关键环节,进而使得中国成为全球价值链分工体系关键环节的控制者,既使得国内价值链体系能与全球价值链体系良性互动,也使得中国对国外高技术含量中间投入品进口依赖程度得以降低。另一方面,以国内优势资源整合为出发点,不断延伸国内产业链长度,从而有效吸收国内高技术资源,使得国内优势资源更好地发挥推动价值链分工地位攀升功能,进而逐步降低国外高技术含量中间投入品进口依赖程度。

第十一,顺应制造业智能制造浪潮,推动中间投入品生产工艺的智能化升级,促进本土中间投入品的技术含量和竞争力协同提升。以工业机器人应用为代表的智能制造是未来制造业发展的必然趋势和主攻方向,前文的研究也表明:工业机器人的应用能有效提升本土中间投入品的出口技术含量,也能降低中间投入品进口依赖程度和出口技术"瘸腿"程度。有鉴于此,一是应加大中间投入品生产环节的工业机器人等智能制造元素的应用力度,加大首台(套)工业机器人技术装备及工业机器人关键核心零部件配备的补贴力度,以在提高中间投入品生产效率的基础上,推动本土中间投入品技术含量的提升。二是应加大工业机器人等智能制造元素的更新力度,以在确保中间投入品生产工艺处于技术前沿的基础上,为本土中间投入品技术含量提升和中间投入品进口依赖程度降低提供源源不断的支持。三是应以中国举国创新体制和国内大市场优势为支撑,推动国内工业机器人等智能制造元素的发展壮大,以避免刚从中间投入品进口依赖窘境跳出,又陷入智能制造元素进口依赖窘境,从而为高技术含量中间投入品进口依赖程度降低提供源源不断的内源动力。

　　第十二,以打造产业链中间投入品龙头企业为目标,培养崇尚技术创新的企业家精神,打造富有竞争力的中间投入品市场主体。龙头企业是市场竞争的制胜法宝,如韩国汽车业的成功得益于现代和起亚等龙头企业,日本机床产业的成功则得益于山崎马扎克、天田、大隈、捷太格特以及森精机等龙头企业。而龙头企业的成长离不开企业家的意志。因此,中间投入品龙头企业的成长也离不开企业家精神。企业家的技术创新精神和拼搏精神是企业做大做强的核心内生动力,单纯依靠资源投入与政策倾斜,而缺乏企业家精神,容易使企业成为依附于政策优惠的"吸血型"企业,而难以形成"造血型"企业,更无法成为世界市场中的佼佼者。而高技术含量中间投入品往往比最终品更需要技术创新和长时间的研发投入,若无企业家精神的支撑,很容易导致创新半途而废,甚至鲜有企业介入中间投入品的生产创新。中国拥有数量巨大的制造企业,这也为中国经济发展提供了数量巨大的企业家,重视与培养企业家精神不仅能够有效提高中国的人力资本质量,还能使中国企业在高技术含量中间投入品环节有更多的突破,成为中国降低高技术含量中间投入品进口依赖程度的中坚力量,更有助于中国企业提升竞争水平和做大做强,可谓一举多得。

　　第十三,充分发挥政府的市场信号功能,打造支撑本土高技术含量中间投入品自立自强水平快速提升的赋能型政府。在社会主义市场经济体制下,政府与市场关系的不断调适和完善是改革开放以来中国经济增长奇迹实现的重要基础(黄先海和宋学印,2021)。市场在资源配置中发挥决定性作用已成学界共识,而政府则能在弥补市场机制不足的基础上,发挥信号功能,引导资源流向急切需要发展的战略性新兴产业,推动产业的快速发展壮大。有鉴于此,可充分发挥政府的政策支持功能和资源引导功能,在梳理清晰产业链关键环节型中间投入品的基础上,以打造领头羊企业和隐形冠军企业为切入点,以跨期福利最大化和关键核心技术升级为目标,在当期积极引导优势资源流向关键环节型中间投入品,并以政策倾斜和税收优惠等措施持续赋能关键环节型中间投入品生产企业,从而提高产业链关键环节型中间投入品的技术升级能力和自立自强水平,缩小本土中间投入品与国外中间投入品的技术差距和质量差距,并在长期条件下逐步形成本土高技术含量中间投入品的领军企业,最终以领军企业为支撑点,介入国际竞争,从而在摆脱高技术含量中间投入品进口依赖的基础上,从企业规模结构视角优化中国参与中间投入品国际市场竞争的模式。

参考文献

[1] ACEMOGLU D, RESTREPO P, 2019. Automation and new tasks: How technology displaces and reinstates labor [J]. Journal of Economic Perspectives(2): 3-30.

[2] ACEMOGLU D, ZILIBOTTI F, 2001. Productivity differences[J]. Quarterly Journal of Economics(2): 563-606.

[3] AFONSO O, NEVES P C, THOMPSON, 2016. The skill premium and economic growth with costly investment, complementarities and international trade of intermediate goods[J]. Japan and the World Economy(37-38): 73-86.

[4] ALABDULHADI D J, 2017. Growth, resource allocation, and welfare: An extension to non-traded and intermediate goods[J]. The International Trade Journal(1): 65-75.

[5] AMITI M, FREUND C, 2007. China's export boom[J]. Finance & Development(3): 38-41.

[6] AMITI M, KONINGS J, 2007. Trade liberalization, intermediate inputs, and productivity: Evidence from Indonesia[J]. American Economic Review (5): 1611-1638.

[7] AMITI M, WEI S J, 2009. Service offshoring and productivity: Evidence from the US[J]. The World Economy(2): 203-220.

[8] ANTRÀS P, CHOR D, 2013. Organizing the global value chain[J]. Econometrics(6): 2127-2204.

[9] ANTRÀS P, CHOR D, FALLY T, et al, 2012. Measuring the upstreamness of production and trade flows[J]. American Economic Review(3):412-416.

[10] ASSCHE A V, GANGNES B, 2008. Electronics production upgrading: Is China exceptional? [J]. Applied Economics Letters (5): 477-482.

[11] BAQAEE D R, FARHI E, 2020. Productivity and misallocation in

general equilibrium[J]. The Quarterly Journal of Economics(1): 105-163.

[12] BARON E J, 2022. School spending and student outcomes: Evidence from revenue limit elections in Wisconsin[J]. American Economic Journal: Economic Policy(1): 1-39.

[13] BENNO F, PASQUALE S, 2016. Production complexity, adaptability and economic growth [J]. Structural Change and Economic Dynamics(7): 52-61.

[14] BRADY G, DOYLE E, NOONAN L, 2013. Trade sophistication indicators: Balancing diversity and specialization[J]. International Advances in Economic Research(4): 425-438.

[15] DE LOECKER J, WARZYNSKI F, 2012. Markups and firm-level export status [J]. American Economic Review(6):2437-2471.

[16] DESTEFANO T, TIMMIS J, 2024. Robots and export quality[J]. Journal of Development Economics(168): 103248.

[17] EATON J, KORTUM S, 2002. Technology, geography, and trade [J]. Econometrica(7): 1741-1779.

[18] FALLY T, 2011. On the fragmentation of production in the US [M]. Colorado: University of Colorado.

[19] FAN H, GAO X, YAO A L, et al, 2018. Trade liberalization and markups: Micro evidence from China[J]. Journal of Comparative Economics(1): 103-130.

[20] FANG Y, GU G D, LI H Y, 2015. The impact of financial development on the upgrading of China's export technical sophistication[J]. International Economics and Economic Policy (12): 257-280.

[21] GROSSMAN G M, HELPMAN E, 1991. Trade, knowledge spillovers, and growth [J]. European Economic Review (2-3): 517-526.

[22] HALPERN L, KOREN M, SZEIDL A, 2015. Imported inputs and productivity [J]. American Economic Review(12): 3660-3703.

[23] HAUSMANN R, HWANG J, RODRIK D, 2007. What you export matters[J]. Journal of Economic Growth(1):1-25.

[24] HE W, BRAHMASRENE T, 2018. Drivers of R&D internationalisation:

Evidence from US firm investments in developing economies[J]. Global Business and Economics Review(4): 425-452.

[25] JARREAU J, PONCET S, 2012. Export sophistication and economic growth: Evidence from China [J]. Journal of Development Economics(2):281-292.

[26] JOHNSON R C, NOGUERA G, 2012. Accounting for intermediates: Production sharing and trade in value added[J]. Journal of International Economics(2): 224-236.

[27] JORGENSON D W, HO M S, SAMUELS J D, et al, 2008. Industry origins of the American productivity resurgence [J]. Interdisciplinary Information Sciences(1): 43-59.

[28] JU J, YU X, 2015. Productivity, profitability, production and export structures along the value chain in China[J]. Journal of Comparative Economics(1): 33-54.

[29] KASAHARA H, LAPHAM B, 2013. Productivity and the decision to import and export: Theory and evidence [J]. Journal of International Economics(2): 297-316.

[30] KASAHARA H, RODRIGUE J, 2008. Does the use of imported intermediates increase productivity? Plant-level evidence [J]. Journal of Development Economics(1): 106-118.

[31] KEE H L, TANG H W, 2016. Domestic value added in exports: Theory and firm evidence from China[J]. American Economic Review(6): 1402-1436.

[32] KOOPMAN R, POWERS W, WANG Z, et al, 2010. Give credit where credit is due: Tracing value added in global production chains [R]. NBER Working Paper.

[33] KOOPMAN R, WANG Z, WEI S J, 2014. Tracing value-added and double counting in gross exports[J]. The American Economic Review(2):459-494.

[34] KRUGMAN P, 1980. Scale economics, product differentiation and the pattern of trade[J], American Economic Review(70): 950-959.

[35] LEWBEL A, 1997. Semiparametric estimation of location and other discrete choice moments [J]. Econometric Theory(1): 32-51.

[36] LIU Q, MA H, 2020. Trade policy uncertainty and innovation:

Firm level evidence from China's WTO accession[J]. Journal of International Economics(127):1033387.

[37] LONG V N, RIEZMAN R, SOUBEYRAN A, 2001. Fragmentation, outsoucing and the service sector [R]. CIRANO Working Paper.

[38] LU Y, YU L, 2015. Trade liberalization and markup dispersion: Evidence from China's WTO accession[J]. American Economic Journal: Applied Economics(4): 221-253.

[39] MAO Q L, XU J Y, 2019. Input trade liberalization, institution and markup: Evidence from China's accession to the WTO[J]. The World Economy(12):3537-3568.

[40] MARIA B, 2012. Input-trade liberalization and firm export decisions: Evidence from Argentina[J]. Journal of Development Economics(3): 481-493.

[41] MARKUSEN J, RUTHERFORD T F, TARR D, 2005. Trade and direct investment in producer services and the domestic market for expertise[J]. Canadian Journal of Economics(3): 758-777.

[42] NAIMA C, SAMI S, MOHAMED C, 2020. Export upgrading and economic growth: A panel cointegration and causality analysis[J]. Journal of the Knowledge Economy(2): 132-161.

[43] RODRIK D, 2006. What's so special about China's exports[J]. China & World Economy (14):1-19.

[44] SANTOS-PAULINO A U, 2011. Trade specialization, export productivity and growth in Brazil, China, India, South Africa, and a cross-section of countries[J]. Economic Change and Restructuring(4): 75-97.

[45] SCHOTT P K, 2008. The relative sophistication of Chinese exports [J]. Economic Policy(53):5-49.

[46] SHERIDAN J B, 2014. Manufacturing exports and growth: When is a developing country ready to transition from primary exports to manufacturing exports? [J]. Journal of Macroeconomics(2):1-13.

[47] UPWARD R, WANG Z, ZHENG J H, 2013. Weighing China's export basket: The domestic content and technology intensity of Chinese exports [J]. Journal of Comparative Economics (2): 527-543.

［48］ VAN ASSCHE A，2006. China's electronics exports：Just a standard trade theory case[J]. Policy Options (127)：79-82.

［49］ XU B，LU J Y，2009. Foreign direct investment，processing trade，and the sophistication of China′s exports［J］. China Economic Review(12)：34-45，71-85.

［50］ ZHANG J J，2019. International production fragmentation，trade in intermediate goods and environment[J]. Economic Modelling(6)：75-83.

［51］ ZHANG Q J，YANG L，LIU C，2020. Vertical structure，capital misallocation and capital allocation efficiency of the real economy ［J］. Economic Change and Restructuring(2)：1-28.

［52］ ZHENG W P，ZHANG J，2021. Does tax reduction spur innovation? Firm-level evidence from China［J］. Finance Research Letters(39)：101575.

［53］安同良，姜舸，王大中，2023.中国高技术制造业技术测度与赶超路径——以锂电池行业为例[J].经济研究(1)：192-208.

［54］曹海涛，陈颐，2021.台湾半导体产业发展经验及其对大陆的启示[J].台湾研究(1)：55-67.

［55］钞小静，任保平，2011.中国经济增长质量的时序变化与地区差异分析[J].经济研究(4)：26-40.

［56］陈爱贞，刘志彪，2015.进口促进战略有助于中国产业技术进步吗？[J].经济学动态(9)：70-80.

［57］陈德智，陈香堂，杨国珩，2005.亚洲半导体产业技术发展：韩国和台湾地区实证研究[J].中国管理科学(Z1)：531-535.

［58］陈昊，李俊丽，陈建伟，2020.中间品进口来源地结构与企业加成率：理论模型与经验证据[J].国际贸易问题(4)：35-50.

［59］陈晓华，邓贺，杜文，2024a.工业机器人应用会加剧中国城乡收入差距吗？[J].南京审计大学学报(1)：88-100.

［60］陈晓华，邓贺，杨高举，2022a.出口技术复杂度"瘸腿"型深化与经济增长质量[J].国际贸易问题(8)：103-119.

［61］陈晓华，杜文，刘慧，2024b.服务化与制造业全球价值链生产工序优化[J].国际贸易问题(3)：69-85.

［62］陈晓华，杜文，杨高举，2023.出口技术复杂度的国外中间品依赖如何影响全球价值链分工地位？[J].南京财经大学学报(5)：89-99.

[63] 陈晓华,黄先海,刘慧,2011.中国出口技术结构演进的机理与实证研究[J].管理世界(3):44-57.

[64] 陈晓华,黄先海,刘慧,2019.生产性服务资源环节错配对高技术产品出口的影响分析[J].统计研究(8):118-136.

[65] 陈晓华,刘慧,2012a.要素价格扭曲、外需疲软与中国制造业技术复杂度动态演进[J].财经研究(7):119-131.

[66] 陈晓华,刘慧,2012b.出口技术复杂度赶超对经济增长影响的实证分析[J].科学学研究(11):1650-1661.

[67] 陈晓华,刘慧,2015.外需疲软、生产技术革新与制造业劳动力价格扭曲[J].统计研究(10):49-57.

[68] 陈晓华,刘慧,2016.国际分散化生产工序上游度的测度与影响因素分析——来自35个经济体1997~2011年投入产出表的经验证据[J].中南财经政法大学学报(4):122-131.

[69] 陈晓华,刘慧,2018.要素价格扭曲、价格加成与制造业生产技术革新[J].科学学研究(10):1758-1769.

[70] 陈晓华,刘慧,蒋丽,2019.生产性服务资源环节偏好与中间品进口——来自34国1997—2011年投入产出数据的经验证据[J].财贸经济(3):101-115.

[71] 陈晓华,刘慧,张若洲,2021.高技术复杂度中间品进口会加剧制造业中间品进口依赖吗?[J].统计研究(4):16-29.

[72] 陈晓华,杨高举,刘慧,2022b.逆比较优势进口高技术含量中间品与生产技术革新[J].商业经济与管理(3):57-73.

[73] 陈晓华,周琼,刘慧,2024c.生产性服务业与制造业协同集聚对城市创新的影响研究[J].首都经济贸易大学学报(2):48-63.

[74] 陈永伟,曾昭睿,2020.机器人与生产率:基于省级面板数据的分析[J].山东大学学报(哲学社会科学版)(2):82-97.

[75] 陈勇兵,仇荣,曹亮,2012.中间品进口会促进企业生产率增长吗——基于中国企业微观数据的分析[J].财贸经济(3):76-86.

[76] 崔琨,施建淮,2021.关税冲击、中间品贸易与货币国际化[J].国际贸易问题(1):160-174.

[77] 戴翔,宋婕,2021."一带一路"倡议的全球价值链优化效应——基于沿线参与国全球价值链分工地位提升的视角[J].中国工业经济(6):99-117.

[78] 董楠楠,杜洁,2023.进口中间品技术水平与地区劳动力市场就业:事

实与机制[J].浙江社会科学(6):12-25.

[79] 樊海潮,张丽娜,2018.中间品贸易与中美贸易摩擦的福利效应[J].中国工业经济(9):41-59.

[80] 傅晓霞,吴利学,2013.技术差距、创新路径与经济赶超[J].经济研究(6):19-34.

[81] 高柏,2016.中国高铁的集成创新为何能够成功[J].人民论坛·学术前沿(10):78-88.

[82] 高德步,王庆,2020.产业创新系统视角下的中国高铁技术创新研究[J].科技管理研究(12):1-9.

[83] 高培勇,黄群慧,2022.中国式现代化的理论认识、经济前景与战略任务[J].经济研究(8):26-39.

[84] 高培勇,隆国强,刘尚希,等,2024.扎实推动高质量发展,加快中国式现代化建设——学习贯彻中央经济工作会议精神笔谈[J].经济研究(1):4-35.

[85] 高培勇,袁富华,胡怀国,等,2020.高质量发展的动力、机制与治理[J].经济研究(4):4-19.

[86] 高翔,刘啟仁,黄建忠,2018.要素市场扭曲与中国企业出口国内附加值率:事实与机制[J].世界经济(10):26-50.

[87] 谷军健,赵玉林,2020.中国如何走出科技创新困境?——基于科技创新与人力资本协同发展的新视角[J].科学学研究(11):1982-1999.

[88] 郭熙保,2022.中国共产党工业化道路理论的学理性探析[J].中国工业经济(1):19-33.

[89] 何宇,陈珍珍,张建华,2021.人工智能技术应用与全球价值链竞争[J].中国工业经济(10):117-135.

[90] 贺俊,2022.新兴技术产业赶超中的政府作用:产业政策研究的新视角[J].中国社会科学(11):105-124.

[91] 贺俊,吕铁,黄阳华,2018.技术赶超的激励结构与能力积累:中国高铁经验及其政策启示[J].管理世界(10):191-207.

[92] 洪世勤,刘厚俊,2013.出口技术结构变迁与内生经济增长:基于行业数据的研究[J].世界经济(6):79-107.

[93] 洪银兴,2023.以新发展理念拓展中国式现代化道路[J].当代经济研究(2):5-7

[94] 洪银兴,2024.新质生产力及其培育和发展[J].经济学动态(1):3-11.

[95] 洪银兴,任保平,2024.论数字经济与社会主义市场经济的深度融合

[J].中国工业经济（5）:5-19.

[96] 洪银兴,杨玉珍,2021.构建新发展格局的路径研究[J].经济学家
（3）:5-14.

[97] 胡海晨,林汉川,方巍,2016.中国高铁发展:一种创新发展模式的典
型案例及启示[J].管理现代化（2）:49-52.

[98] 黄群慧,李芳芳,2024.中国式现代化语境下推进新型工业化的逻辑
与路径[J].财贸经济（1）:28-38.

[99] 黄先海,陈晓华,刘慧,2010.产业出口复杂度的测度及其动态演进机
理分析[J].管理世界（3）:44-55.

[100] 黄先海,党博远,宋安安,2023.新发展格局下数字化驱动中国战略
性新兴产业高质量发展研究[J].经济学家（1）:77-86.

[101] 黄先海,金泽成,余林徽,2018.出口、创新与企业加成率:基于要素
密集度的考量[J].世界经济（5）:127-148.

[102] 黄先海,宋学印,2017.准前沿经济体的技术进步路径及动力转
换——从"追赶导向"到"竞争导向"[J].中国社会科学（6）: 60-79,
206-207.

[103] 黄先海,宋学印,2021.赋能型政府——新一代政府和市场关系的理
论建构[J].管理世界（11）:41-55.

[104] 黄先海,杨高举,2010.中国高技术产业的国际分工地位研究:基于
非竞争型投入占用产出模型的跨国分析[J].世界经济（5）:82-100.

[105] 黄先海,杨君,肖明月,2012.资本深化、技术进步与资本回报率[J].
世界经济（9）:3-20.

[106] 黄先海,张胜利,诸竹君,2021.大国市场下推动技术赶超的机制分
析与路径选择[J].东南学术（12）:158-166.

[107] 黄先海,诸竹君,宋学印,2016.中国中间品进口企业"低加成率之
谜"[J].管理世界（7）:23-35.

[108] 黄阳华,吕铁,2020.深化体制改革中的产业创新体系演进——以中
国高铁技术赶超为例[J].中国社会科学（5）:65-85.

[109] 康志勇,2013.技术选择、投入强度与企业创新绩效研究[J].科研管
理（6）:42-49.

[110] 李杰,王兴棠,李捷瑜,2018.研发补贴政策、中间品贸易自由化与企
业研发投入[J].世界经济（8）:129-148.

[111] 李莲花,2010.韩国汽车产业安全研究[D].长春:吉林大学.

[112] 李小平,彭书舟,肖唯楚,2021.中间品进口种类扩张对企业出口复

杂度的影响[J].统计研究(4):45-57.

[113] 李政,任妍,2015.中国高铁产业赶超型自主创新模式与成功因素[J].社会科学辑刊(2):85-91.

[114] 连玉君,彭方平,苏治,2010.融资约束与流动性管理行为[J].金融研究(10):158-171.

[115] 林毅夫,2002.发展战略、自生能力和经济收敛[J].经济学(季刊)(1):269-300.

[116] 林毅夫,2011.新结构经济学——重构发展经济学的框架[J].经济学(季刊)(1):6-37.

[117] 林毅夫,2020.国内国际双循环,推动中国经济高质量发展[J].清华金融评论(11):20-21.

[118] 林毅夫,2024.中国经济的压力、潜力与定力[J].新理财(政府理财)(4):14-18.

[119] 凌永辉,刘志彪,2021.全球价值链发展悖论:研究进展、述评与化解[J].经济体制改革(3):100-107.

[120] 刘斌,潘彤,2020.人工智能对制造业价值链分工的影响效应研究[J].数量经济技术经济研究(10):24-44.

[121] 刘斌,赵晓斐,2020.制造业投入服务化、服务贸易壁垒与全球价值链分工[J].经济研究(7):159-174.

[122] 刘常勇,1998.后进地区科技产业发展策略探讨——以台湾半导体产业与光碟机产业为研究对象[J].南开管理评论(6):14-20.

[123] 刘海洋,林令涛,亓树慧,2016.中间品贸易自由化、技术溢出与企业生产率提升[J].现代财经(天津财经大学学报)(10):87-102.

[124] 刘慧,2021.中间品进口技术含量与制造业产品国内增加值率[J].国际贸易问题(6):96-109.

[125] 刘慧,陈晓华,蒋墨冰,2020a.生产性服务资源嵌入制造业生产环节的最优选择——基于中间投入品出口技术复杂度升级视角[J].财经研究(6):154-168.

[126] 刘慧,彭榴静,陈晓华,2020b.生产性服务资源环节偏好与制造业出口品国内增加值率[J].数量经济技术经济研究(3):86-104.

[127] 刘慧,杨君,吴应宇,2019.生产性服务资源集聚模式会影响制造业资本回报率吗?[J].商业经济与管理(7):75-87.

[128] 刘慧,杨莹莹,2018.制造业出口技术复杂度赶超会加剧发展中国家中间品进口依赖吗[J].国际贸易问题(10):31-44.

[129] 刘明宇,芮明杰,姚凯,2010.生产性服务价值链嵌入与制造业升级的协同演进关系研究[J].中国工业经济(8):66-75.

[130] 刘维林,2021.劳动要素的全球价值链分工地位变迁——基于报酬份额与嵌入深度的考察[J].中国工业经济(1):76-94.

[131] 刘文俊,1999.台湾半导体业的发展与管理[J].微电子技术(4):48-50.

[132] 刘洋,应瑛,2016.不对称国际研发联盟中的知识转移机制[J].科学学研究(8):1195-1202.

[133] 刘依凡,杨继军,于津平,2023.中间品贸易自由化与制造业企业福利损失:基于有效市场势力的视角[J].财贸经济(9):159-176.

[134] 刘志彪,2019.创新驱动产业链优化升级[J].中国经济评论(2):27-30.

[135] 刘志彪,2020.产业链现代化的产业经济学分析[J].经济学家(12):5-13.

[136] 刘志彪,2021.建设国内统一大市场:影响因素与政策选择[J].学术月刊(9):49-56.

[137] 刘志彪,2023.积极培育跨越中等技术陷阱的长期发展力量[J].国家治理(12):38-42.

[138] 刘志彪,凌永辉,2020.结构转换与高质量发展[J].社会科学战线(10):50-60.

[139] 刘志彪,凌永辉,孙瑞东,2024.新型支柱产业:发展新质生产力的主阵地与政策选择[J].山东大学学报(哲学社会科学版)(6):1-14.

[140] 刘志彪,吴福象,2018."一带一路"倡议下全球价值链的双重嵌入[J].中国社会科学(8):17-32.

[141] 刘志彪,徐天舒,2022.培育"专精特新"中小企业:补链强链的专项行动[J].福建论坛(人文社会科学版)(1):23-32.

[142] 刘遵义,陈锡康,杨翠红,等,2007.非竞争型投入占用产出模型及其应用——中美贸易顺差透视[J].中国社会科学(5):91-103,206-207.

[143] 龙飞扬,殷凤,2021.制造业全球生产分工深化能否提升出口国内增加值率[J].国际贸易问题(3):32-48.

[144] 龙世国,湛柏明,2018.中间品贸易对中国的增长效应研究[J].国际贸易问题(2):43-55.

[145] 鲁晓东,刘京军,陈芷君,2019.出口商如何对冲汇率风险:一个价值

链整合的视角[J].管理世界(5):92-105.

[146] 吕越,陈帅,盛斌,2018.嵌入全球价值链会导致中国制造的"低端锁定"吗? [J].管理世界(4):11-30.

[147] 吕越,邓利静,2020.全球价值链下的中国企业"产品锁定"破局——基于产品多样性视角的经验证据[J].管理世界(8):83-98.

[148] 吕越,黄艳希,陈勇兵,2017.全球价值链嵌入的生产率效应:影响与机制分析[J].世界经济(7):28-51.

[149] 吕越,张昊天,高恺琳,2024.人工智能时代的中国产业链"延链补链"——基于制造业企业智能设备进口的微观证据[J].中国工业经济(1):56-74.

[150] 罗德明,周嫣然,史晋川,2015.南北技术转移、专利保护与经济增长[J].经济研究(6):46-58.

[151] 马述忠,吴国杰,2016.中间品进口、贸易类型与企业出口产品质量——基于中国企业微观数据的研究[J].数量经济技术经济研究(11):77-93.

[152] 马述忠,张洪胜,王笑笑,2017.融资约束与全球价值链地位提升——来自中国加工贸易企业的理论与证据[J].中国社会科学(1):83-107,206.

[153] 毛其淋,2019.人力资本推动中国加工贸易升级了吗? [J].经济研究(1):54-69.

[154] 毛其淋,许家云,2019.贸易自由化与中国企业出口的国内附加值[J].世界经济(1):3-25.

[155] 倪红福,2017.中国出口技术含量动态变迁及国际比较[J].经济研究(1):44-57.

[156] 牛璐,陈志军,刘振,等,2023.打破技术封锁:逆机会与资源稀缺双困局下的大企业创业——基于资源拼凑与编排的纾解[J].南开管理评论:1-21.

[157] 欧阳桃花,曾德麟,2021.拨云见日——揭示中国盾构机技术赶超的艰辛与辉煌[J].管理世界(8):194-207.

[158] 潘文卿,娄莹,李宏彬,2015.价值链贸易与经济周期的联动:国际规律及中国经验[J].经济研究(11):20-33.

[159] 裴长洪,刘斌,2019.中国对外贸易的动能转换与国际竞争新优势的形成[J].经济研究(5):4-15.

[160] 裴长洪,倪江飞,2023.中国式现代化理论是马克思主义的创新发

展——党的二十大精神学习中的思考[J].经济研究(2):4-19.

[161] 彭新敏,吴晓波,吴东,2021.核心技术、互补资产与后发企业的超越追赶[J].科研管理(10):179-192.

[162] 齐俊妍,吕建辉,2016.进口中间品对中国出口净技术复杂度的影响分析——基于不同技术水平中间品的视角[J].财贸经济(2):114-126.

[163] 齐俊妍,王晓燕,2016.金融发展对出口净技术复杂度的影响——基于行业外部金融依赖的实证分析[J].世界经济研究(2):34-45.

[164] 綦建红,蔡震坤,2022.机器人应用有助于提高出口国内附加值吗[J].国际经贸探索(8):4-19.

[165] 钱学锋,李莹,王备,2021.消费者异质性、中间品贸易自由化与个体福利分配[J].经济学(季刊)(5):1661-1690.

[166] 钱学锋,王胜,黄云湖,等,2011.进口种类与中国制造业全要素生产率[J].世界经济(5):3-25.

[167] 邱斌,唐保庆,孙少勤,等,2014.要素禀赋、制度红利与新型出口比较优势[J].经济研究(8):107-119.

[168] 沈国兵,黄铄珺,2019.行业生产网络中知识产权保护与中国企业出口技术含量[J].世界经济(9):76-100.

[169] 沈坤荣,金童谣,赵倩,2024.以新质生产力赋能高质量发展[J].南京社会科学(1):37-42.

[170] 盛斌,毛其淋,2017.进口贸易自由化是否影响了中国制造业出口技术复杂度[J].世界经济(12):54-77.

[171] 盛斌,赵文涛,2021.全球价值链嵌入与中国经济增长的"结构路径之谜"[J].经济科学(4):20-36.

[172] 施炳展,李建桐,2020.互联网是否促进了分工:来自中国制造业企业的证据[J].管理世界(4):130-149.

[173] 施炳展,游安南,2021.数字化政府与国际贸易[J].财贸经济(7):145-160.

[174] 舒杏,王佳,2018.生产性服务贸易自由化对制造业生产率的影响机制与效果研究[J].经济学家(3):73-81.

[175] 孙早,侯玉琳,2021.人工智能发展对产业全要素生产率的影响——一个基于中国制造业的经验研究[J].经济学家(1):32-42.

[176] 孙正,岳文浩,霍富迎,2022.我国生产性服务业与制造业协同集聚程度测算研究——基于产业与城市群的视角[J].统计研究(3):

21-33.

[177] 唐海燕,张会清,2009.产品内国际分工与发展中国家的价值链提升[J].经济研究(9):81-93.

[178] 唐晓华,张欣珏,李阳,2018.中国制造业与生产性服务业动态协调发展实证研究[J].经济研究(3):79-83.

[179] 唐宜红,张鹏杨,梅冬州,2018.全球价值链嵌入与国际经济周期联动:基于增加值贸易视角[J].世界经济(11):41-57.

[180] 田巍,余淼杰,2014.中间品贸易自由化和企业研发:基于中国数据的经验分析[J].世界经济(6):90-112.

[181] 田云华,王凌峰,胡晓丹,2023.技术性贸易壁垒、中间品进口与异质性企业生产率——来自我国加工贸易企业的微观证据[J].统计研究(1):62-75.

[182] 王俊,2013.跨国外包体系中的技术溢出与承接国技术创新[J].中国社会科学(9):108-125,206-207.

[183] 王开科,曾五一,2020.资本回报率宏观核算法的进一步改进和再测算[J].统计研究(9):11-23.

[184] 王莉,亢延锟,薛飞,等,2022.环境政策效果的综合框架:来自16项试点政策的经验证据[J].财贸经济(4):98-112.

[185] 王晓娟,朱喜安,王颖,2022.工业机器人应用对制造业就业的影响效应研究[J].数量经济技术经济研究(4):88-106.

[186] 王雅琦,张文魁,洪圣杰,2018.出口产品质量与中间品供给[J].管理世界(8):30-40.

[187] 王永进,李宁宁,2021.中间品贸易自由化与要素市场扭曲[J].中国工业经济(9):43-61.

[188] 王直,魏尚进,祝坤福,2015.总贸易核算法:官方贸易统计与全球价值链的度量[J].中国社会科学(9):108-127,205-206.

[189] 魏浩,邓琳琳,2022.国际移民流入、中间品进口与东道国生产率提高[J].国际贸易问题(5):38-50.

[190] 魏浩,张文倩,2022.中间品进口市场数量、市场转换与企业出口产品质量[J].国际贸易问题(11):35-52.

[191] 魏浩,周亚如,2022.国际人才流入与中国企业出口产品技术结构优化[J].经济管理(9):64-84.

[192] 吴晓波,张馨月,沈华杰,2021.商业模式创新视角下我国半导体产业"突围"之路[J].管理世界(3):123-136.

[193] 谢谦,刘维刚,张鹏杨,2021.进口中间品内嵌技术与企业生产率[J].管理世界(2):6,66-80.

[194] 许家云,毛其淋,胡鞍钢,2017.中间品进口与企业出口产品质量升级:基于中国证据的研究[J].世界经济(3):52-75.

[195] 许健,季康先,刘晓亭,等,2022.工业机器人应用、性别工资差距与共同富裕[J].数量经济技术经济研究(9):134-156.

[196] 薛军,陈晓林,王自锋,2021.关键中间品出口质量限制对模仿与创新的影响——基于南北产品质量阶梯模型的分析[J].中国工业经济(12):50-68.

[197] 闫志俊,于津平,2023.中间品贸易自由化与制造业出口国内附加值:基于价值链延伸的视角[J].国际贸易问题(1):124-141.

[198] 杨飞,孙文远,程瑶,2018.技术赶超是否引发中美贸易摩擦[J].中国工业经济(10):99-116.

[199] 杨高举,黄先海,2013.内部动力与后发国分工地位升级[J].中国社会科学(2):25-45,204.

[200] 杨君,黄先海,肖明月,2018.金融发展、投资扩张模式与中国的资本回报率[J].经济理论与经济管理(2):81-97.

[201] 杨汝岱,姚洋,2008.有限赶超与经济增长[J].经济研究(8):29-41,64.

[202] 杨耀武,张平,2021.中国经济高质量发展的逻辑、测度与治理[J].经济研究(1):26-42.

[203] 杨烨,谢建国,2022.出口技术演进的减排特征:赶超、扭曲与资源利用效率[J].科研管理(2):36-45.

[204] 杨珍增,刘晶,2018.知识产权保护对全球价值链地位的影响[J].世界经济研究(4):123-134,137.

[205] 姚加权,张锟澎,郭李鹏,等,2024.人工智能如何提升企业生产效率?——基于劳动力技能结构调整的视角[J].管理世界(2):6,101-116,133.

[206] 姚洋,2020.当前形势与中国经济的结构转型[J].新金融(3):4-11.

[207] 于斌斌,2018.生产性服务业集聚与能源效率提升[J].统计研究(4):30-40.

[208] 余淼杰,2024.理解中国经济高质量发展[J].中山大学学报(社会科学版)(1):1-12.

[209] 余淼杰,高恺琳,2021.进口中间品和企业对外直接投资概率[J].经

济学(季刊)(4):1369-1390.

[210] 余森杰,郭兰滨,2022.数字贸易推动中国贸易高质量发展[J].华南师范大学学报(社会科学版)(1):93-103.

[211] 原小能,郑洁,王宇宙,2022.生产性服务出口技术复杂度、知识密度与经济增长——基于贸易新动能培育视角[J].云南财经大学学报(4):1-15.

[212] 詹长霖,2010.台湾半导体产业群聚效应[J].华东科技(4):53.

[213] 张兵兵,陈静,朱晶,等,2023.人工智能与企业出口技术复杂度提升[J]国际贸易问题(8):143-157.

[214] 张建忠,刘志彪,2011.知识产权保护与"赶超陷阱"[J].中国工业经济(6):58-68.

[215] 张杰,陈志远,刘元春,2013.中国出口国内附加值的测算与变化机制[J].经济研究(10):124-137.

[216] 张杰,周晓艳,李勇,2011.要素市场扭曲抑制了中国企业 R&D?[J].经济研究(8):78-91.

[217] 张晴,于津平,2020.中间品贸易自由化提升企业产能利用率吗?[J].财经论丛(11):3-12.

[218] 张少军,刘志彪,2017.全球价值链与全球城市网络的交融——发展中国家的视角[J].经济学家(6):33-41.

[219] 张小云,凌丹,2023.中间品技术溢出与制造业全球价值链地位攀升——双循环下的理论与经验分析[J].国际贸易问题(9):159-174.

[220] 张晓莉,孙琪琪,2021.中间品进口与企业研发创新——"增量"还是"提质"?[J].世界经济文汇(3):103-119.

[221] 张艺,陈凯华,朱桂龙,2018.产学研合作与后发国家创新主体能力演变——以中国高铁产业为例[J].科学学研究(10):1896-1913.

[222] 张翔,陈雯,骆时雨,2015.中间品进口对中国制造业全要素生产率的影响[J].世界经济(9):107-129.

[223] 赵春明,江小敏,李宏兵,2017.中间品贸易自由化、增加值出口与生产率进步[J].经济与管理研究(9):107-116.

[224] 赵伟,赵金亮,韩媛媛,2011.异质性、沉没成本与中国企业出口决定:来自中国微观企业的经验证据[J].世界经济(4):62-79.

[225] 郑宰运,2011.中韩汽车产业贸易比较研究[D].上海:复旦大学.

[226] 周广肃,丁相元,2022.工业机器人应用对城镇居民收入差距的影响[J].数量经济技术经济研究(1):115-131.

[227] 诸竹君,黄先海,王毅,2020.外资进入与中国式创新双低困境破解[J].经济研究(5):99-115.

[228] 诸竹君,黄先海,余骁,2018.进口中间品质量、自主创新与企业出口国内增加值率[J].中国工业经济(8):116-134.

[229] 诸竹君,袁逸铭,许明,等,2024.数字金融、路径突破与制造业高质量创新——兼论金融服务实体经济的创新驱动路径[J].数量经济技术经济研究(4):68-88.

[230] 祝树金,张鹏辉,2013.中国制造业出口国内技术含量及其影响因素[J].统计研究(6):58-66.

[231] 祝树金,钟腾龙,李仁宇,2018.中间品贸易自由化与多产品出口企业的产品加成率[J].中国工业经济(1):41-59.

[232] 邹薇,袁飞兰,2018.劳动收入份额、总需求与劳动生产率[J].中国工业经济(2):5-23.

后 记

高技术含量中间投入品已经成为控制全球价值链的重要工具,美国常以其关键核心中间品优势来制衡与打压产业链其他环节的国家和企业。为此,对高技术含量中间投入品的研究对于追求产业链关键核心环节自主可控和高水平科技自立自强的中国而言,具有重要的现实价值。有鉴于此,本书从多维度对高技术含量中间投入品进口问题进行了细致的分析。

本书也是我过去几年在高技术含量中间品进口领域研究的一个阶段性总结,本书的研究内容和观点多发表于国内外高水平期刊。本书的出版并不意味着我在该领域研究的结束,我在未来也将继续在该领域进行深耕。本书得到了国家社会科学基金后期资助项目(22FJYB005)的支持,在出版过程中,我根据新形势的变化,融入了浙江省哲学社会科学规划领军人才培育专项课题(24QNYC11ZD)的研究观点,以使本书的研究结论更加全面。特别感谢全国哲学社会科学工作办公室和浙江省哲学社会科学工作办公室对本书研究的支持。

本书在写作过程中得到了浙江大学、浙江工商大学和浙江理工大学研究团队的大力支持。感谢杨高举教授、诸竹君教授、宋学印副教授、陈航宇副教授、余骁副教授和方建春教授在研究方向方面提供的支持,感谢杨君教授、蒋墨冰副教授、徐晓慧副教授、文武副教授在实证技术和研究数据等方面提供的支持,感谢邓贺博士、潘梦琴博士以及周琼、杜文、何舒越、解美琪、赵欣悦、潘柯安、陆佳楠、徐静等同学的辛苦协助。我虽对本书投入了极大的努力,但难免存在不足之处,敬请各位读者批判指正。

中间投入品研究正好契合国家的大政方针,我在研究过程中总感觉跟着国家的政策节奏在往前走。在本书出版之后,我将对该领域进行更有深度的研究,以期在该领域有更多新的突破,也使自身对该领域规律的认识上升到更高的层面。

陈晓华

2024 年 12 月